KB060950

그들은 왜 문화재를
돌려주지 않는가

그들은 왜 문화재를 돌려주지 않는가

문화재 약탈과 반환을 둘러싼 논쟁의 세계사

김경민 지음

을유문화사

그들은 왜 문화재를 돌려주지 않는가
문화재 약탈과 반환을 둘러싼 논쟁의 세계사

발행일
2019년 8월 25일 초판 1쇄
2022년 1월 10일 초판 2쇄

지은이 | 김경민
펴낸이 | 정무영
펴낸곳 | ㈜을유문화사

창립일 | 1945년 12월 1일
주소 | 서울시 마포구 서교동 469-48
전화 | 02-733-8153
팩스 | 02-732-9154
홈페이지 | www.eulyoo.co.kr

ISBN 978-89-324-7412-0   03900

나는 해외여행을 가면 가급적 그 나라의 국립 박물관을 관람한다. 그 나라의 역사와 문화를 한눈에 시각적으로 보고 배울 수 있는 곳이 바로 박물관이기 때문이다. 이 책의 역사적 배경이 되는 영국에 처음 갔을 때도 일반적으로 '대영박물관'이라고 불리는, 런던에 있는 국립 박물관인 영국박물관을 찾았다. 프랑스에 갔을 때도 파리에 있는 루브르 박물관을, 터키에 갔을 때도 일부러 유명 관광지가 아닌 앙카라로 찾아가 국립 고고학 박물관을 방문했다. 이제 역사에 관심이 있든 없든 그 나라의 국립 박물관을 관람하는 것은 관광객들에게 일종의 관광 코스로 자리 잡았다. 특히 영국박물관과 루브르 같은 세계적인 박물관은 전시품의 종류와 양이 방대해서 관광객들의 필수 코스가 되었다. 그렇다면 우리는 무엇을 보러 그 박물관에 가는 것일까?

우리나라에도 용산에 국립중앙박물관이 있다. 이곳에 가면, 전시된 다양한 유물에서 우리 민족의 역사와 문화를 엿볼 수 있다. 외국인들도 바로 그러한 점을 기대하고 이곳을 찾을 것이다. 대한민국의 가장 큰 국립 박물관인 국립중앙박물관과 영국의 국립 박물관인 영국박물관을 비교해 보자. 바로 하나의 질문이 떠 오를 것이다.

"우리는 영국박물관에 무엇을 기대하고 가는가?"

우리는 과연 어느 나라의 혹은 어느 민족의 문화와 역사를 보러 영국박물관에 가는 것일까. 국립중앙박물관의 소장품은 대부분 한국에서 출토된 한국의 역사·문화와 관련된 유물들이다. 영국박물관은 어떤가? 이곳의 인기 전시품을 몇 가지 살펴보자. 고대 이집트의 미라와 파라오의 거대한 석상들, 키루스 실린더, 로제타석, 파르테논 마블, 그리스 조각품, 고대 메소포타미아 벽화와 조각들, 그리고 모아이 석상에 이르기까지 그 어느 것도 영국의 역사와 문화를 알려 주는 것은 없다.

그렇다면 관람객은 무엇을 보러 영국박물관에 가는 것일까? 고대 켈트족의 장신구? 중세 잉글랜드의 무기? 근대 영국의 찻잔 세트? 과연 이런 것을 기대하고 영국박물관에 가는 관람객이 얼마나 있을지 의문이 든다. 또 하나의 예로, 국내에서 열렸던 「루브르전展」이나 「대영박물관전展」에서 관람객들이 보고자 했던 것, 기대했던 것 또한 프랑스나 영국의 고유한 문화와 역사가 아니리라는 것을 알 수 있다. 나 또한 그러했기 때문이다.

우리는 런던 한복판의 거대한 박물관에서 그 어디에서도 볼 수 없는 전 세계의 진귀한 유물들을 관람하면서 감탄을 금치 못한다. 여기서 다른 질문을 해 보자. 이 어마어마한 유물들은 어떻게, 왜 이곳에 전시되어 있을까? 이 책의 제목과 부제목에서 유추할 수 있듯이 영국박물관 소장품의 상당 부분은 약탈 문화재다. 영국은 19~20세기에 걸쳐 세계 곳곳에서 약탈한 문화재를 한 공간에 모아 놓고 자국의 문화적 성과를 강조해 왔다. 심지어 영국박물관을 "우리 손안에 있는 세계The Whole World in Our Hand"라고 표현하기까지 하며, 영국박물관의 존재를 자랑스러워한다. 이는 과거 가장 광대한 제국이었던 영국의 역사에 대한 자부심의 표현이지만, 그 유물들의 원소유국 입장에서 보면 영국은 조상들의 유산을 훔쳐가 돌려주지 않고 자신들의 문화적 성과로 자랑하는 파렴치한 국가일 뿐이다.

뜬금없지만, 내 꿈은 고고학자였다. 초등학교에 입학하자마자 읽었던 '만화 세계사 전집' 1권에 나온 이집트 문명과 메소포타미아 문명에 관한 이야기는 읽을 때마다 기원전 3000년 전 사람들이 어떻게 살았을까 하는 호기심을 불러일으켰고, 그 호기심은 어떻게 그 옛날 일을 사람들이 알게 되었는지에 대한 궁금증으로 이어졌다. 그리고 기원전 수천 년 전 사람들의 삶을 복원하는 직업이 고고학자라는 것을 알게 되었고, 그때부터 나의 장래희망은 계속 고고학자였다. 특히 고고학에 관심을 갖게 된 계기인 고대 이집트 문명에 관한 이야기는 언제나 나를 설레게 했다. 학교에서 장래희망을 발표할 때면 으레 "저는 고고학자가 되어 이집트에서 파라오의 무덤을 발굴하고 싶습니다. 그러다가 파라오의 저주에 걸려 죽게 된다 해도 괜찮습니다"라고 이야기하곤 했다. 당시 나는 정말 진지했고, 죽음까지 각오할 만큼 비장했던 나의 장래희망은 대학에 들어가서도 변하지 않았다.

그러나 대학원 과정까지 마친 지금의 내 직업은 놀랍게도 고고학자가 아니다. 서양사, 그중에서도 영국사를 전공한 역사학도다. 과거의 사건과 문화를 발견하고 재구성한다는 점에서 고고학자와 역사학자는 상당한 공통점을 가지고 있지만, 나는 책 속의 고고학자들과 달리 열 살 때부터 공언해 왔던 것처럼 파라오의 무덤을 발굴하러 다니지 않는다. 나는 내리쬐는 태양 속에서 카키색 야상 점퍼나 베이지색 반바지를 입고 흙먼지를 날리며 삽으로 땅을 파고 파라오의 저주를 각오하는 삶이 아닌, 시원한 도서관에서 책을 찾거나 컴퓨터로 문서를 내려 받아 보며 먼지, 땀, 저주와는 무관한 삶을 살고 있다.

그렇지만 과거의 유물을 발굴하고 연구하는 고고학이라는 학문에 대한 나의 관심은 여전하다. 역사학의 테두리 안에서 고고학사와 그 학문의 결과물이라고 할 수 있는 문화재 반환 문제를 이렇게 공부하게 되었으니 말이다. 연구 환경 이외에 크게 바뀐 점이 있다면 죽음을 각오하면서까지 발굴하고자 했던 내 '욕심'이 사라졌다는 것이다. 이는 파라오의 저주가 두려워서가 아니라 '무덤의 주인이나 그들의 후손이 저주를 내릴 정도로 원치 않는 일을 하는 것이 과연 옳은 일일까' 하는 의문이 생겼기 때문이다. 고고학이라는 학문과 발굴이라는 행위에 대해 어렸을 때는 미처 생각하지 못했던 문제들이 구체적인 형태를 갖추기 시작했다.

고대 이집트 무덤의 주인은 누구인가?

유적을 발굴할 권리는 누구에게 있는가?

고고학자의 발굴은 어디까지가 연구이고, 어디까지가 약탈과 파괴인가?

약탈 문화재를 전시하는 박물관은 과연 도덕적으로나 문화적으로 옳은 공간인가?

이 책을 쓰는 과정은 바로 이러한 의문에 대한 답을 찾아가는 과정이었다. 독자분들 또한 이러한 질문들을 한 번씩 떠올리며 문화재 약탈사와 반환의 현대사를 즐겨 주시면 고맙겠다.

마지막으로 이 책이 나오기까지 도움을 주신 분들에게 여기서 짧게나마 감사 인사를 드리고 싶다. 이 책은 나의 박사 학위 논문 「영국의 문화재 약탈과 문화재 반환 문제에 대한 고찰, 1790~1980」을 기초로 재구성하였기 때문에, 박사 논문을 지도해 주신 선생님들께 가장 먼저 감사의 말씀을 드리고 싶다. 우선 '문화재 약탈사'를 논문 주제로 제안해 주시고 또 논문 쓰는 과정을 처음부터 끝까지 지켜봐 주신 지도교수 설혜심 교수님께 감사드린다. 언제나 부족한 제자를 꾸짖고 다독이며 지도해 주신 덕분에 이 분야에 한 발 내딛을 수 있는 결과물을 만들 수 있었다.

더불어 박사 학위 심사를 통해 아낌없는 조언과 가르침을 주신 네 분의 심사위원들께도 감사 인사를 드린다. 전수연 교수님, 이재원 교수님, 이내주 교수님, 윤영휘 교수님. 교수님들의 꼼꼼한 가르침과 진심 어린 조언은 나의 부족한 논문이 더 나아질 수 있게 만들어 준 생명수와도 같았다. 여전히 부족한 논문이고 부족한 책이지만, 선생님들의 가르침을 깊이 새기고 더 나은 연구자가 되기 위해 노력하는 모습으로 보답하고자 한다.

학위 논문을 쓰는 많은 대학원생이 그렇겠지만, 나 또한 박사 논문을 쓰면서 학문적으로나 정신적으로 수많은 좌절과 어려움을 겪었다. 그때마다 여기서 포기하면 안 된다고 용기를 북돋아주고 격려해 준 해군사관학교 석영달 선생님께도 진심으로 감사드린다. 같은 과정을 밟고 있는 동료의 묵직한 한마디는 좌절해서 일어나지 못할 뻔했던 나를 일으켜 세워 주었다. 그리고 언제나 내 작업을 뒤에서 도와주고, 내가 어려움에 봉착해 투정 부리고 한숨을 쉴 때마다 단호히 꾸짖으면서도 나에게 용기를 주었던 절친한 친구, 김지혜에게 (늘 하는 이야기지만) 이 자리를 빌려 다시 한 번 고마움을 전한다.

다음으로 이 책을 세상 밖으로 끄집어내 준 편집자의 이야기를 안 할 수가 없다. 이 책은 나의 두 번째 책이다. 첫 책을 만들어 준 (나와 동명이인인) 김경민 편집자와 첫 책의 편집회의를 할 때, 그는 나의 논문 주제만 듣고 "다음 책은 이거로 하자"며 첫 책이 나오기도 전에 이 책의 출간을 예고했었다. 당시 나는 박사 학위 논문의 '박'자도 쓰지 않았을 때라 그때가 언제일지 상상조차 되지 않았는데, 이렇게 현실이 되었다. 비록 출판사 사정으로 이 책을 끝까지 맡지 못했지만, 이 책의 출간을 예언하고(?) 일을 진행해 준 김경민 편집자에게 감사를 드린다. 그리고 갑작스레 나의 두 번째 원고를 맡아 준 정미진 편집자에게 고마움을 전한다. 갑자기 찾아온 인연이었지만 독자로서 누구보다 이 책을 이해하고 아껴주는 모습에 진정 감동받았다. 심지어 지은이인 나보다도 이 책의 내용을 더 잘 파악하고 있어서 정말 깜짝 놀랄 때가 많았다.

마지막으로 어려서는 죽어도 고고학자가 되고 싶다고 떼를 쓰고, 커서는 역사 공부한다고 꿈쩍도 않는 이 불초한 자식을 끝까지 지지해 주시고 사랑해 주시는 어머니 어경숙 님, 아버지 김영덕 님께 이 자리를 빌려 말로는 다 표현할 수 없는 감사의 인사를 드린다.

2019년 한여름에
김경민

일러두기

1. 본문에서 저자가 내용의 이해를 돕기 위해 붙인 주석은
   도형(●■▲)으로, 참고문헌이나 자료 출처를 기록한 후주는
   숫자로 구분하였다.
2. 직접 인용문에서 저자가 생략된 말을 추가하거나
   보충 설명하는 부분은 [ ] 안에 넣었다.
3. 본문에서 영국의 파운드(GBP)가 나왔을 때에는 독자의 이해를
   돕기 위해 2019년 8월 5일 환율(1파운드=1천470원)을 기준으로
   변환한 원화를 괄호 안에 넣었고, 천 단위 이하는 절사하였다.
4. 책이나 잡지의 제목은 『 』로, 신문이나 논문,
   미술 작품 등의 제목은 「 」로 표기하였다.
5. 인명이나 지명은 국립국어원의 외래어 표기법에 따랐으나,
   일반적으로 굳어져 사용된 명칭이나 학계에서
   더 많이 사용되는 용어는 그에 준하였다.

차례

서론

우리는 왜 문화재를 돌려받아야 한다고 생각할까

2011년 5월 27일, 병인양요丙寅洋擾, 1866 당시 프랑스군에 의해 약탈당한 이후 프랑스 국립 도서관Bibliothèque Nationale de France에 보관되어 있던 조선왕조 정조 시대 외규장각 의궤가 오랜 논의와 기다림 끝에 본래 있던 장소인 대한민국으로 돌아왔다. 수많은 언론이 이를 비중 있게 보도하였고, 대다수의 국민은 드디어 빼앗겼던 우리 문화재를 되찾았다며 기뻐했다. 이는 국보급 문화재의 귀환이라는 점에서 21세기 문화재 반환의 매우 중요한 선례를 남긴 사건이었다. 게다가 일본에 의해 식민 지배를 받으며 대대적인 문화재 수탈을 경험한 우리나라로서는 특히 고무적인 순간이었을 것이다.

하지만 이 의궤 반환 사례를 한 걸음 더 들어가 살펴보면 여러 궁금증이 생겨난다. 145년 만에 돌아온 이 외규장각 의궤는 우리가 흔히 사용하는 용어처럼 '반환'된 것이 아니기 때문이다. 프랑스가 소장하고 있던 외규장각 의궤는 '반환'이 아닌 '5년 단위로 연장이 가능한 일괄 대여' 형식으로 돌아왔다. 이에 대해 많은 분이 의문을 가질 것이다. 대여? 반환이 아니라고? 우리나라에 완전히 돌아온 것이 아니었나? 그럼 다시 프랑스가 가져갈 수도 있다는 의미인가? 실제로 외규장각 의궤가 대한민국에 반환된 것이 아니라는 사실을 알게 된 주변 분들로부터 나 또한 이와 비슷한 질문을 받은 적이 있다. "왜 프랑스는 대여라는 방식을 취하면서 돌려주지 않는 건가요?"

나는 이런 질문을 받으면 대답을 잠시 망설이게 된다. 긴 대답과 짧은 대답 두 가지가 가능한데, 전자는 약탈의 역사부터 시작하여 문화재 반환이 어떻게 우리에게 중요한 문제가 되었는지, 그 결과 반환이 당사국에게 어떤 의미를 가지는지, 이러한 상황에서 과거 약탈국은 어떻게 반환 문제에 대처하고 있으며, 이런 모든 역사적·사회적 맥락을 고려했을 때 결론적으로 프랑스는 왜 반환해 주지 않는 것인지를 설명하는 답변이다. 반면 후자는 짧은 시간에 최소한의 설명을 해야 하므로 문화재와 관련한 국제법과 프랑스 국내의 문화재 보호법과 같은 법리적 차원에서 프랑스가 반환을 결정하는 것이 어려운 절차임을 설명하게 된다. 당연히 전자의 긴 답변이 질문자에게도 이 문제를 온전히 이해하기에 더 적절하고, 답변하는 내게도 제대로 설명되었다는 만족감을 준다. 하지만 대부분의 경우 오다가다 받은 질문에서 그렇게 긴 답변을 할 수 없다는 데에 문제가 있다. 그 결과 당연히 짧게 대답할 수밖에 없고, 나 또한 명쾌하지 못한 설명에 찝찝함이 남는다.

문화재 반환이 단지 법적 절차의 설명만으로는 부족하다는 것을 보여 주는 보다 명료한 사례를 살펴보자. 2018년 11월 프랑스는 과거 프랑스의 식민지였던 아프리카 국가들이 제기한 문

2011년 8월 국립중앙박물관에서는 「145년 만의 귀환, 외규장각 의궤 특별전」이 열렸다.
당시 많은 사람이 프랑스에서 돌아온 외규장각 의궤를 보기 위해 이곳을 찾았다.

화재 반환의 입법 절차에 관한 연구 결과를 공개했다. 마크롱 대통령이 의뢰한 이 보고서에는 1885년부터 1960년까지 프랑스 정부와 군대, 선교사 등에 의해 약탈되거나 불법적으로 반출된 아프리카 문화재를 해당 국가의 공식적 요구가 있을 시 영구 반환해야 한다고 명시되었다. 마크롱 대통령은 이미 2017년부터 서방 지도자 중에서는 처음으로 약탈 문화재의 반환 검토를 지시한 인물이다. 프랑스 대통령의 이러한 행보는 일견 도덕적·정치적으로 올바른 결정으로 보일 수 있다. 특히나 한국과 같이 일제 강점기를 겪고 외규장각 사례처럼 문화재 반환에 어려움을 겪고 있는 국가라면 프랑스 지도자의 그러한 행보가 무척 환영할 만한 것이라고 여길 것이다. 하지만 그의 이러한 결정을 환영하는 것은 반환받을 당사자가 될 아프리카 국가들뿐이다. 마크롱의 행보는 프랑스 내부는 물론 거대한 국제적 박물관을 보유한 서방 국가들에게는 달갑지 않은 심지어 두렵기까지 한 것이었다. 게다가 프랑스의 아프리카 문화재 반환과 관련한 언론 기사들에는 뜬금없이 중국까지 등장했다. 마크롱이 아프리카의 문화재 반환 문제에 적극적인 진짜 이유는 아프리카에서 중국의 영향력을 견제하기 위함*이라는 것이다.[1]

• 중국은 2000년대 들어 아프리카에 직접 투자하거나 정부 간 차관 제공과 같은 간접 투자 방식을 통해 아프리카에 막대한 자금을 쏟아부었으며, 이 중에는 과거 프랑스의 식민지였던 서아프리카 지역도 포함되어 있다. 중국이 이 지역에 공을 들이는 것은 아프리카의 자원과 개발권에 그 목적이 있다. 이러한 상황에서 마크롱의 대對 아프리카 문화재 전략은 순수한 양보나 외교적 호의만이 아닌 중국의 영향력을 견제하기 위한 정략적 판단의 결과라고 볼 수 있다.

왜 이런 현상이 나타나는 것일까? 프랑스가 약탈한 아프리카 문화재를 반환하는 것은 당연한 일이 아닌가? 프랑스 내부에서는 왜 반대하는 것일까? 영국이나 미국, 독일과 같은 서방 국가들은 자신들과 상관없는 프랑스의 이러한 행보를 왜 긴장하며 예의 주시하는 것일까? 한편 한 국가의 반환 결정이 도덕적·정치적으로 반드시 옳은 것일까? 이 책은 바로 위와 같은 질문들에 대한 나의 장문의 대답이 될 것이다. 이 모든 과정은 문화재가 대체 무엇이며, 오늘날 우리의 삶과 어떤 연관이 있는지를 이해하는 것에서 시작해야 한다.

문화재란 무엇인가

문화재 문제에서 '반환'이라는 용어를 사용하는 것은 한쪽이 다른 한쪽에게 해당 문화재에 대한 일체의 권리와 책임을 돌려주는 것, 혹은 원소유주의 권리를 복권해 주는 것을 의미한다. 간단히 말해, 문화재에 관한 일체의 소유권을 한쪽이 포기하고 다른 한쪽에 넘기는 것이다. 프랑스에서 돌아온 외규장각 의궤는 이러한 의미에서 우리나라에 완전히 '반환'된 것이 아니다. 이는 현재 대한민국이 소장하고 있지만, 그 소유권은 여전히 프랑스가 갖고 있다는 말이다. '반환되었다'는 표현으로 2011년의 사건을 많이 묘사하고 있지만, 우리가 다시 돌아왔다는 의미로 흔히 사용하는 이 '반환'과 문화재 문제 협상에서 법적·실질적으로 사용하는 '반환'은 전혀 다른 의미다.

그렇다면 문화재文化財, cultural property란 무엇인가? 왜 프랑스는 그동안 자신들이 무엇인지 잘 알지도 못했던 한국의 유물을 돌려주지 않았던 것일까?* 왜 우리 국민은 외규장각 도서의 반환을 그토록 절실히 원하는가? 또한 왜 우리는 외규장각 도서가 완전히 반환되지 못하는 현실에 분노하는 것일까? 과거에 문화재를 약탈당했다는 역사적 사실은 현재를 사는 사람들과 어떤 관계를 맺고 있을까? 그리고 이 모든 질문을 포괄하는 단 하나의 질문, 문화재는 대체 21세기를 살아가는 우리에게 어떤 의미가 있는 것일까?

통상적으로 '문화재'란 인간의 활동으로 창조된 문화적 가치를 지닌 유·무형의 축적물을 의미한다. 「국제연합 교육·과학·문화 기구United Nations Educational, Scientific and Cultural Organization, UNESCO(이하 유네스코)」에서 제정한 문화재 보호와 관련한 최초의 포괄적 국제법인 「1954년 무역 충돌 시 문화재 보호를 위한 헤이그 협약Convention for the Protection of Cultural Property in the Event of Armed Conflict with Regulations for the Execution of the Convention 1954(이하 헤이그 협약)」 제1조는 문화재를 "모든 민족의 문화적 유산에 있어 큰 중요성을 지니는 동산 또는 부동산"으로 정의하고 있다. 문화재 보호에 관한 또 다른 유네스코 국제법인 「1995년 UNIDROIT ■ 협약The 1995 UNIDROIT Convention(도난 또는 불법적으로 반출된 문화재의 국제적 반환에 관한 사법통일국제연구소 협약)」 제1조에 의하면 문화재란

"종교적 또는 세속적 근거에서 고고학적·선사적·역사적·문화적·예술적·과학적 중요성을 지니고 있으며, 이 협약의 부속서에 열거된 범주 중 하나에 속하는 것"으로 정의했다.▲ 이러한 국제법뿐 아니라 각 국가들 또한 자국의 문화재를 국내법상에서 조금씩 다르게 정의하고 있다. 하지만 그러한 차이에도 불구하고 문화재의 정의에는 불변의 공통점이 있다. 바로 문화재가 국가 혹은 민족의 역사와 문화를 담고 있는 중요한 물건이라는 점이다.

우리가 문화재 문제를 알아야 하는 이유

과거의 유산으로 남겨진 물질 유물을 소중하게 여기고, 이를 '문화재'로 지칭하며 국가적으로 보존하고 연구해야 한다는 오늘날과 같은 인식이 생겨난 것은 길게 잡아도 불과 200년 정도밖에 되지 않았다. 이는 인류의 긴 역사에 비추어 볼 때 매우 짧다. 과거의 유물을 역사적 맥락에서 이해하기 시작한 것은 르네상스 시대까지 거슬러 올라갈 수 있지만, 보다 직접적 근원은 19세기부터 본격화된 유럽 열강들의 식민지 확장 정책 과정에서 수반된 문화재 약탈 행위에서 찾을 수 있다. 물론 19세기에 발흥한

■ UNIDROIT는 '사법통일국제연구소the International Institute for the Unification of Private Law'의 줄임말로, 프랑스어의 'Institut International pour L'unification du Droit Privé'에서 파생되었다. 사법통일국제연구소는 1926년 국제연맹의 보조 기구로 설립되었으며, 국제연맹의 해체 후에는 1940년에 사법통일국제연구소 규정에 근거하여 유네스코 산하의 정부 간 국제 기구로 발족되었다.

▲ 각 국가의 국내법마다 '문화재'를 다르게 정의하고 있기 때문에, 국제법상의 문화재와 국내에서 법적 보호의 대상이 되는 '문화재'가 반드시 일치하지는 않는다.

유럽의 민족주의 운동도 서구의 자국 유물 수집 및 연구 열정에 지대한 영향을 미친 것은 사실이지만, 문화재 문제를 오늘날 유럽을 넘어 전 세계적으로 확장시킨 역사적 계기는 민족주의보다는 제국주의에 있다고 보는 것이 더 정확하다. 문화재라는 주제가 문젯거리가 된 이유는 그 핵심에 '약탈'이라는 행위가 자리 잡고 있기 때문이다.

유럽 열강들이 세계 각지에서 행한 문화재 약탈 행위에 대한 평가는 제2차 세계대전이 종결된 후 본격적으로 국제 무대의 쟁점으로 떠올랐다. 전후 국제 관계가 재정립되고 신생·독립국이 등장하면서 각 국가 내에서는 물론이고 국가 간 외교 문제에 있어서도 매우 중요한 사안으로 자리 잡았다. 이는 공식적으로 제국주의 시대가 종결되면서 등장한 새로운 국가들의 '국민국가' 만들기 과정에서 문화재가 매우 중요한 역할을 담당하게 되었기 때문이다. 19세기 이래로 과거의 물질 유물은 민족의 역사와 정체성을 담고 있는 것으로 여겨졌다. 그 결과 이러한 물질 유물의 속성은 공통의 역사와 문화를 공유하는 집단으로 규정되는 '국민'을 형성하는 데 가장 효과적인 시각적 상징물로 활용되었다. 양차 대전 이후 새로 시작된 20세기의 신생·독립국들은 국가의 정통성을 확립하고 국민을 하나로 통합하고자 하는 과정에서 문화재를 활용했으며, 이 과정에서 자신들의 뿌리와 문화적 우수성을 증명하기 위해 문화재 되찾기에 나서게 되었다.

이 같은 시대적 흐름에 따라 과거 식민지였던 국가들에 있어 문화재 문제는 국가 재건의 중요한 과정이었다. 침략 전쟁으로 약탈당하거나 주권이 상실된 상태에서 다양한 경로로 유출된 자국의 문화재를 되찾기 위해 다각적인 노력을 기울여 왔다. 국제 여론 또한 약탈된 문화재는 반환되어야 한다는 쪽으로 움직이면서 식민 지배를 경험한 국가들의 문화재 반환 운동에 힘을 실어 주고 있다.[•] 그러나 현재 반환 요청을 받고 있는 영국·프랑스·독일·벨기에·러시아·미국·일본 등과 같은 국가들은 대부분 자신들의 정당한 소유권을 주장하며 문화재 원산국^{country of origin}[■]들의 반환 요청을 거부하고 있는 상황이다. 그 결과 빼앗긴 문화재를 돌려받으려는 국가와 그 문화재를 현재 보유하고 있는 시장국^{market country}[▲] 사이의 입장 차이로 인한 갈등은 오늘날 문화재

• 세계에서 가장 많은 문화재 반환 요구를 받고 있으며, 이 책의 연구 대상인 영국의 여론도 반환에 호의적이다. 1998년, 영국에서 두 번째로 큰 여론조사 기관인 입소스 모리Ipsos MORI가 영국에서 파르테논 마블 반환의 찬반 여부를 조사했는데, 응답자의 다수가 반환에 찬성한다고 밝혔다. 2002년에도 비슷한 결과가 나왔다.[2] 영국 유수의 언론사인 BBC와 『가디언The Guardian』에서도 영국이 제국주의 시대의 약탈품을 돌려줘야 한다는 취지의 기사가 파르테논 마블 문제가 불거질 때마다 등장하고 있다.[3]

■ 문화재 원산국이란 해당 문화재가 만들어진 국가 혹은 원래 그 문화재를 가지고 있었던 원소유국을 의미한다. 대개 과거 제국주의 시대에 서구 열강들의 직·간접 지배를 받으며 부당하게 혹은 강제적으로 역사·문화적으로 중요한 유물을 빼앗긴 국가들로, 이집트·나이지리아·가나·인도·그리스 등이 여기에 해당하며, 한국도 원산국에 포함된다.

▲ 문화재 시장국이란 앞서 언급한 원산국의 반대편에 있는 나라로, 현재 풍부한 문화재를 보유하고 있으며, 국력과 자본력을 바탕으로 문화재 시장에서 구매력이 높은 위치에 있는 국가를 의미한다. 영국·프랑스·미국·러시아·벨기에·스위스·일본 등이 시장국에 해당하며, 대부분 제국주의 시대의 열강들과 일치하는 경향을 보인다. 이 책에서 다루는 문화재 반환 문제의 당사국들 중에서 현재 소유국이 이 시장국에 해당한다.

의 거취나 소유권만이 아닌 국가(민족)적 정체성의 기반이 되는 역사와 문화, 그리고 정치·외교가 다층적으로 얽힌 매우 복잡한 문제로 발전하였다.

이제 문화재 반환을 둘러싼 국가 간 갈등은 단순히 이념적 논쟁이나 문화 교류상의 문제에서 벗어나 '소리 없는 전쟁'이라 불릴 정도로 정치·외교적 갈등을 초래하고 있으며, 서로에 대한 국민감정을 심각하게 손상시키는 중대한 요소가 되었다. 게다가 문화재는 국가의 경제와도 밀접한 관계를 맺고 있다. 문화재는 유형의 물질이지만, 보존만 잘한다면 관광 산업을 통해 영구적으로 경제적 가치를 창출할 수 있기 때문이다. 따라서 문화재 문제는 역사·이념·정치·경제의 문제이며, 이 모든 갈등 요소들이 복합적으로 버무려져 있는 현재진행형 사례가 바로 영국과 그리스 사이의 파르테논 마블Parthenon Marbles 반환 문제다. 파르테논 마블을 돌려달라는 그리스 정부의 지속적인 요구에도 불구하고 반환 불가의 입장만을 고수하는 영국 정부의 태도는 그리스 국민들에게 반영反英 감정을 야기했다. 또한 영국 수상 토니 블레어와 박물관 관계자들이 파르테논 마블이 런던에 있기 때문에 그리스 문명의 위대함이 더욱 널리 퍼질 수 있으며, 더 많은 사람이 볼 수 있다는 식으로 발언하자, 1998년 당시 그리스의 문화체육부 장관이었던 베니젤로스는 그런 논리라면 세계의 모든 문화재는 인구가 가장 많은 베이징에 갖다 놔야 할 것이라고 비꼬며 영국의 태도를 강하게 비판했다. 후술하겠지만 대중적으로 가장 많이 알려진 이 문화재 갈등 사례는 대부분의 문화재 반환 문제가 그렇듯 19세기까지 거슬러 올라가는 뿌리 깊은 문제이기 때문에, 현재의 제도 및 이해관계를 기준으로는 쉽게 해결할 수 없는 주제임을 보여 준다.

문화재 반환 문제를 해결하는 가장 확실한 방법은 문화재가 '반환'이라는 형식으로 돌아가는 것이다. 하지만 이 방식은 실현되기가 매우 어렵다. 왜냐하면 현재의 일방적 소유권에 대한 불만을 해소하기 위해서는 상당 부분 현 소유국의 양보와 협력이 절대적 조건이기 때문이다. 오늘날까지 알려진 사례들에서 알 수 있듯이 '반환'은 결국 서로의 입장을 이해하고 상대의 역사적 아픔을 공감하는 데서 비롯되는 한쪽의 전적인 양보와 협력의 결과다. 따라서 오늘날 문화재 반환 문제가 대부분 반환 혹은 반환에 준하는 결과(영구 임대나 장기 임대)에 이르지 못하고 있는 것은 국제 협약과 같은 기존의 제도적 접근이 효과를 보지 못하고 있음을 의미한다. 이 때문에 기존의 제도적 틀 이외에도 현재의 교착 상태를 극복하기 위한 다양한 시도가 요구되고 있다.

이 책은 오늘날 문화재 반환이라는 쟁점이 국제 사회에 갈등을 일으키는 중요한 문제임을 인식하고, 인류의 역사와 문화를 담고 있는 문화재의 보존과 지속적 활용을 위해 이를 둘러싼 갈등 해소의 근거가 되는 학문적 장이 필요하다는 문제의식에서 출발했다. 제2차 세계대전 이후 약탈 문화재의 반환을 촉구하고 문화재의 불법 거래를 금지하기 위해 유네스코를 주축으로 몇몇 주요 국제 협약들이 제정되었다. 그러나 오늘날 대표적으로 거론되는 반환 문제들이 국제법을 통해 해결된 경우는 극히 드물다. 법리가 아닌 역사적·도덕적 차원에서도 양측의 첨예한 입장 차이가 좁혀지지 않으면서 합의점을 찾기 어려운 상황이 계속되고 있다. 따라서 기존의 법률이나 이념적 차이에 대한 인식을 넘어 문제의 역사적 근원과 그것이 현실적 쟁점과 어떠한 연관성을 갖는지를 이해하는 것이 문화재 반환과 관련된 갈등을 해소하는 첫 번째 단계가 될 것이다.

특히 문화재 반환이라는 주제는 이를 촉발한 역사적 배경이 가장 중요한 핵심 쟁점이기 때문에, 오늘날 관련 국가들의 외교적 관계와 동시대의 가치관만으로는 문화재 반환 문제로 인한 국제 갈등을 온전하게 이해할 수 없다. 따라서 문화재 반환 문제에 대한 종합적 접근을 위해 문화재 반환 문제의 직접적 원인을 제공한, 19~20세기에 걸친 서구 열강들의 식민지 팽창과 제국주의의 역사 속에서 이루어진 문화재 수집과 약탈의 역사를 비판적으로 살펴보는 작업이 요구된다. 이러한 과정을 통해서만이 갈등 당사자들의 입장을 포괄적으로 바라볼 수 있고, 문제 해결을 위한 역사적·도덕적 근거를 제시할 수 있다.

왜 영국에 주목하는가

과거 문화재 약탈을 주도했던 서구 열강들과 오늘날 수많은 문화재를 보유하고 또 구매할 힘을 가지고 있는 국가들은 대개 일치한다. 영국, 프랑스, 독일, 미국, 러시아, 이탈리아, 벨기에 등이 바로 그러한 국가에 해당한다. 서구 이외의 국가로는 일본이 유일하다. 이들 대부분은 문화재 반환 문제의 가해자로서 문화재 원산국들의 강력한 반환 요구에 직면해 있다. 유럽, 아시아, 아프리카, 오세아니아 대륙이 모두 얽힌 세계사적 사건이니만큼 될 수 있으면 이 책에서 여러 나라의 사례를 독자들에게 보여 주면 더할 나위

없겠지만, 이 책은 약탈국에 대한 논의의 범위를 영국으로 한정한다. 이는 선택과 집중을 통해 문화재 약탈 양상의 시대적 변화와 각각의 사례를 보다 심도 있게 고찰하고자 하기 때문이다. 더 중요한 것은 영국이 문화재 문제의 특수성을 보여 주기보다는 대표성을 강조하기 위한 선택이라는 점이다. 앞서 언급한 여러 국가 중에서도 영국은 문화재 반환 쟁점의 가장 중심에 있는 국가로, 그 이유는 크게 두 가지로 요약할 수 있다.

첫째, 영국은 식민지를 운영했던 과거 어떤 열강보다도 많은 식민지를 보유하고 넓은 제국을 운영했던 만큼 과거에도 현재에도 가장 '제국적인' 국가다. 18세기 말, 유럽 국가들 중 가장 먼저 산업화에 성공함으로써 이룬 경제 성장과, 과학기술의 비약적 발전은 영국의 해외 팽창에 중요한 동력으로 작용했다. 19세기 후반에 영국은 '해가 지지 않는 나라'로 불릴 만큼 광대한 식민지를 보유한 제국으로 성장하였다. 이 과정에서 세계 각지로 파견된 군인, 관료, 정착민, 학자 들의 활동으로 인해 엄청난 규모의 해외 유물들이 영국으로 유입되었다. 그 결과 오늘날 영국은 양적·질적으로 세계 최고 수준을 자랑하는 해외 문화재 컬렉션을 보유한 국가가 되었다.

영국박물관 British Museum •은 제국주의 팽창 정책과 더불어 성

• 영국박물관은 우리에게 '대영박물관'이라는 명칭으로 통용되고 있는데, 이는 정확한 이름이라고 할 수 없다. 원어에는 '대great'라는 표현이 없으며, 영국을 대영이라고 지칭하는 것은 제국의 시대가 끝난 오늘날에 적절하다고 할 수도 없다. 따라서 최근 국내 영국사학계에서는 '대영박물관'이라는 표현을 지양하고 영국박물관이라는 명칭을 주로 사용하고 있다.

장한 대표적 박물관으로, 해외 문화재를 가장 많이 보유하고 있
는 박물관이자 영제국의 문화 권력을 상징하는 기관이 되었다.
18세기 중반에서 19세기 중반 사이의 기간은 영국이 초강대국
으로의 위치와 문화적 권력을 획득하게 된 중요한 시기였다. 영
국이 이 시기에 제국주의 정책의 일환으로 행한 문화적 활동 중
에 가장 핵심적인 영역이 바로 문화재 수집이었다. 여기서 얻은
문화 권력은 그전까지의 강대국이 갖추었던 요소들과는 다른 새
로운 것으로서, 문화 강국으로서의 제국은 19세기에 등장한 새
로운 유형의 제국이라고 볼 수 있다. 따라서 영국을 분석하는 것
은 문화재 반환 문제의 역사적 기원과 그 해결책을 찾는 데에 중
요한 역할을 할 것이다.

둘째, 영국은 문화재 약탈사에서 그 어느 나라보다도 가장 주
목받는 유물들을 다수 소유하고 있다. 영국은 과거 광범위한 지
역에서의 문화재 약탈 행위로 인해, 그리스의 파르테논 마블 문
제를 비롯하여 역사적·정치적 중요성으로 인해 국제적으로 가장
주목받고 있는, 다시 말해 가장 유명한 문화재 반환 문제들과 얽
혀 있는 당사국이다.

우선 영국이 소유한 문화재 중 반환 요청을 받고 있는 문화
재들은 영국에서 가장 인기 있는 전시품들이다. 고대 그리스 건
축과 예술의 정수를 담고 있다고 평가받는 그리스의 파르테논
신전 석조물의 일부인 파르테논 마블을 비롯하여, 이집트 정부
가 강력히 반환을 요구하고 있으며 상형문자 해독의 결정적 단
서를 제공한 것으로 유명한 로제타석Rosetta Stone, 현재 영국 왕실
왕관에 장식된 세계에서 가장 오래된 108캐럿짜리 다이아몬드

인 인도/파키스탄의 코이누르 다이아몬드Koh-i-noor diamond, 베닝 왕국의 역사와 문화가 담겨 있어 범아프리카적 차원에서 반환 운동이 이루어지고 있는 나이지리아의 베닝 브론즈Benin bronzes 등이 그것이다.

영국이 소유하고 있는 이러한 문화재들은 역사·문화적 가치가 높을 뿐 아니라 과거 영제국과 식민지 간의 역사에서 비롯된 정치적 상징성이 강하기 때문에 향후 어떤 방식으로 이 문제가 해결될지 전 세계가 주목하고 있다. 특히 문화재 반환 문제의 가장 상징적 사례로 꼽히는 파르테논 마블 문제는 이 주제를 다루는 거의 모든 연구자가 빼놓지 않고 언급하는 영국의 대표적인 문화재 약탈 사례다. 왜냐하면 파르테논 마블은 그리스가 오스만 튀르크 제국으로부터 독립한 후부터 오늘날에 이르기까지 지속적으로 반환을 요구하고 있는 문화재로, 이는 문화재 반환 논쟁의 역사를 보여 주는 사례이기 때문이다.• 그 결과 문화재 반환 문제에 대한 영국의 행보는 국제 사회의 주목을 받고 있다. 이렇듯 영제국의 광대한 지리적 범위와 그로 인해 확보된 문화재의 질과 양은 영국을 문화재 반환 문제의 핵심적인 요소들을 보여 줄 수 있는 국가로 꼽는 중요한 근거다.•

영국이 과거 문화재를 약탈한 여타 국가들과 차별화되는 부분이 또 한 가지 있다. 문화재 반환 요구에 대한 시장국들의 점

_____

• 그리스는 현재 유럽에 속해 있지만, 1832년 독립할 때까지 오스만 튀르크 제국의 지배 아래에 있었다. 따라서 1801년부터 1803까지 영국이 파르테논 마블을 약탈한 시기의 그리스는 서유럽 열강들에게 비유럽 지역과 마찬가지로 여겨졌다.

진적인 태도 변화에도 불구하고, 유독 영국만은 일관되고 단호하게 반환 불가의 태도를 고수하고 있다는 점이다. 물론 영국이 문화재 반환을 거부하고 있는 유일한 국가는 아니며, 영국 또한 약탈한 문화재를 반환한 사례가 있다.▪ 하지만 이는 원산국에 대한 역사적 책임이나 이해에 의한 것이 아닌 특수한 상황에서 이루어진 것으로, 영국은 중요 문화재에 대한 거의 모든 반환 요청을 거부하고 있다. 이러한 영국의 태도가 주목받는 이유는 그동안 비슷한 태도를 취해 왔던 프랑스나 미국이 최근 협상의 가능성을 보이고 있는 것과 달리, 영국은 여전히 강경하게 거부의 입장을 유지하고 있기 때문이다. 그렇다면 이러한 차이는 어디

▪ 이 책에서는 논의의 대상이 되는 원산국의 범위를 그리스와 고대 오리엔트 지역, 그리고 인도, 아프리카, 중앙아시아로 한정하고자 한다. 이는 여기서 다루고자 하는 약탈 사례들이 서구 열강들의 비유럽 지역으로의 팽창 정책 과정에서 발생한 것이기 때문이다. 서구의 약탈은 피식민자가 비유럽/동양/타자이기 때문에 정당화된다는 점은 여기서 중요한 전제다. 따라서 20세기 전반기에 행해진 가장 대표적인 문화재 약탈 사건인 제1,2차 세계대전 시 독일에 의한 유럽의 예술작품 약탈과 그에 관한 반환 논의는 이 책에서 제외된다.

▲ 1872년 에티오피아 황제 요하네스 4세Yohannes IV, 1837~1889, 재위 1872~1889는 『Kebra Nagast』('왕의 영광 Glory of King'이라는 뜻의 중요 왕실 기록)의 반환을 요청했고, 영국은 영국박물관에 보관되어 있던 이 책의 두 사본 중 하나를 "정중하고 우호적인 행동gracious and friendly act"으로 표현하며 에티오피아에 반환했다. 1924년에는 에티오피아의 섭정(후에 왕위에 오른다) 타파리 마콘넨Tafari Makonnen, 1892~1975이 영국을 방문했을 때, 조지 5세George V, 1865~1936, 재위 1910~1936가 빅토리아-앨버트 박물관에 있던 테워드로스 황제Tewodros II, 1818~1868, 재위 1855~1868의 왕관을 선물했다. 1965년, 엘리자베스 2세 여왕Elizabeth II, 1926~이 에티오피아를 방문했을 때, 원저성에서 보관하고 있었던 테워드로스 황제의 모자와 왕실 인장을 "우호와 존경의 표시"로 황제에게 선물했다. 이처럼 영국 왕실이 에티오피아의 문화재를 선물한 이유는 동일한 물건을 2점 이상 보유하고 있는 경우에 한정된다.[4]

에서 비롯되는 것일까.

고고학의 탄생과 영국박물관 그리고 제국주의

오늘날 문화재 반환 문제의 원인을 제공한 19세기 영국의 문화재 수집 및 약탈은 영국이 강력한 제국으로 부상하는 과정에서 생긴 부산물인 동시에, 정복과 지배에 매우 효과적인 상징적 수단으로 활용되었다. 영국이 식민지로 삼은 지역에서 역사적으로 가치 있는 유물을 수집하고 이를 전시·연구하는 행위는 영국의 군사·외교적 우위가 전제되어야 했기 때문에 이는 곧 위대한 제국의 힘을 나타내는 증거이자 상징이었다. 나아가 식민지인이 하지 못하는(이는 물론 제국의 일방적인 인식이며 지역적 편차가 큰 부분이다) 역사와 문화를 보존하는 일을 영국만이 할 수 있다는 것은 학문과 지식의 영역에서 제국의 힘, 즉 문화적 우월성을 나타내는 것이었다. 이 과정에서 고고학이라는 학문의 한 분과가 탄생하게 되었다. 이는 필연적으로 영국의 고고학적 성과와 영국박물관 컬렉션의 확장이 영국 정부의 지원 없이는 불가능했다는 점을 반증한다. 이는 고고학이 그 성장 과정에 있어 정치적으로 순수하지 않았음을 의미한다. 문화재 수집과 가치 평가에 기여한 공이 컸던 고고학은 제국주의 시대가 공식적으로 종결된 제2차 세계대전 이전까지 매우 정치적이었고 제국주의적이었다고 볼 수 있다.

여기서 '제국주의적'이라고 함은 단순히 역사·문화적 가치를 지닌 유물을 모으고 소유하는 것을 넘어 제국으로서의 권위와 식민지(혹은 비유럽)에 대한 서양의 우월성을 과시하기 위한 정치적 목적을 내포한 행위로 규정하고자 한다. 따라서 이 책은 초기 고고학이 영국을 비롯한 서구 열강들의 제국주의 정책의 수혜자라는 점, 오늘날 문화재 반환을 둘러싼 갈등에 고고학의 역사가 매우 밀접하게 연관되어 있음을 기본 전제로 한다. 그리고 이를 바탕으로 영국이 세계 각지에서 행한 문화재 약탈 행위인 "문화적 기획cultural project"5을 지원함으로써 제국의 영향력을 확장하려 했다는 점, 문화와 학문이라는 비정치적 영역을 통해 약탈과 수탈을 특징으로 하는 팽창적 제국주의 정책을 정당화하려 했다는 점을 몇 가지 역사적 사례를 통해 보여줄 것이다. 그리하여 오늘날 과거 식민지였던 국가들이 제기하는 문화재 반환 문제의 직접적 원인이 제국주의의 역사라는 것을 분명히 하고자 한다. 이를 위해 우선 그간 주로 이루어져 왔던 문화재 반환 논쟁에 대한 국제법적 혹은 정치학적 접근에서 벗어나 이 문제의 역사적 기원을 추적하고, 오늘날 문화재 반환 쟁점에 얽힌 역사적 사건들의 성격을 규명할 것이다.

제1부에서는 구체적 사례를 통해 서구 열강의 해외 문화재 수집 행위가 명백한 약탈이었음을 밝히고, 이 시기에 행해진 수집의 역사를 서구의 제국주의 이데올로기와의 연관 관계 속에서 재구성할 것이다. 제2부에서는 제국 시대 이후의 이야기를 하고자 한다. 과거 문화재 약탈의 역사를 바탕으로 문화재 반환을 둘러싼 갈등의 원인을 제공했던 영국이 오늘날 이 문제에 어떻게 접근하고 있는지 구체적 사례를 통해 살펴볼 것이다. 이를 위해 영국이 1945년 이후 과거 식민지였던 국가로부터 제기되는 문

화재 반환 요청에 대해 어떻게 대응했으며, 어떤 근거로 반환을 거부해 왔는지 검토하고자 한다. 특히 영국의 대응과 거부의 근거를 보다 입체적으로 분석하기 위해 특정 시기에 작성된 영국의 정부 문서를 제시할 것이다. 이 문서에 기초하여 실제로 반환 요청을 단호히 거부했던 영국이 내세운 근거와 거기에 내재된 반환 불가의 담론을 명확히 추출해 내고자 한다.

나는 영국의 국립문서보관소National Archive에 소장되어 있는 영국외무연방부Foreign and Commonwealth Office(이하 외무부)의 문서를 조사하였다. 외무부는 국제 문제인 문화재 반환 요청에 공식적으로 대응하는 정부 부처다. 특히 여기서 다루는 외무부 자료들은 대개 1970년대에서 1980년대의 것으로, 이는 국가정보 보호 절차에 따라 외무부 문서들을 25년에서 30년이 지난 후에야 공개할 수 있기 때문이다. 이 자료들은 조금씩 차이는 있지만 대개 2000년대 중후반에 일반에 공개된 것으로, 영국의 문화재 반환 문제에 대한 새로운 자료로서의 가치가 높다고 할 수 있다.•

이러한 작업은 20세기 영국의 문화재 반환 정책과 반환 요구에 대한 정부와 영국박물관의 대응 방식을 통해 문화재에 대한 영국의 인식이 여전히 제국주의 시대인 19세기에 머물러 있음을 증명하는 것이다. 더 나아가 문화국제주의와 문화민족주의와 같은 문화재 반환에 관한 이념적 논리와 국제법 체계의 명

• 이 밖에도 영국에 소재한 영국도서관British Library, 국립문서보관소, 그리고 국립해양박물관National Maritime Museum에서 조사한 사료들도 인용하였다.

백한 한계점을 제시하고, 문제 해결을 위한 기존의 틀이 제대로 작동하지 않고 있음을 보여 줄 것이다. 이러한 삐걱거림은 역사적 뿌리를 지닌 영국의 완고한 태도에 대한 무비판적 인식이 한몫을 한다. 따라서 나는 문화민족주의를 따르면서도 기존의 한계점을 보완하기 위해 영국의 문화재 수집의 역사를 비판적으로 분석하는 수정주의적 고고학사의 시각에서 고찰하는 작업이 병행되어야 함을 주장하고자 한다. 이러한 과정이 전제되어야만 보다 종합적이고 다각적인 관점에서 문화재 반환 문제를 고찰할 수 있고, 이것이 궁극적으로 문화재 소유 혹은 반환을 주장하는 측의 핵심적인 전략이 될 수 있기 때문이다.

문화재 문제를 둘러싼 국제법과 미술사 분야의 연구들

문화재 반환 문제는 여러 문제들이 중첩되어 있으며, 지금 이 순간에도 벌어지고 있는 시의성이 매우 높은 주제다. 본격적인 이야기를 하기에 앞서 이 문제가 어떤 학문 분야에서 연구되어 왔고, 각기 어떤 방향으로 연구해 왔는지 간략하게나마 훑어 볼 필요가 있다. 그래야만 이 책의 논의가 문화재 반환이라는 복잡한 숲에서 어떤 방향성을 가지고 어디로 나아가는지 알 수 있기 때문이다. 숲 전체를 둘러보는 것은 어느 정도 인내심이 필요하지만 이 책의 목적지를 보다 선명하게 그리기 위해서는 문화재 반환에 대한 전체적인 지도를 살펴보는 것이 도움이 될 것이다.

문화재 반환 문제는 여러 학문 분야에 걸쳐 있다. 국제법, 미술사학, 고고학, 역사학 등에서 이 주제를 연구해 왔고, 각기 다른 관점과 관심사로 접근하면서 이 문제에 대해 조금씩 다른 생각을 보여 왔다. 예를 들어, 문화재 반환 문제를 가장 활발히 연구하고 있는 국제법학자들은 문화재 반환을 원하는 원산국에 불리하게 작용하고 있는 국제 협약들의 맹점을 누구보다 잘 파악하고 있는 만큼 다수가, 원산국이 경험한 역사에 공감하며 시장국의 반환 거부에 대해 비판적인 입장을 견지하고 있다. 반면 미술사학계에서는 연구 대상인 문화재의 보존과 연구 환경을 중요시하기 때문에, 역사적 경험에 근거한 민족주의적 반환 논리보다 보존에 최적화된 조건에서 문화재의 가치를 보다 높이는 방안이 힘을 얻고 있다. 한편 고고학계는 유물의 역사적 가치 복원에 중점을 두고, 유물 원본의 완전성을 파괴하는 유적으로부터의 유물 분리나 약탈 행위를 비판하고 있다.•

우선 문화재 반환에 관한 연구 성과가 상대적으로 적은 역사학계와는 달리 국제법 분야는 가장 많은 연구 성과를 내고 있다. 이러한 차이는 문화재 반환 문제가 과거의 완결된 사건이 아닌 현재진행형이라는 점에 기인한 것으로 보인다. 오늘날 문화재를 둘러싼 견해 차이가 국제 갈등의 주요 원인이 되고 있고, 문화재가 도난·불법 매매의 대상이 됨에 따라 보상과 반환 청구를 요구하는 국제 소송이 증가하고 있기 때문이다. 국제법학자들은 과거와 현재를 아우르는 광범위한 시대를 다루어야

• 물론 각 학문 분야 내에서 모두 동일한 의견을 가지고 있는 것은 아니며 다양한 입장들이 존재한다. 여기서는 각 분과 내의 주요 흐름이나 주목받는 연구들을 중심으로 소개하고자 한다.

하기 때문에 논의를 법적 쟁점에만 한정하지 않고 문화재 반환 문제의 역사적 배경까지 다루면서 이 문제에 대한 총체적 접근을 시도하고 있다.

문화재 반환 문제와 관련된 국제법 분야의 대표적 연구로는 지넷 그린필드Jeannette Greenfield의 『문화재의 반환The Return of Cultural Treasures』[6]과 아나 브르돌리야크Ana Filipa Vrdoljak의 『국제법, 박물관 그리고 문화재의 반환International Law, Museums and the Return of Cultural Objects』[7]을 꼽을 수 있다. 두 저서는 모두 법적인 분석과 더불어 문화재 약탈의 역사와 다양한 국가별 사례들, 그리고 현재의 역사·정치적 쟁점까지 다루면서 문화재 반환 문제를 총체적으로 고찰하고 있다. 그린필드와 브르돌리야크의 입장은 문화재 원산국과 시장국의 역사·정치적 이해관계가 첨예하게 대립하는 문화재 반환 논쟁에 관해 중립적으로 정보를 전하고 있으면서도 원산국에 힘을 실어 주고 있는 것이 특징이다.* 특히 브르돌리야크는 문화재 반환 갈등의 원인을 19세기 유럽 열강들의 제국주의 정책에 있다고 보고, 현 국제 협약의 내용과 한계를 분석하면서 영국·프랑스·미국과 같은 시장국이 문화재 보호를 위한 국제 협약에 대해 어떠한 태도를 취하는지 비판적으로 분석하고 있다. 그는 문화재 문제에 여전히 제국주의적 영향력이 잔존하고

---

* 그밖에도 이리니 스타마투디Irini A. Stamatoudi의 『문화재법과 반환: 국제 협약과 유럽연합법에 관한 해설Cultural Property Law and Restitution: A Commentary to International Conventions and European Union law』은 앞의 두 연구보다 중립적인 관점에서 19세기부터의 문화재 보호와 관련한 국제 조약과 국제법의 변화를 개괄적으로 설명하고 있다.[8]

있다고 명시적으로 강조함으로써 명백히 원산국의 입장에서 서술하고 있다.*

이처럼 원산국의 입장에서 문화재 반환 문제를 분석하는 관점을 '문화민족주의Cultural Nationalism'라고 하고, 반대로 반환을 반대하는 시장국의 입장을 옹호하는 관점을 '문화국제주의Cultural Internationalism'라고 한다. 문화재 반환과 관련된 주제를 연구하는 학자들은 대부분 이 두 가지 관점 중 하나를 선택하여 자신의 논리를 전개한다. 앞서 언급한 국제법학자들은 과거 열강의 약탈 행위를 비판하고 원산국에 문화재를 반환해야 한다는 입장을 보이고 있는 만큼 문화민족주의를 지지하는 것으로 볼 수 있다. 반대로 문화국제주의를 지지하는 대표적 국제법학자로는 존 헨리 메리맨John Henry Merryman이 있다. 그는 문화재 반환 문제를 국가 간의 민족주의적 갈등으로 접근해서는 안 되며, 문화재의 보존과 연구를 위해 최선의 환경과 조건이 무엇인지를 묻는다. 문화재를 원소재지로 복귀시키는 것보다 인류의 문화유산으로 규정하고, 보다 나은 환경에서 보호하고 연구할 수 있는 환경에 두는

---

* 그 외에도 패티 거스틴블리스Patty Gerstenblith의 『예술, 문화재, 그리고 법 Art, Cultural Heritage, and the Law』이 문화재 문제의 역사적 기원과 국제법의 성립 과정, 반환 사례, 관련 판례 등을 17세기부터 포괄적으로 다루고 있다.[9] 바버라 호프만Barbara T. Hoffman의 『예술과 문화유산: 법, 정책, 그리고 실행 Art and Cultural Heritage: Law, Policy, and Practice』도 예술품과 세계적 문화유산의 반환과 법적 문제에 대한 논의를 다양한 사례와 함께 소개하고 있다.[10] 법과 역사 분야를 결합하여 문화재 약탈의 역사를 서술하고 있는 마거릿 마일스Margaret M. Miles의 『약탈로서의 예술: 문화재 논쟁의 고대적 기원 Art as Plunder: The Ancient Origins of Debate about Cultural Property』은 문화재 갈등의 유럽적 기원을 추적하고 있다.[11]

것이 중요하며, 궁극적으로 그것이 인류 전체에 이익을 가져다 준다고 주장한다.[*]

미술사 분야에서 메리맨과 같은 문화국제주의의 관점에서 주목할 만한 논리를 제기한 학자로는 제임스 큐노James Cuno를 들 수 있다. 큐노는 메리맨보다 직설적인 화법으로 문화민족주의를 비판하고, 심지어 민족주의를 편협하고 이기적인 '주의-ism'로 폄하한다. 그는 문화재는 인류의 문화유산으로 가장 적합한 장소에서 관리 및 향유되는 것이 중요하지, '민족'이라는 허구적 개념에 기초하여 원산국으로 반환해야 할 근거가 없다고 주장하고 있다.[13] 민족주의 사상의 한계와 부정적 측면을 분석하여 문화재 반환 찬성 논리에 반대하는 큐노의 연구는 과거 식민지였던 국가들에 대한 역사적 책임감으로 인해 원산국 쪽으로 기울고 있는 반환 논쟁에 얼마간 균형 잡힌 관점을 제시하고 있다는 점에서 그 의의를 찾을 수 있다. 하지만 큐노의 관점은 반환 쟁점의 근본에 있는 약탈의 역사를 간과하는 등 문제의 역사성을 외면하고, 제국주의의 어두운 유산을 제대로 평가하지 못하고 있다. 이는 문화재의 거취에 관한 문제에서 문화재가 지닌 가장 중요한 가치인 역사성을 제외하고, 문화재의 물질적 보존에 관련된 조건만을 고려했다는 점에서 문화국제주의의 결정적 한계를 보여 주고 있다.

---

[*] 메리맨은 이러한 논리에 따라 파르테논 마블을 둘러싼 그리스와 영국의 갈등에서 영국 입장을 지지하며, 파르테논 마블이 그리스로 반환되는 것을 반대하고 있다.[12]

문화재 문제를 둘러싼 고고학과 역사학의 연구들

한편 고고학은 문화재 문제에 가장 직접적으로 연관된 분야로, 최근 20~30년간 비판적인 태도로 이 주제에 접근하고 있다. 서구의 고고학이 서구 열강의 유물 수집과 박물관 컬렉션 확장에 가장 큰 기여를 했다는 것은 역사적 사실이다. 그 결과 고고학의 역사를 문화재 반환 문제의 기원이라는 측면에서 연구하는 것이 문화재 쟁점을 분석하는 데 있어 매우 중요한 작업으로 떠올랐다. 19세기 이후의 문화재 수집은 이전 시대 유물 수집의 특징이었던 개인적이고 비체계적인 성격과는 달리, 서구 열강의 영향력이 전 세계로 확장되는 과정에서 국가적이고 체계적인 활동으로 변모했다. 이러한 제국 팽창의 한가운데서 성장한 고고학을 비판적으로 바라보는 것은 문화재 반환 논쟁의 핵심 요소 중 하나인 문화재 취득의 합법성 문제와 수집과 약탈 행위에 대한 서구의 자기 인식 문제를 고찰할 수 있는 중요한 단서를 제공해 준다. 또한 이러한 시각을 통해 민족주의와 세계주의라는 이데올로기적 기준이나 국제법과 같은 동시대적 규율이 포착하지 못하는 문제의 사각지대에 접근하는 것은 가능하다. 이렇게 고고학의 역사를 비판적으로 분석하는 틀이 바로 수정주의적 관점이다.

수정주의적 관점은 몇몇 유명한 고고학자에 대한 영웅주의적 서사와 고고학을 가치중립적 학문으로 묘사하는 기존의 연대기적 서술에서 벗어나, 고고학의 발달 과정을 제국의 시대라는 당대 배경 및 역사적 사건과 연관 지어 고고학을 비판적으로 분석한다.* 예를 들어 트로이 발굴로 유명한 하인리히 슐리만과 고대 아시리아 문명을 발굴한 오스틴 레이어드에 관한 고고학사가 유럽인에 의한 고대 문명 발굴을 당시의 제국주의 시대의 역사적 맥락에서 고려하지 않고 영웅주의적 서사로 미화한 대표적 주제다.[■] 이러한 경향에 반발하며 고고학사의 수정주의적 관점이 대두된 데에는 크게 두 가지 원인이 작용했다. 하나는 1980년대부터 본격화된 고고학의 새로운 연구방법론인 '탈과정주의 고고학Postprocessual archaeology'의 등장이었다. 이는 객관적 사실을 추구하는 데에서 벗어나 연구자의 적극적인 해석이 중요시되는 경향으로, 발견된 물질 유물을 있는 그대로 "읽는 것read off"이 아닌 그 물질 유물이 존재했던 동시대의 문화적 맥락까지 추적하여 고고학자가 적극적인 해석의 주체로 활동하는 것을 의미한다. 이는 고전 고고학자 마이클 생크스Michael Shanks의 "[고고학자가 하는 일은] 살아남은 유물로부터 과거를 재구성reconstruction 하는 것보다 재맥락화recontextualization하는 것이다"라는 말에서 압축

---

* 제2차 세계대전 이후 고고학사에 대한 저술들은 대부분 개별 고고학자들의 모험적 탐험과 발굴 성과들을 시대 순으로 나열하고, 고고학 이론과 연구방법론의 변천 과정을 소개하는 것이 주된 목표였다. 대표적인 저술이 글린 대니얼Glyn Daniel의 『고고학의 150년A Hundred and Fifty Years of Archaeology』(1975)과 브루스 트리거Bruce G. Trigger의 『고고학 사상사A History of Archaeology Thought』(1989)다. 고고학사를 정리한 이 책들은 비교적 객관적인 문체로 고고학 발전의 역사를 기술하고 있지만, 어떠한 역사·사회적 배경에서 고고학이 생겨났고, 19세기에 고고학이 비약적으로 발전한 원동력이 무엇인지에 대한 비판적 논의는 거의 하지 않았다. 이 때문에 수정주의적 관점에 입각해 고고학의 발달 과정 자체를 비판적으로 바라보는 요즘의 연구자들은 위 저서들을 고고학 역사의 중요한 쟁점이 빠진 편년적 서술의 대표적 저술로 평가하고 있다.
■ 이 중 오스틴 레이어드의 발굴과 관련해서는 이후 상세히 서술할 것이다.

적으로 드러난다.[14]

또 하나는 걸프전Gulf War, 1990~1991의 발발이었다. 걸프전이 일어난 이라크와 쿠웨이트 일대는 수메르·바빌론·아시리아의 유적과 유물들이 고스란히 남아있는 문명의 발상지여서, 이 지역 전체가 문화재의 보고寶庫라 해도 과언이 아니다. 하지만 미국을 주축으로 한 다국적 연합군이 당시 고고학 유적에 대한 보호 의식 없이 무차별적 폭력을 가함으로써 상당한 유적지와 문화재가 파괴되었다. 이로 인해 전 세계 고고학계가 미국의 무분별한 군사적 행보를 비난했고, 사회 각계가 서구 강대국들의 여전한 제국주의적 행태에 비판적 시각을 갖게 되었다. 종합하면, 1980년대 이후 고고학 방법론 내부의 이론적 변화와 더불어 1990년대 전쟁으로 문화재가 파괴되는 상황을 목격한 역사적 경험은 고고학사를 다시 쓰게 되는 중요한 원동력이 되었다. 그 결과 1990년대 후반부터 제국주의 시대 유럽의 고고학사를 수정주의적 관점에서 분석한 주목할 만한 연구들이 등장하기 시작했다. 이 중 몇몇 저서를 소개하고자 한다.

우선 도널드 리드Donald M. Reid의 『누구의 파라오인가? 나폴레옹 시대부터 제1차 세계대전까지의 고고학, 박물관, 그리고 이집트의 국가 정체성Whose Pharaoh?: Archaeology, Museums, and Egyptian National Identity from Napoleon to the First World War』(2002)은 이집트 고고학을 둘러싼 프랑스의 개입을 시대의 변화에 따라 식민주의와 탈식민주의의 관점에서 서술하고 있다.[15] 리드는 이집트가 서구에 정복되고 고대 이집트 문명이 발견되면서 이집트 고고학이 서구 학자들에 의해 좌지우지된 현실을 지적한다. 이 과정에서 유럽

이 '발견'한 위대한 파라오 시대의 과거 이집트와 이슬람 국가인 동시대의 이집트가, 서구가 설정한 우열 관계 속에서 학문적으로 재생산되고 있는 모습을 분석하고 있다. 리드는 특히 이집트 고고학을 통해 학문의 영역으로 위장한 서구의 제국주의 담론이 파라오 시대의 과거를 유럽적인 것으로 만들고 있음을 지적하고, 이와는 다른 이슬람 시대의 이집트를 '열등한 현재'로 규정하는 일종의 '오리엔탈리즘적' 사고를 비판하고 있다.

리드가 이집트의 사례를 구체적으로 분석한 반면, 마가리타 디아즈-앤드류 Margarita Diaz-Andreu의 『19세기 고고학의 세계사 A World History of Nineteenth-Century Archaeology』(2007)는 르네상스 시대부터 시작하여 20세기 초까지 유럽의 고고학 활동을 포괄적으로 서술하고 있다.[16] 이 책은 국가별 연구뿐만 아니라 계몽주의·민족주의·식민주의·제국주의와 같은 유럽 역사의 주요한 이념적 변화에 따라 고고학적 활동의 성격이 어떠했는지, 그리고 그 연구 성과가 어떻게 전유되었는지를 분석하고 있다. 또한 19세기 고고학 발달에 기여한 대표적 서구 열강인 영국과 프랑스, 독일 이외에도 미국, 러시아, 일본과 같은 제국주의 국가들의 활동까지 소개함으로써 고대 오리엔트 세계와 그리스·로마 시대의 고고학 연구에 비중을 두었던 과거 연구와는 확연히 다른 지리적 범위의 확장을 보여 주고 있다.

앞의 두 저서가 고고학자의 연구 성과라면 역사학에서 서구의 문화재 약탈을 수정주의적 관점에서 분석한 최근의 연구로는 마야 야사노프 Maya Jasanoff의 『제국의 경계: 동양에서의 정복과 수집, 1750~1850 Edge of Empire: Conquest and Collecting in the East 1750~1850』

(2005)[17]과 홀저 후크Holger Hoock의 『이미지의 제국들: 영제국에서의 정치, 전쟁 그리고 예술Empires of The Imagination: Politics, War and The Arts in The British World 1750~1850』(2010)[18]이 대표적이다. 야사노프와 후크는 18세기 중반부터 19세기 중반에 이르는 100년 동안 영국이 수행한 전쟁과 정치적 행보들이 고고학적 활동과 어떠한 관계가 있는지를 파헤치고, 제국이라는 이미지를 구축하기 위해 영국이 획득한 문화재들을 어떤 방식으로 이용했는지 구체적 사례를 통해 분석하고 있다. 특히 아프리카와 아시아에서 약탈된 유물들이 제국의 심장인 런던과 파리로 옮겨져 원래의 역사적 맥락과는 전혀 상관없이 연구되고 향유된다는 점을 보여 줌으로써 오늘날 문화재 반환 문제의 중요한 쟁점 중 하나인 '문화재의 진짜 수혜자는 누구인가' 하는 점에 대하여 중요한 시사점을 던져 주고 있다.

이처럼 고고학사에 대한 고고학과 역사학계의 수정주의적 연구들은 과거 서구의 문화재 수집과 약탈 행위를 비판적으로 바라볼 수 있는 새로운 관점을 제시해 주고 있다. 그뿐만 아니라 현재의 문화재 반환 갈등에서 영국과 같은 시장국이 취하고 있는 입장을 법률적 차원만이 아닌 역사적 배경에 근거하여 다양한 시각에서 분석할 수 있는 학문적 틀을 제공한다. 이는 오늘날 문화재를 연구하는 주체인 고고학과 제국주의 시대 문화재 약탈의 밀접한 관련성을 제시하고 있다는 점에서 문화재 갈등의 근본을 들여다보는 데 있어 매우 중요한 지점이다. 이러한 관점은 세계화 흐름 속에서 나타나는 민족주의에 대한 부정적 인식 속에서도 문화민족주의의 입장을 균형 있게 보여 주고, 자본주의와 힘의 논리를 바탕으로 한 시장국의 문화국제주의의 이면을 드러내는 역할을 하고 있다.

이 책은 고고학사를 포함한 유럽의 문화재 수집·약탈 행위에 비판적인 입장을 견지하는 수정주의적 관점과 궤를 같이하고 있다. 19세기의 역사, 식민지 확장 정책 그리고 제국주의 이데올로기에 대한 비판적 시각을 바탕으로 한 유럽의 문화재 수집에 대한 이러한 분석은 이 문제의 역사적 배경을 이해하기 위한 유효한 틀이다. 그러나 그동안의 연구들은 상당 부분 19세기 서구 열강의 문화재 약탈과 그 결과 20세기 이래로 제기되는 문화재 반환 문제를 각자의 영역에서 따로따로 연구해 왔다. 즉, 역사(고고학)와 국제법, 과거와 현재, 원인과 결과의 문제가 분리된 것이다. 따라서 나는 이 책에서 현재의 문화재 갈등의 원인을 과거의 사건에서 찾고, 또 과거의 역사를 통해 문화재를 둘러싼 현재의 법적 문제를 다시 살펴보고자 한다.

문화재 반환을 둘러싼 이 감정은 어디서 나오는가

명확한 역사적 사실과 그에 관한 비판적 인식을 바탕으로 한 문화재 반환 문제의 포괄적 이해는 문화재의 소유를 정당화하고자 하는 시장국뿐만 아니라 문화재의 반환을 주장하는 원산국에게도 매우 중요한 협상 요소다. 맹목적 민족주의를 고운 시선으로만 보지 않는 요즘, 열강에 의해 수탈당한 약소국으로서의 역사적 경험과 피해자라는 도덕적 우위만을 근거로 한 문화민족주의적 주장으로는 다양한 쟁점이 중첩된 문화재 반환 문제를 더는 유리하게 이끌어 갈 수 없게 되었다. 오늘날 문화재 반환 여부는 법적 논리와 절차에 따라 이루어지기 때문이다. 국가적 차원에서 순수하게 선의만을 근거로 하여 타국에 반환하는 것은 거의 불가능해졌다. 이제 문화재 반환을 원하는 원산국은 약소국에 주어지기 마련인 단순한 동정론에 머무르지 말고, 역사적 사실에 근거한 논리적인 소유권 주장을 펼칠 필요가 있다. 이 책은 이러한 목적에 조금이라도 도움이 되기 위한 나의 노력으로, 영국의 사례를 통해 19세기 제국주의 이데올로기를 비판하고 문화재 반환과 관련된 문화국제주의의 탈역사적 주장을 반박하는 것을 주요 목표로 삼고 있다.

그렇다면 이제 다시 처음 질문으로 돌아가 보자. 우리는 왜 문화재 반환 문제에 관심을 기울여야 하는가? 문화재는 21세기를 살아가는 우리들에게 어떤 의미가 있는 것인가?

최근 문화재와 관련하여 우리가 느꼈던 감정들을 떠올려 보자. 외규장각 의궤를 쉬이 돌려주지 않는 프랑스에 불쾌감을 느꼈고, 이를 돌려받은 날 우리는 기뻐했다. 흔히 남대문이라 불리는 국보 1호이자 현존하는 서울의 가장 오래된 목조 건축물인 숭례문이 누군가의 방화 때문에 일부분이 소실되자 온 국민이 분노하고 슬퍼하고 안타까워했다. 가장 최근에는 훈민정음 해례본(상주본)의 현 소장자가 그것을 국가에 기증하거나 공개하지 않고 대가를 요구한 것, 심지어 1천억 원을 줘도 주지 않겠다고 한 발언은 국민의 공분을 샀다.[19]

문화재를 둘러싼 우리의 이러한 감정은 어디서 나오는 것일까. 바로 문화재가 지닌 가치에서 나온다. 이 문화재의 가치는 외적·내적으로 나눌 수 있다. 우선 문화재는 물질 유물이다. 그리고 대부분 유일무이하다. 이는 한 번 훼손되거나 파괴되면 다시는 원래대로 되돌아갈 수 없으며, 대체물도 존재하지 않음을 뜻한다. 숭례문처럼 외형은 똑같이 복구할 수 있지만, 그 문화재가 지닌 본질인 시간의 무게, 즉 역사성은 복구할 수 없다. 이것이 문화재가 여타 물질적 재산과 다른 결정적 차이다. 훼손되고 파괴되고 분실된 문화재를 원본과 혹은 이전과 똑같이 복원하는 것이 가능하다면 숭례문 화재에 우리가 그렇게 분노하고 안타까워하지 않았을 것이며, 훈민정음 해례본의 소재에 그렇게 큰 관심을 기울이지 않을 것이다.

이러한 물질적 유한함에 대한 염려는 문화재가 그 내적 가치를 담는 그릇이기 때문이다. 우리는 과거라고 하는, 현재의 우리가 경험할 수 없는 시간과 공간을 문화재를 통해 경험할 수 있다. 그 과거의 경험은 바로 문화재가 그 시대 사람들에 의해 만들어졌기 때문에 가능하다. 우리가 최신식 건물보다 이집트의 피라미드에 더 놀라는 것은 피라미드가 4000~5000년의 시간을 거슬러 왔기 때문이다. 문화재의 내적 가치는 현재의 우리가 재현할 수 없는 국가 혹은 민족의 역사와 문화다. 이는 과거의 특정 시기에 만들어졌다는, 즉 과거와의 동시대성에서 비롯된다. 이는 아무리 많은 돈을 쏟아부어도 재현할 수 없다.

제2차 세계대전 이후 아시아와 아프리카의 많은 나라가 경제적인 어려움에도 불구하고 자신들의 빼앗긴 문화재를 되찾기 위해 돈과 노력을 아끼지 않았던 것은 국가의 재건에 중요한 것이 경제 성장만은 아니라는 것을 인식하고 있었기 때문이다. 그 나라의 역사와 조상들의 문화적 혼이 담긴 문화재는 국민을 하나로 모으고 국가의 힘을 단합시킬 수 있는 상징적 도구다. 21세기에 접어들며 소위 세계화의 물결 속에서 국경의 의미가 희미해지고 민족의 경계가 무의미하다고는 하지만, 국민국가nation-state의 형태로 국가와 국적을 구분하고 살아가는 우리에게 같은 조상과 문화, 역사를 공유한다는 의식은 여전히 국가를 유지하는 데 중요한 가치다.

21세기에도 많은 국가가 빛바랜 골동품을 두고 치열한 외교적 공방전을 벌이는 것은, 그것이 여전히 현재를 살아가는 우리에게 중요한 가치가 있음을 보여 주고 있다. 우리는 그 가치가 궁극적으로 역사임을 이미 알고 있다. 이제부터는 그 역사적 가치가 어떻게 형성되었는지, 고유물이 어떻게 문화재라는 위치를 얻게 되었는지 살펴보면서 문화재 약탈의 역사를 알아 보도록 하자.

제1부
문화재 약탈의 역사

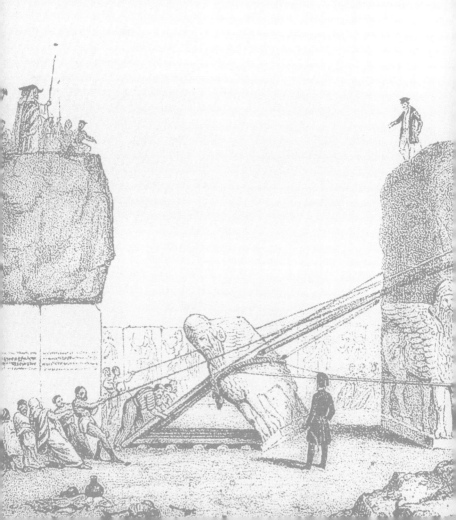

문화재를 둘러싼 문제는 단순히 물질 유물에 대한 소유권 문제에 국한되지 않는다. 문화재는 오랜 시간에 걸쳐 문화적·정치적 요소가 복잡하게 얽혀 다루기 매우 어려운 성격의 주제가 되었다. 현 소유국에 문화재 반환이 요구되는 경우는 해당 유물이 원소유국으로부터 도난, 약탈, 매매 등 불법적으로 혹은 강압적으로 유출되어 다른 국가나 특정 개인으로 소유권이 넘어갔을 때 발생한다. 이러한 유출 사태는 대개 평시보다 전시戰時나 타국에 의한 점령 상태에서 더 조직적이고 대규모로 일어난다. 실제로 서구 열강들이 본격적으로 영토를 확장하여 그 영향력을 유럽 대륙 밖으로까지 팽창시키고자 했던 19세기의 정복 전쟁과 제1·2차 세계대전이 무력을 바탕으로 한 대규모 문화재 유출 사태의 직접적인 역사적 배경이었다. 오늘날 제기되고 있는 대부분의 반환 문제가 바로 이 시기에 문화재 약탈로 인해 발생한 것이라는 점은 군사 행동과 문화재 이동의 밀접한 연관성을 보여준다. 하지만 제2차 세계대전의 종결과 식민지 독립, 서구 제국 체제의 해체와 국제연합United Nations, UN(이하 유엔)을 중심으로 한 새로운 세계 질서는 문화재 문제의 새로운 전환점이 되었다. 과거 식민지였던 국가들을 중심으로 문화재 반환 운동과 그에 따른 논쟁이 본격적으로 시작되었기 때문이다. 그렇다면 문화재를 반환해야 한다는 목소리가 그 이전에는 없었을까? 없었다면 그 이유는 무엇일까? 그 답을 찾기 위해서 우리는 먼저 문화재가 무엇을 지칭하는지, 어떤 의미를 지닌 물건인지를 알아야 한다.

근대적 역사의 산물, 문화재

문명이 생겨난 이후 인류사에서 오랫동안 패전국에 대한 약탈은 전쟁의 승자가 갖는 당연한 권리였다. 그 약탈의 과정에는 승전국이 가져간 것들 중에 우리가 문화재라고 지칭할 수 있는 물건들도 포함되었을 것이다. 하지만 19세기 이전에는 오늘날과 같은 형태의 문화재 반환 문제가 대두되지 않았다. 과거에는 오늘날과 같은 '문화재'의 개념이 없었기 때문이다. 과거의 유물에 오늘날의 문화재와 같은 가치가 부여된 것은 국가마다 차이가 있지만, 대략 20세기 이후의 일이다. 19세기 이전까지 약탈과 전리품의 대상이 되었던 것은 값어치가 나가는 즉, 돈이 되는 '재화財貨'의 개념을 가진 물질에 한정되었다.

예를 하나 들어 보자. 20세기 초에 고고학계의 가장 놀라운 발견이자 세계의 주목을 받았던 발굴 성과 중 하나는 고대 이집트 파라오인 투탕카멘의 무덤을 찾은 것이다. 기원전 14세기의 무덤과 그 부장품이 도굴꾼에 의해 훼손되지 않고 거의 온전히 남아 있었던 이 파라오의 무덤에서는 황금으로 된 유물이 무더기로 쏟아져 나왔다. 특히 투탕카멘의 황금 가면은 이 중 가장 유명한 부장품으로, 금은 물론이고 청금석·루비·흑요석 등 당시 가장 비싼 재료들로 만들어진 말 그대로 금은보화로 이루어진 가면이었다. 이 가면은 약 3000년이라는 엄청난 시간 동안 보존된, 그동안 알려지지 않은 고대 파라오 무덤의 부장품이라는 역사성과 어린 나이에 사망한 소년왕의 무덤이라는 역사적 스토리까지 더해져 이집트 카이로 박물관의 가장 유명한 전시품이 되었다. 만약 이 가면이 동시대(혹은 그 이후에라도) 전쟁으로 약탈당했다면 어떤 일이 벌어졌을까? 아마 오늘날 우리는 박물관에서 저 황금 가면을 관람할 수 없었을 것이다. 당시의 승자에게는 저 가면이 파라오의 가면이라는 상징성과 과거의 유물이라는 역사성을 지닌 '문화재'가 아닌 그저 금은보화로 만들어진 값비싼 '황금'이었을 것이기 때문이다.

우리는 여기서 또 다른 질문을 하게 된다. 오늘날 '문화재'라고 불리는 과거의 유물들을 특별한 대상으로 관리하고 보호해야 한다는 인식은 언제, 어떻게 시작되었을까? 우리가 문화재를 특별하게 취급하는 것은 그것이 국가의 역사를 보여 주고, 민족의 정신과 문화를 담고 있다고 여기기 때문이다. 우리나라를 살펴보자.

① 이 법에서 "문화재"란 인위적이거나 자연적으로 형성된 **국가적·민족적**• 또는 세계적 유산으로서 역사적·예술적·학술적 또는 경관적 가치가 큰 다음 각 호의 것을 말한다.

• 인용문의 굵은 글씨는 필자가 표시한 것이다.

고대 이집트 18왕조의 파라오였던 투탕카멘Tutankamun, 재위 기원전 1332~1323년경의 황금 가면. 이 가면을 동시대의 전쟁이나 도굴로 약탈당했다면, 오늘날 우리는 이집트 카이로 박물관에서 감상할 수 있었을까?

[개정 2015.3.27] [[시행일 2016.3.28]]

1. 유형문화재: 건조물·전적典籍·서적書跡·고문서·회화·조각·공
   예품 등 유형의 문화적 소산으로서 역사적·예술적 또는 학
   술적 가치가 큰 것과 이에 준하는 고고자료考古資料

   – 「대한민국 문화재 보호법」, 제1장 2조(정의) 중

대한민국 법률은 문화재를 "국가적·민족적" 유산으로 정의
하고 있다. 이처럼 오늘날 대부분의 국가가 법으로 보호하고 있
는 문화재라는 개념이 성립하기 위해서는 역사를 한정할 수 있
는 명확한 지리적 범위를 가진 '국가'와 그 유물이 담고 있는 문
화를 공유하는 '민족'의 존재가 전제되어야 한다. 특히 유럽의 역
사에서 근대적 의미의 민족주의가 등장한 것은 빨라야 18세기
말이다. 유럽의 역사를 이야기할 때 빼놓을 수 없는 주요 국가인
그리스, 이탈리아, 독일과 같은 국가도 19세기가 되어서야 하나
의 국가로 등장하게 된다.• 따라서 유럽에서 '문화재'란 매우 근
대적 역사의 산물인 셈이다.

• 그리스는 오스만 튀르크 제국으로부터 1830년에 독립했고, 이탈리아는 1870
년이 되어서야 하나의 국가로 통일되었으며, 독일은 프러시아를 중심으로 1871년
에 통일되었다.

문화재 개념이 등장한 역사적 배경

유럽에서 역사적·예술적 가치를 지닌 과거의 물건에 지대한 관심을 두게 된 데에는 크게 두 가지 역사적 요인이 영향을 미쳤다. 하나는 유럽 민족주의의 발흥이다. 18세기 말부터 19세기까지 유럽에서는 동일한 문화와 역사를 공유하는 민족으로 이루어진 국가, 즉 국민국가에 대한 의식이 강화되었다. 지리적 경계와 함께 민족이라는 요소가 국가를 구분하는 경계로 떠오르면서 민족주의는 너와 나를 구분 짓는 결정적 잣대가 되었다.* 그 결과 민족의 뿌리를 증명하고 국가의 주권을 정당화하기 위한 작업이 요구되었는데, 여기에 활용된 것이 바로 고고학이었다. 유럽 민족주의 성장의 과정에서 각 국가들은 자국의 유물들을 관심과 연구의 대상으로 삼았다. 고고학은 열강들의 식민지 확장 과정에서 해외 유물을 발굴하기 위해 발전하기도 했지만, 자국의 역사를 발굴하기 위해서도 중요한 역할을 했다.

또 다른 역사적 요인은 바로 이 책의 주제인 문화재 약탈의 배경인 제국의 등장과 제국주의의 확산이다. 첫 번째 요인과 달리 두 번째 요인은 유럽의 역사적 유물이 아닌 그 이외 지역의 유물들에 대한 관심을 촉발시켰다. 19세기에서 제1, 2차 세계대

---

* '민족'이라는 단어는 정의하기가 매우 어렵다. 인종·언어·역사·문화를 공유하는 집단으로 흔히 이해되지만, 그 경계가 매우 모호하며, 동일 민족임을 결정짓는 요소들이 유동적이기 때문이다. 따라서 20세기 후반에 들어서는 많은 학자가 민족이라는 집단의 허구성을 지적하며 민족이란 혈통적·문화적으로 실재하는 것이 아닌 시대적 상황에 따라 만들어진 사회·정치적 개념임을 주장하게 되었다. 민족의 정의에 대한 수많은 논쟁을 소개하기에는 적절하지 않아서 이 책에서 그 정의와 실재의 문제는 접어 두고 현실에서 쓰이고 받아들여지는 민족에 관해 이야기할 것이다.

전이 발발한 20세기 중반까지는 소위 제국주의 시대로 구분된다. 이 시기에 유럽 열강은 산업화의 성공과 과학의 비약적 발전으로 뒷받침된 강력한 군사력을 바탕으로 아메리카·아시아·아프리카·오세아니아 등 유럽 이외의 모든 대륙으로 뻗어 나갔고, 경쟁적으로 식민지를 확장했다. 19세기 후반이 되면 지구의 땅 약 4분의 1이 영국과 프랑스를 비롯한 유럽의 몇몇 국가들의 지배하에 놓이게 되었다. 특히 영국은 강력한 해군력으로 일찌감치 광범위한 해상 무역로를 구축하고, 주요 바다의 제해권을 장악하면서 여러 열강들 중 가장 넓은 제국을 보유하게 되었다. "해가 지지 않는 나라"라는 영제국의 별칭은 모든 대륙에 넓게 뻗어 있는 영국 식민지를 상징적으로 표현한 것이었다.(62쪽 지도 참조) 실제로 영연방을 포함해 빅토리아 여왕(재위 1837~1901)이 통치하던 제국은 대륙별로 시간대가 달라서 하루 24시간 동안 제국 어느 곳에서든 해가 떠 있었으며, 인구수는 전 세계 인구의 4분의 1에 달했다.

유럽 세계의 확장에 따른 새로운 고대 문명의 발견과 역사 연구에서 유물의 학술적 가치가 높아짐에 따라 금은보화와 같은 재화적 가치를 지닌 유물뿐 아니라 과거의 정보를 담고 있는 다양한 역사적 유물들이 전쟁의 승자들에 의해 새로운 가치를 부여받게 되었다. 특히 이 물건들의 가치를 누구보다도 빨리 알아본 유럽인은 이를 획득해야 할 가치 있는 전리품으로 여겼다. 영국을 비롯한 유럽의 열강은 식민 지배를 용이하게 하려면, 혹은 타국을 식민지화하기 위한 사전 작업으로 상대의 역사와 문화를 연구하고 소유하는 것이 중요하다는 것을 깨닫게 되었다.

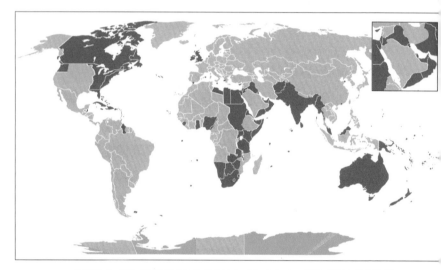

20세기 초 영제국의 범위를 붉은 색으로 표시한 세계 지도. 붉은 색으로 표시된 부분이 당시 영제국의 지배를 받았던 곳이다.

나폴레옹의 이집트 원정으로 인해 본격화된 오리엔트 지역에서의 유물 수집은 아시아 진출을 둘러싼 프랑스와 영국의 치열한 경쟁 구도와 맞물려 더욱 가속화되었다. 후에 더 자세히 이야기하겠지만, 아시아와 이집트, 중동 지역, 인도와 같이 열강이 눈독 들이는 지역에서 문화재를 수집하고 소유하고 전시하는 행위는 경쟁자를 향한 소유권 주장임과 동시에 식민지 지배에 대한 정당성을 상징하는 것이었다. 오늘날 한 국가의 독립성을 상징하는 문화재가 초기 역사에서는 타국을 지배하기 위한 수단과 상징으로 활용되었다는 점은 역사의 아이러니다.

정리하자면, 근대적 문화재 개념은 19세기 유럽의 민족주의 의식의 성장과 더불어 열강들의 정복 전쟁과 식민 지배로 인해 식민지 국가에서 민족의식 고취와 독립운동이 자국의 역사와 문화를 담고 있는 과거의 물질 유산에 중요한 가치를 부여하면서 생겼다고 볼 수 있다. 그렇다면 열강들은 제국 확장의 과정에서 왜 문화재를 약탈한 것일까? 영국과 프랑스 같은 국가는 왜 식민지의 역사적 유물에 관심을 가지게 되었을까? 이에 대한 답을 찾기 위해 우선 시간을 좀 더 거슬러 올라가 근대 이전에 과거의 유물이 유럽인들에게 어떤 의미였는지를 살펴보자.

문화재의 역사는 박물관의 역사와 긴밀한 관계가 있다. 박물관은 시대에 따라 그 목적과 성격이 바뀌었지만, 기본적으로 '가치 있는 물건'을 저장하고 전시하는 공간에서 시작되었고, 그 '가치 있는 물건'에 부여된 의미와 상징성의 변천이 바로 문화재의 탄생과 궤를 같이하기 때문이다. '가치 있는 물건'이 문화재가 되기까지 유럽 사회에서는 어떠한 물건을 가치 있다고 여겼으며, 무엇을 수집했을까.

문화재 개념이 없었던 중세의 유럽

수집 행위는 인간의 원초적 욕구와 호기심이라는 지적 활동의 발현이라고 할 수 있기에, 수집의 역사는 인류사와 함께 시작되었다고 볼 수 있다. 인간은 시대를 막론하고 특정 품목에 대한 지적 호기심이나 애정을 가지고 수집 활동을 해 왔다. 또한 수집 대상에는 언제나 그 시대의 가치와 세계관이 투영되어 왔다. 하지만 적어도 오늘날 우리가 생각하는 근대적 형태의 박물관과, 그 소장품과 유사한 형태를 만들어 낸 수집의 시작은 르네상스 시대로 거슬러 올라간다. 여기서 주목해야 할 것은 이 시기의 수집 품목에 특별한 가치 기준이 포함되어 있다는 점이다. 바로 시간이다. 과거로부터 온 물건, 오래 전에 만들어진 물건이 가치 있는 수집 품목으로 떠올랐다. 그렇다고 해서 단순히 오래된 물건이라면 무조건 중요하다는 것은 아니다. 그 물건이 언제 만들어졌는지에 더해 오랜 시간 동안 어떠한 역사를 품고 있느냐가 중요했다. 즉, 과거의 물건에 '역사성'을 부여하기 시작한 것이다.

이러한 현상은 우리가 흔히 르네상스 이전 시기로 구분하는 중세와는 확연히 다른 수집 양상이다.* 중세와 그 이후의 시기를 구분 짓는 기준에는 여러 요소들이 있지만, 문화재 수집이라는 측면에서 가장 중요한 차이는 일상에서 종교적 색채가 얼마나 줄어들었는가, 즉 사회가 얼마나 세속화되었는가에 있다고 볼 수 있다. 서양 문명의 중요한 축인 기독교 문명은 대부분 중세 시대에 정착되고 발전되었다. 중세 문화와 기술의 집합체인 성당의 건립, 서양 음악의 시작인 종교 음악의 정립, 교황권 강화와 세속 군주와의 대립 같은 중세 역사의 특징들은 기독교의 종교적 영향력이 이 시대를 지배했다는 증거이기도 했다. 또한 기독교의 경전인 성경의 세계관은 오랫동안 유럽의 정신세계는 물론 과학까지도 지배할 만큼 절대적인 영향력을 끼쳤다. 특히 중세의 역사

---

* 서양사에서 중세는 서로마 제국이 멸망한 기원후 476년에서 기원후 1500년경까지의 시기를 가리킨다. 르네상스는 원래 중세와 같이 시기를 구분하는 용어가 아니지만, 중세에서 근대로 넘어가는 과도기적 양상과 중세와는 다른 문화적 특징들이 나타난 시기여서 중세 말에서 근대 초인 14~16세기를 지칭하게 되었다.

에 대한 관념은 지금과는 확연히 달랐다. 이 세상은 신이 창조한 것이고, 신이 만든 이 완벽한 세계에서 시간은 그저 정해진 날들이 똑같이 흘러가는 것이었다. 즉, 과거의 사건과 물건에 대한 역사적 가치를 크게 인식하지 않는 시대였던 것이다.

우선 과거의 유물에 대한 중세의 인식을 하나의 예를 통해 살펴보자. 유럽은 대부분이 과거 로마 제국의 영토였던 만큼 그 시대의 건축물이나 조각 같은 유물들이 곳곳에 산재해 있었고, 따라서 중세에도 그러한 유물들이 발견되었을 것이다. 특히 로마 시대의 귀족들 사이에서 그리스의 예술 작품들을 모으는 것이 유행했기 때문에, 로마 시대뿐 아니라 고대 그리스 시대의 유물들도 로마 귀족들의 컬렉션에 포함되었을 것이다. 그러나 중세의 귀족들은 그리스·로마 시대의 유물을 그다지 가치 있는 것으로 여기지 않았다.* 이탈리아와 프랑스의 일부 도시들에서는 눈에 띄는 몇몇 로마의 기념물들이 도시의 자부심으로 여겨져 공식적으로 보호를 받는 경우도 있었지만, 대부분의 로마 시대 유물들은 수집의 대상으로 부적합했다. 중세인에게 반라의 그리스 조각들은 해괴망측한 것이었고, 그리스·로마 신들의 조각은 이교도의 우상이었으며, 돌이라는 것 말고는 실질적 가치도 없었다. 실제로 로마의 유산들은 이 시대에 교회나 집, 도시의 벽을 세우는 건축 자재로 이용되면서 파괴되기까지 했다. 심지어 로

---

* 하지만 후속 연구에 따르면 중세 서유럽에서도 종교와 관련된 유물 이외에도 로마 시대의 물질적 유물에 대해 이전까지 알려진 것보다 더 많은 관심을 보였다는 것이 일부 밝혀지고 있다.[20]

마 유적에서 대리석을 손쉽게 얻을 수 있었기 때문에 대리석 채굴이 중단되기도 했다.[21] 로마 제국의 유산들은 서로마 제국의 멸망과 함께 상당 부분 소실되었지만, 고대 문명에 대한 중세인의 이러한 인식과 태도로 인해 파괴되기도 했다.

그렇다면 중세에는 어떤 물건들을 수집했을까? 이 시대 수집 활동의 중심지는 주로 교회나 수도원이었다. 그 결과 수집품의 성격도 매우 종교적이었고, 교회가 박물관과 같은 수집과 전시 공간으로서의 역할을 하게 되었다. 교회의 본래 재산에 더해 성인들의 유골과 귀중한 종교 서적, 성물, 종교적 벽화와 조각 등이 귀족이나 부유한 상인들의 기부를 통해 교회나 수도원에 보관되었다. 특히 성인의 유골이라는 종교적 가치를 가진 성유골聖遺骨은 도둑질이 성행할 만큼 중세의 가장 중요한 수집 품목이었다. 중세 말기가 되면 계층에 상관없이 성유골 수집이 유행하지만, 9~10세기에는 고위 계급이나 부유한 특정 계층 사이에 엄청난 수요가 있었던 최고의 인기 수집품이었다.[22]

이처럼 중세에는 종교와 관련한 물건들이 주로 가치 있는 수집품으로 인정받았지만, 종교와 관련이 없는 품목도 수집되었다. 보석과 같이 값나가는 사치품은 물론이고, 신화나 전설에 등장하는 유니콘unicorn, 一角獸의 뿔이나 용dragon, 龍의 일부라고 여겨지는 것들도 지배 계급 사이에서 대규모로 수집되었다. 이 중에 유니콘이나 용과 같은 것은 오늘날 우리가 이해하기에는 어려운 수집품이다. 성유골은 종교적 이유를 지닌 것이라고 하더라도 유니콘의 뿔과 용의 비늘이나 꼬리 같은 전설상의 생물은 수집 대상이기 이전에 실존한다고 믿기 어렵기 때문이다. 오늘날의 관점에서 보면 과연 이러한 정체 모를 물건들이 어떠한 가치가 있는 것인지 의아하게 느껴진다. 하지만 당대 사람들은 이러한 것들에 신화에서 나오는 것 같은 신비한 힘이 깃들어 있다고 믿었으며, 그것을 소유하면 전설에서처럼 행운이나 치유의 힘을 가질 수 있을 것이라고 생각했다.

성자의 유골, 유니콘의 뿔, 용의 비늘처럼 중세인이 수집한 것들의 목록을 보면 어떠한 공통된 가치를 찾기 어려우며, 오늘날 박물관의 분류처럼 자연과 인공물, 생물(과 같은 어떤 것)과 보물의 구분이 명확하지 않았음을 알 수 있다. 이는 오늘날의 박물관과 달리 당시에는 수집품의 구분에 대한 기준과 인식이 고정된 것이 아니었음을 시사하며, 사물을 분류하는 가치 기준이 시대에 따라 달라진다는 것을 보여 준다. 고대 로마에서는 그리스의 조각들이 상류층의 주요 수집품이었지만, 중세에는 기독교 성인들의 진짜인지 가짜인지 모를 뼛조각이 훨씬 더 가치 있는 물건이었다. 진위 여부를 떠나 존재하는 것인지 아닌지도 모를 유니콘이나 용의 일부분에 대한 호기심은 중세를 지나 르네상스 시대까지 지속되었다.

르네상스 시대의 개인 박물관 등장

중세 말에서 르네상스 시대에 이르면 상업 발달에 따라 새로운 유산 계층과 세속 군주들이 성장하게 되는데, 수집 활동은 이 흐름을 따라 보다 사회·정치적 목적을 지닌 것으로 변모했다. 군주들과 부유한 상인들은 재산과 신분을 과시하기 위한 일종의 개인 박물관인 '스투디올로^{studiolo}(작은 서재)'와 같은 저장고를 만들었고, 14세기 이래로 이들이 주로 모은 수집품은 골동품, 보석, 고대의 조각상 등이었다. 특히 예술 작품과 귀금속 세공품을 수집하는 것은 지배 계급을 상징하는 사치스러운 취미가 되었다.

후기 르네상스 시대인 15세기 말과 16세기에 들어서면 무언가를 수집하는 행위는 귀족만의 취미가 아닌 보다 보편적인 행위로 확대되었다. 수집하는 물건의 기준에도 이전 시대와는 확연히 다른 인식이 생겨나게 되었다. 이는 말 그대로 이제 시대가 바뀌었기 때문이었다. 우선 이 시기의 유럽은 사회·경제적으로 큰 변화를 겪었다. 항해술의 발달로 해상 운송이 성장했고, 유럽을 넘어 동방과의 무역량이 빠르게 늘어났다. 농업, 직물공업에서 잉여 생산물이 크게 증가한 것도 교역을 빠르게 확대시키는데 일조했다. 이로 인한 부의 증대로 사치품 무역이 특히 발달하게 되었다. 또한 아메리카 대륙의 '발견'은 유럽의 세계관을 넓혀 주었을 뿐 아니라 새로운 교역로와 교역품을 유럽에 가져다주었기 때문에, 신기하고 이국적인 물품들은 상류 계층의 새로운 과시적 소비와 수집 행위에 편입되었다.²³ 15세기까지는 고가의 물품을 소유하는 것이 과시적 소비의 거의 전부였지만, 그 이후에는 그동안 알려지지 않은 새로운 물건들을 소유한다는 것이 재력과 신분을 과시하는 또 다른 방식이 되었던 것이다. 나아가 금융 체계의 발달도 상품이 교환과 매매를 용이하게 하였고, 이 과정에서 성장한 네덜란드와 베네치아 공화국처럼 무역 국가와 피렌체의 메디치 가문 같은 금융업자들의 부의 축적은 수집 문화를 확산시킨 중대한 요인으로 꼽힌다.

이러한 사회·경제적 변화와 함께 르네상스 인문주의Humanism
의 영향을 받은, 과거에 대한 새로운 인식은 여러 유물들 사이
의 시대적 차이를 읽어 낼 수 있는 원동력이 되었다.[24] 이는 중
세의 시간 개념에서 벗어나 새로운 역사적 가치를 발견하게 되
었음을 의미했다. 중세의 역사관은 성서에서 구분하는 시대 구
분 개념에 머물러 있었고, 역사를 한 해 동안 일어난 사건들을
나열하는 것과 같은 편년사로 이해했다.[25] 그러나 15세기에 들
어 르네상스 인문주의자들은 종교적인 사색적 지식보다 실제
적 지식을 강조했고, 인간 이성에 대한 인식이라는 혁신을 통
해 시간의 차이와 "역사적 사건들의 유일성uniqueness"을 이해하
게 되었다.[26] 이전까지 인류의 물질 유산은 단순히 재화적 가치
나 미학적 관점으로만 평가되었지만, 르네상스 시대의 인문주
의 흐름 속에서는 정보를 담고 있는 사료로 재평가되면서 과거
의 유물을 연구하여 역사를 재구성하는 연구 방식의 기초가 마
련되었다.

인문주의자인 플라비오 비온도Flavio Biondo, 1392~1463의 책『재건
된 로마Rome Restored』(1440~1446)는 르네상스 초기에 등장한 새
로운 역사관을 보여 주는 좋은 사례다. 비온도는 이 책에서 로마
의 유적지들을 연구하고 비문을 기록하였으며, 건축물을 사실적
으로 묘사했다.[27] 이처럼 과거의 유물에서 역사를 인식하고 고
대를 재발견한 르네상스인은 고전 시대의 유물들을 적극적으로
수집하기 시작했다. 군주·상인·학자 들은 문서·동전·메달·음각
세공품·비문·건축물 조각·조각품 들을 땅속에서 파냈으며, 새

로운 유적지도 발굴하였다. 이처럼 고전 부흥 운동의 영향으로 수집의 대상이 이전과 달라졌으며, 고대 그리스·로마 시대 유물의 비율이 증가하게 되었다.[*] 그리스 시대의 조각들은 더 이상 이교도들의 망측한 돌덩이나 건축 자재가 아닌 자신들의 문화적 뿌리인 그리스 문명의 증거였으며, 이러한 인식은 자신들이 살고 있는 시대와 그 이전 시대인 중세 또 그 이전 시대인 로마와 그리스 시대를 구분하는 역사학적 사고의 시작이었다.

군주의 수집 행위와 권력 관계

이렇게 발견된 고대의 역사는 또 한편으로는 세속 군주들의 권위를 보여 주는 새로운 상징으로서 전유되었다. 중세의 종교적 가치는 이제 낡은 것이 되었고, 이상적 세계라는 가치를 새롭게 부여받은 고대 그리스·로마 시대의 상징물은 봉건 사회라는 중세적 지형에서 벗어나길 원하는 군주들에 의해 권력을 표상하는 새로운 매개체로 이용되었다. 로마 황제의 복장을 한 초상화를 그리거나, 로마 시대의 동전을 모방하여 그 안에 자신들의 초상을 새겨 넣는 것과 같이 과거를 현재의 필요에 맞게 재구성하고 재맥락화하는 방식은 르네상스 시대 이후 본격적으로 나타났다.

---

[*] 수집 대상에 대한 인식이 시대에 따라 명백히 달라지지는 않는다. 르네상스 시대에 인본주의 운동으로 대상(역사)에 대한 사실적 관찰이 발전하였지만 신비주의적이고 마술적인, 예를 들어 인어의 몸, 용의 발톱, 유니콘의 뿔, 마법적 힘을 지닌 돌과 같은 것들은 여전히 인기 있는 수집 대상이었다.

박물관이라는 근대적 형태의 직접적 원형은 16세기 이래로 형성된 군주들의 컬렉션에서 찾아볼 수 있다. 이는 '스투디올로'나 '호기심의 방cabinet of curiosity'[28]이라고 불리는 르네상스 후기에 형성된 수집품 보관소에서 발전한 것으로, 이들 중 일부는 소장품을 위해 특별히 건립된 홀이나 미술관에 전시되어 오늘날과 같은 박물관(혹은 미술관)의 선례가 되었다. 군주의 박물관은 공식 의례儀禮, ritual를 위한 화려한 무대를 제공함과 동시에 군주라는 인물을 부각시키는 접견실의 역할을 수행했다. 웅장한 방에 장식된 사치스러운 수집품들은 방문객을 압도시켰다. 이를 통해 군주 자신은 통치의 정당성과 정통성을 전시라는 도상학적 방식을 통해 정당화하였다.[29] 다시 말해, 값비싼 수집품과 거장의 미술품에 둘러싸인 공간은 단순히 훌륭한 장소가 아니라 그것을 소유한 군주의 덕목을 보여 주는 상징물이자 매개물이었다. 그리고 그 장소는 은밀하거나 일상적인 공간이 아닌 공개적이고 특별한, 군주를 돋보이게 하는 무대였다.

다음은 궁정인으로서 가져야 할 처세술과 교양에 대해 논한 카스틸리오네Baldassare Castiglione, 1478~1529의 『궁정론Libro del Cortegiano』 (1508~1516년경에 걸쳐 완성)의 일부다. 여기에는 우르비노 궁정에 모인 신사들과 귀부인들이 회화와 조각 중 어떤 것이 더 상위에 있는 예술적 표현의 매개인지를 놓고 논쟁하는 장면이 나온다.

"이상적인 궁정 신하가 결코 무시하면 안 되는 중요한 또 다른 가치에 대해 먼저 토론했으면 합니다. 그것은 그림을 그리는 것과 미술에 관련된 질문입니다. 오늘날 미술은 아주 사소한 부분을 차지하고 있으며, 귀족에게 전혀 어울리지 않는 것처럼 여겨지고 있습니다. … 이런 이야기를 꺼내는 이유는 고대 사회, 특히 그리스에서 귀족 집안의 자녀들은 학교에서 가치 있고 필요한 기능으로 미술을 배워야 했으며, 교양 과목 가운데 미술이 가장 중요하게 평가되었다는 내용을 읽은 적이 있기 때문입니다. 결과적으로 노예에게 미술을 가르치는 것을 금지하는 공법이 통과되었습니다."

"간단하게, 이상적인 궁정 신하는 가치 있고 유익한 예술이며 지금보다 훨씬 더 위대한 사람들이 살았던 시대에 높이 평가되었던 그림에도 박식한 지식을 가져야 한다는 점을 주장하며 끝내도록 하겠습니다."[30]

여기서 알 수 있는 것은 16세기 초 유럽 귀족들은 예술 작품을 논할 수 있는 예술적 지식과 감식안을 가져야만 신분에 걸맞은 자격을 갖췄다고 여겼다는 것이다. 이제 단순히 물건을 수집하는 것을 넘어 소유한 것들의 예술적 가치를 알아보는 능력이 계급을 규정짓는 중요한 기준이 된 것이다. 이 책의 저자인 카스틸리오네는 르네상스 전성기의 이탈리아 작가로 『궁정론』을 통해 당시 궁정인이 갖추어야 할 에티켓과 덕목을 논하였으며, 이 내용은 16세기 유럽 궁정 사회에 지대한 영향을 끼쳤다.

고대로부터 회화나 조각과 같은 예술 작품에 대한 숭배나 아름다움에 대한 논의는 늘 있어 왔지만, 유럽 문화에서 회화, 조각

프란스 프랑컨 2세가 1636년에 그린 「쿤스트캄머Kunstkammer」. 상류 계층의 수집 취미를 보여 주는 작품으로, 회화나 조각과 같은 미술품과 해마 박제나 소라 껍데기 같은 생물 수집품이 혼재되어 있는 근대 박물관 이전의 수집과 전시 양상이 잘 드러나 있다.

과 이외에 연극, 음악, 문학 등까지 '예술'이라는 집합적인 정체성을 부여받은 것은 17세기 말에서 18세기 초로 볼 수 있다.[31] 상류 계층만이 향유할 수 있고 '알 수 있는' 소위 이러한 '고급문화high culture'는 예술에 대한 특권적 정체성이 형성됨에 따라 만들어진 18세기의 산물이라고 할 수 있다.[32] 이러한 경향에 따라 철학자들은 예술 작품에 관람자의 정신적·도덕적·감정적 변화를 일으킬 수 있는 힘이 내재되어 있다고 생각하기 시작했고, 이러한 예술의 내적 작용이 철학적으로 진지하게 탐구되었다. 그 대표적 산물이 이마누엘 칸트Immanuel Kant, 1724~1804의 『판단력 비판 Kritik der Urteilskraft』(1790)이었다. 칸트는 인간의 미학적 판단 능력을 실천적 이성과 과학적 지성과 구별하여 별도의 숭고한 정신적 능력으로 규정지었다.[33]

혈통과 같이 타고난 요소가 아닌 예술에 대한 지식과 감식안과 같은 학습된 요소가 신분을 나타내는 중요한 요소로 떠오른 것은 18세기 유럽의 사회·경제적 변화에 기인한다. 18세기 영국을 시작으로 전개된 산업화는 대량생산과 대량소비의 시대를 가져왔고, '대중'이라는 불특정 다수의 사회적 계층을 만들었다. 이들은 기존의 출생과 혈통에 따른 신분제로도, 물적 재산의 축적을 통해 새로운 권력 계층으로 떠오른 유산 계급인 부르주아와 같은 계급 사회의 범주로도 분류되지 못하는 중첩적이고 광범위한 계층이었다. 과거에는 예술을 향유할 수 있는 사람이 왕, 귀족, 고위 성직자 등으로 한정되었지만, 상업의 발달로 유산 계급이 등장하고 커피하우스나 클럽 같은 대중을 위한 공적 영역이 생겨나면서 예술이 훨씬 광범위한 대상에게 개방되었던 것이다.[34] 따라서 기존의 위계를 결정짓는 기준들이 흐려지면서 예술에 대한 세련된 취향과 감식안의 여부가 지배 계급을 나타내는 중요한 지표로 작동하게 되었다. 그리고 대중들이 향유하는 예술과 문화는 상류 계층의 '고급문화'와는 다른 것이어야만 했다. '고급문화'를 향유한다는 것은 곧 권력자임을 의미했기 때문이다.

상류 계층이 향유하는 문화에는 그들만이 알아볼 수 있고 소유할 수 있는 값비싸고 가치 있는 물건을 수집하는 행위가 포함되어 있었다. 그리고 그 물건들에는 현재 우리가 '문화재'라고 분류하는 것들이 들어 있었다. 수집품과 예술에 대한 지식의 여부가 신분의 차이를 과시하는 계층 구분의 요소로 작용했다는 점은 문화재를 소유함으로써 식민지의 과거와 현재에 대한 권리를 가진다고 여기고, 지배−피지배라는 구도에 정당성을 부여한 서구 열강의 논리와 유사하다. 19세기 이래로 서구 열강이 국립 박물관을 제국주의적 선전의 용도로 사용하는 방식은, 바로 군주가 자신의 박물관을 의례적 용도로 활용했던 데에서 그 원형을 찾을 수 있다. 전시품이 갖는 사회적·역사적 가치를 정치적으로 전유하는 방식은 19세기 이전부터 이미 사용되고 있었던 것이다.

오늘날 통용되는 '문화재'라는 용어의 의미가 구축된 것은 19세기 이후 유럽 민족주의의 발흥과 제국주의 침탈로 역사적 유물에 대한 소유권 분쟁이 벌어지면서부터다. 특히 제국주의 시대의 침략과 약탈, 식민 지배의 역사는 독립운동과 민족주의 운동을 촉발시키면서 '문화재' 형성에 지대한 영향을 미쳤다.

동일한 언어·역사·문화·지리적 환경을 가진 민족 단위의 국가가 근대 국가의 기본 형태로 자리 잡으면서 물질적 가치나 학술적 가치, 혹은 예술적 가치 때문에 수집되던 대상이 문화재로 탈바꿈해 국가 그 자체를 상징하게 되었다. 이제 문화재는 민족의식을 결집시키는 사회적 존재이자, 국가의 정체성과 동일시되는 정치적 존재였다.

이처럼 문화재는 시대에 따라 그 대상과 사회적 의미가 변화해 왔다. 물질 유물이 보물에서 역사적·예술적 가치를 지닌 과거의 유물로, 또 사회적·정치적 의미를 지닌 문화재로 변화해 온 여정은 인류가 가치 있다고 여기는 대상이 끊임없이 변화한다는 것을 보여 준다. 특히 다음 장에서부터 이야기하게 될 19세기와 20세기 문화재의 역사는 이전 시대와는 달리 문화라고 하는 비폭력적이고 비물질적인 개념이 무력과 유사한, 강력한 힘을 발휘하는 예를 보여 줄 것이다.•

• 문화라는 개념은 학문 분야와 학자들 사이에서 어느 정도 차이를 보이는, 하나로 정의하기 어려운 매우 관념적인 것이다. 하지만 여기서 문화의 개념에 대한 다양한 논의를 하는 것은 적절치 않기 때문에, 유네스코에서 정하고 있는 문화의 개념으로 그 의미를 한정한다. "1982년 문화 정책에 관한 멕시코 선언: 가장 넓은 의미에서 문화는 한 사회나 사회집단을 특징짓는 고유의 정신적·물질적·지적·정서적 복합체인 전체로서 간주되어야 할 것이다. 문화는 문학과 예술뿐만 아니라 생활 양식, 인간의 기본권, 가치 체계, 전통과 신앙 등을 포함한다. 인간으로 하여금 자신을 반성토록 하는 것, 우리를 비판적인 판단력과 도덕감을 지닌 진지한 인간이요 합리적인 존재가 되게 하는 것은 바로 문화다."[35]

문화재 수집의 성격 변화: 세계시민주의에서 제국주의로

이제 한걸음 더 나아가 이 책의 주요 분석 대상인 영국의 문화재 수집의 역사를 살펴보자. 유럽의 역사적 흐름 속에서 영국이 본격적으로 예술적·역사적 가치를 지닌 유물을 수집하기 시작한 시기는 16세기로 거슬러 올라간다. 헨리 8세^{Henry Ⅷ,} 1491~1547, 재위 1509~1547는 존 릴런드 John Leland, 1506~1552에게 '왕의 고대 유물 조사관^{the King's Antiquary}'이라는 직함을 내리고 잉글랜드 전역에 있는 고대 유물을 찾도록 파견했다.[36] 이러한 움직임은 과거에 대한 인식과 연구 방식의 변화라는 르네상스 시대의 새로운 흐름이 반영된 결과였다.[37]

하지만 헨리 8세와 같은 군주가 과거의 유물을 수집한 데에는 절대주의 국가의 형성이라는, 변화하는 정치 상황이 주요 요인으로 작용했다. 봉건 사회가 점차 와해되고 상업이 발달함에 따라 도시 공동체의 지도자나 봉건 영주와는 다른 성격의 중앙집권 체제를 확립한 새로운 군주들이 등장하면서, 이들에 의해 과거의 유물이나 예술품은 다른 방식으로 이용되었다. 이들에게는 기독교 중심의 중세적 담론과 차별화되는 방식으로 자신들의 권력을 정당화할 수 있는 새로운 상징이 필요했다. 이를 위해 선택된 상징이 바로 그리스·로마 시대의 문화유산이었다. 중세에는 과거의 가치 있는 유물이나 보물들이 주로 교회나 수도원에 폐쇄적으로 보관되었고, 발굴과 같이 과거의 유물을 찾는 작업은 성인의 유골과 같이 교회의 신성을 위한 것에 한정되었다. 하지만 새로운 권력자로 떠오른 세속 군주는 자신의 힘과 권위를 과시하기 위해 고대의 유물을 경쟁적으로 수집하기 시작했다. 즉, 권력자들은 고전 시대의 유물을 소유하는 것으로 위대한 과거를 전유했고, 유물을 자신의 정치권력을 유지 및 강화하는 은유적 상징물로 이용했다. 이제 고전고대에 대한 관심이 전 유럽으로 확산되었다.

17세기 초에 이르면서 역사적 맥락에서 과거 유물을 수집·연구하려는 경향이 더욱 본격화되었다. 영국에서는 찰스 1세Charles I, 1600~1649, 재위 1625~1649와 버킹엄 공작George Villiers, Duke of Buckingham, 어런들 백작Thomas Howard, 2nd Earl of Arundel 등이 경쟁적으로 그리스·로마 시대의 다양한 유물을 영국으로 들여왔다. 특히 어런들 백작은 높은 가치를 지닌 대규모의 조각 컬렉션을 소유하고 있었고, 이 컬렉션 중 상당 부분은 현재 옥스퍼드대학의 애슈몰린 박물관Ashmolean Museum과 영국박물관에 소장되어 있다.[38]

영국의 고전 시대 유물 수집과 연구는 1688년에 일어난 명예혁명으로 인해 또 한 번의 변화를 겪게 된다. 명예혁명을 통해 의회군주제를 확립한 영국은 전제적 군주제를 추구했던 이전 국왕파와는 차별화된 성격의 문화를 추구하게 되었다. 당시 여기에 이용된 것이 로마 시대의 문화와 정신을 숭배하는 고전주의였다. 입헌군주제를 확립한 영국의 귀족들은 의회가 획득한 자유와 시민적 덕목을 고대 로마 시대의 정치적 가치와 동일시했고, 18세기 초 무렵에 휘그당이나 토리당 의원들은 자신들을 로마의 원로원 의원과 동일시했다.[39]

따라서 당시 황금기를 맞은 로마–브리튼 시대*의 유적 발굴

---

* 영국이 로마 제국에 의해 브리타니아로 불리던 시대로, 카이사르가 진군했던 기원전 55년부터 로마군이 철수한 5세기 중반까지의 시기를 말한다.

과 유물에 대한 연구는 당대의 정치적 목적을 강하게 반영하고 있었다. 즉, 명예혁명 이후 주도권을 잡은 귀족 세력은 고대 로마를 현재 정치 체제의 역사적 모델로 보았고, 그 시대의 유적 발굴을 지원하는 것이 자신들을 애국주의자이자 로마 시대의 고귀한 정신을 가진 사람임을 증명하는 행위라고 생각했다.[40] 그 결과 18세기에 영국 귀족들의 고전 시대 유물 수집 행위는 정치적 자유의 수호자로서의 덕목을 상징적으로 보여 주는 일종의 문화 프로그램이 되었다.[41]

한편, 18세기에는 교육의 일환으로, 유럽으로 떠나는 그랜드 투어가 영국 상류층을 중심으로 활발하게 이루어졌다. 이들은 그리스·로마 시대의 고전 예술에 지대한 관심을 가지고 있었기 때문에 이탈리아의 로마는 그랜드 투어의 궁극적 목적지였다.[42] 그곳에서 이들은 미술품 중개상을 통해 르네상스 시대의 회화와 조각뿐 아니라 로마 시대의 조각과 골동품도 사들였다.* 이렇게 영국 여행자들이 열정적으로 수집한 예술품에 대한 감상과 토론의 풍경에서 18세기의 문화적 사조이자 훗날 문화적 권력이 될 감식안■의 발달을 엿볼 수 있다. 그랜드 투어를 다녀온 이들 중 일부는 1732년 '딜레탕티회Society of Dilettanti(예술애호협회)'를 만들고, 이후 80여 년간 에게해 지역의 고고학 조사를 후원했다.▲ 이들 중 유명한 수집가들이 수집한 화병, 동전, 메달, 브론즈, 회

• 하지만 이들은 대부분 모조품인 경우가 많았다.[43]

■ '감식안鑑識眼'이란 훌륭한 예술 작품을 골라낼 수 있는 눈으로, 여기서는 특히 시대가 규정하는 특정 작가나 특정 유파, 특정 시대의 예술품을 골라내고 품평할 수 있는 능력을 의미한다.[44]

화 등의 수집품은 초기 영국박물관의 성장에 중요한 밑거름이 되었다.[46]

또한 18세기 영국을 비롯한 각국의 유물 수집에 대한 열정이 과열된 것은 스페인과 포르투갈을 시작으로 유럽 국가들이 펼친 식민주의 팽창 정책에서도 기인한다. 고전주의 열풍이라는 유럽 상류층의 예술적 경향이 이 시기에 수집열의 내부적 원인이었다면, 유럽의 본격적인 식민지 팽창 정책은 그리스·로마 시대 이외의 유물 수집에 대한 유럽 국가들의 경쟁을 본격화한 가장 중요한 원인이라고 할 수 있다. 1753년에 시작된 영국박물관의 역사는 바로 이 시기 해외로 진출한 여행자, 상인, 군인 같은 개인의 수집 활동에 힘입은 바 크다. 가장 대표적인 인물은 의사이자 박물학자였던 한스 슬론Hans Sloane, 1660~1735으로, 그는 영국의 식민지였던 자메이카로 여행을 가면서 다양한 식물과 신기한 물건을 수집하기 시작했다. 신기하고 새로운 것에 대한 그의 지적 호기심은 점차 확장되어 화석에서부터 고대 이집트의 미라까지 수집하게 되었다. 슬론의 수집품은 초기 영국박물관 컬렉션의 기초가 되었다. 이 시기에 영국의 수집 열풍의 성격을 모두 제국주의적인 것으로 설명할 수 없지만, 그 행위의 지리적 범위를 넓혀 준 데에는 영국의 식민지 팽창의 역사가 있었다는 점에 대해서는 이견이 없다.[47] 그리고 뒤이어 프랑스, 벨기에, 독일, 네덜

▲ 딜레탕티회는 트로이·아티카·모레나 등지의 고고학 탐사를 위해 2천 파운드(약 294만 원)의 기금을 마련했으며, 미술가들이 그리스와 소아시아의 고대 유적지로 스케치 여행을 떠날 수 있도록 자금을 지원했다.[45]

란드, 이탈리아, 덴마크 등의 국가가 식민지 경쟁에 뛰어들었다. 따라서 19세기 이후 문화재 수집 열기가 더욱 과열되었던 것은 유럽 국가들 사이의 경쟁 구도에서 해석해야 한다.•

한편 그리스·로마 문화에 대한 관심은 19세기에 들어서 식민주의 정책이 본격화되고, 영국·프러시아·프랑스 등 열강들 간의 군사·경제적 경쟁이 심화되자 더욱 복합적 성격을 띠게 된다. 유럽인에게 그리스·로마 문명은 유럽 문명의 뿌리로 인식되고 있었던 만큼 제국들 간의 경쟁에서 특별한 의미를 가지고 있었다. 유럽 문명의 원류라는 상징성을 담고 있는 고전고대의 유물을 소유하는 것이 곧 문화 영역에서의 우월성을 상징하게 되었던 것이다. 그 결과 서구 열강 사이의 경쟁은 고전고대의 유물을 더 많이 획득하고 연구하려는 모습을 띠게 되었다.

19세기에 접어들면서 영국의 문화재 수집은 18세기의 '딜레탕티회'와 같은 고전 시대 예술에 대한 애호와 취미 그리고 신분 과시 차원에서 벗어나 제국의 위상을 드높이고 이를 상징적으로 사용하기 위한 국가적 차원의 행위로 그 역할이 확대되었다. 이처럼 유물 수집의 목적과 성격이 확연히 달라진 데에는 프랑스혁명과 나폴레옹의 등장으로 인한 유럽 세계의 변동과 타 대륙으로의 세력 확장을 통한 유럽의 헤게모니 성립이라는 세계사적 흐름 때문이었다. 물론, 19세기 이전과 이후로 옛것 연구와 고

• 이외에도 식민지 확장과 더불어 시작된 기독교의 선교 활동도 문화재 수집의 중요한 계기로 작용했다. 특히 '신대륙'과 태평양 군도, 호주 지역에서의 선교 활동은 이른바 '인류학적 유물ethnological objects'로 분류되는 문화재를 수집하는 데 큰 역할을 했다.

고학적 활동의 성격이 완전히 단절되어 변화한 것은 아니었다. 하지만 19세기 국제 세력 구도의 변화와 유럽의 팽창주의 정책은 '고고학'이라는 학문에 '제국주의적'이라는 뚜렷한 특징을 새겨 놓았다.

영국의 식민지와 영제국의 영향력이 전 세계로 확장되면서 그리스·로마 문명뿐 아니라 이집트, 메소포타미아, 인도 등지에서 고대 문명에 대한 고고학 발굴과 문화재 수집도 적극적으로 행해졌다. 이러한 연구 활동은 영제국의 군사적·정치적 힘의 우위가 곧 해당 지역의 고대 문명을 연구하고 유물을 취득할 수 있는 권리까지 갖게 된 것을 의미했다. 오늘날 영국박물관이 소장하고 있는 상당 부분의 해외 문화재 수집은 이 시기에 이루어졌다. 영국의 해외 유물 수집의 성격에서 학문적 동기를 완전히 배제할 수 없지만, 19세기부터 20세기 초까지 엄청난 양의 유물 수집을 가능케 한 가장 중요한 동력은 따라서 제국주의 이데올로기였다고 볼 수 있다.

나폴레옹 전쟁으로 인해 촉발된 민족주의 운동과 본격적인 해외 문화재 수집은 학문과 예술의 연구 성향을 공유했던 이전 시대와 달리 19세기에 국가 간 경쟁 구도로 인해 그 성격이 크게 변화했다. 18세기에는 상류 계층 간의 관계망이 유럽 전역에 형성되어 있어 학문 연구와 예술을 향유하는 데 국적과 국경을 따지지 않는 세계시민주의적cosmopolitan 성향이 두드러졌다.* 그런데 계급적 활동이자 일부 계층의 취미였던 옛것 연구와 과거의 물질 유산을 수집하는 행위는 시대적 변화를 맞아 활동 범위의 경계가 계급에서 국경으로 바뀌었고, 국가적 차원의 목적을 가진 활동으로 변모했으며, 그 주체도 아마추어가 아닌 전문가로 바뀌었다. 옛것 연구가 고고학이라는 학문으로 흡수되고 취미 활동인 수집이 국립 박물관의 중요 문화재를 형성하기 위한 국가적 사업으로 전환된 것이다. 영국의 유물 수집에서 나타난 이러한 변화는 유럽 밖 프랑스와의 식민지 경쟁에서 두드러지게 나타났다.

기본적으로 영국은 제국의 팽창 과정에서 여러 서구 열강과 경쟁했지만, 그중 가장 강력한 경쟁자는 프랑스였다. 영국과 프랑스는 1756년에 발발한 7년 전쟁 Seven Years' War, 1756~1763에서부터 나폴레옹 시대가 끝난 1815년의 워털루 전쟁에 이르기까지 여러 번의 큰 전면전을 치렀으며, 그 결과 양국의 정치와 재정 상태에 막대한 영향을 미쳤다. 이 과정에서 두 나라는 북아메리카, 인도, 이집트와 같은 영국의 초기 식민지 팽창과 제국주의 정책의 성립에 있어 매우 중요한 역할을 했던 지역에서 끊임없이 충돌했고, 프랑스의 제국 팽창 정책은 영국에게 가장 위협적인 경계 대상이었다. 따라서 프랑스와의 경쟁은 근대 영제국의 형성에 매우 중요한 역할을 했다고 볼 수 있다. 결과적으로 식민지 확장 과정에 수반되는 문화재 수집과 약탈의 측면에서도 프랑스의 움직임은 영국의 해외 문화재 수집의 역사에 지대한 영향을 미칠 수밖에 없었다.

• 18세기 귀족들 간에 형성된 전 유럽적 관계망은 근대적 의미의 문화재 수집의 시발점이라고 할 수 있는 영국의 그랜드 투어가 가장 성행하던 시기와 밀접한 관련이 있다. 그랜드 투어로 인한 유럽 귀족들 간의 관계망과 세계시민주의의 등장은 설혜심의 『그랜드 투어』 7장, 「코스모폴리탄으로 거듭나기」 259~296쪽을 참조하라.

1789년에 일어난 프랑스혁명은 근대 유럽 역사에서 가장 중요한 분기점으로 평가된다. 왕과 귀족과 같은 소수의 특권 세력이 국가를 좌지우지하는 '앙시앵레짐Ancien Régime(구체제)'을 혁파하고 근대적 민주주의의 초석을 다진 프랑스혁명 정신은 정치적으로나 사상적으로나 전 유럽에 엄청난 영향을 미쳤다. 루이 16세가 처형되면서 프랑스의 군주정은 사실상 종말을 맞았는데, 이는 왕정 체제를 유지하고 있는 주변 국가에 큰 충격과 경계심을 불러일으킨 사건이었다. 유럽의 수많은 지식인과 젊은 개혁가들은 프랑스혁명에 크게 자극을 받았고, 새로운 정치 이념이 유럽에 빠르게 번졌다. 이에 위기감을 느낀 오스트리아와 프로이센과 같은 인접 국가들이 망명한 프랑스 왕족이나 귀족과 협력하여 프랑스 국경 지대에 군대를 집결시키면서 프랑스와 주변 국가들 간의 전쟁이 시작되었다. 한동안 뚜렷한 일인자 없이 혼란한 정국을 이어 가던 프랑스는 주변국들과의 전쟁을 치루면서 세력이 커진 군부 세력에 의해 새로운 정치적 전환을 맞게 된다.

이처럼 프랑스혁명은 정치사적으로나 사상사적으로나 매우 중요한 사건이었다. 하지만 프랑스혁명은 문화재의 역사에도 심대한 영향을 끼친 매우 특별한 사건이었다. 프랑스혁명과 문화재? 얼핏 보면 문화재 문제와 자유와 평등을 외치는 혁명이 무슨 관계가 있을까 의문이 들 수 있다. 연관성이 없어 보이는 두 분야를 연결하는 고리는 바로 혁명의 과정에서 등장한 군부의 실력자 나폴레옹 보나파르트^{Napoléon Bonaparte, 1769~1821}이다. 군인이자 정치가로서 프랑스 혁명사와 함께 등장하여 황제의 자리까지 오른 나폴레옹은 놀랍게도 유럽 열강들에 의한 문화재 약탈사의 시작을 알린 인물이었다. 그리고 그 시작은 나폴레옹을 군인에서 정치가의 길로 이끈 이집트 원정이었다.

나폴레옹의 이집트 원정

1798년, 나폴레옹은 오랜 숙적인 영국의 인도 통로를 차단하기 위해 약 3만여 명의 병력을 이끌고 이집트로 향했다.* 나폴레옹이 꾸린 이집트 원정군에는 특이한 점이 있었는데, 167명

---

* 이집트 원정은 프랑스가 아시아 진출과 영국과의 식민지 경쟁에서 우위를 차지하기 위한 정치 외교적 결정이기도 했으나, 당시 이탈리아를 점령하여 영웅으로 떠오른 나폴레옹에 위기의식을 느낀 총재 정부가 그를 견제하고 연속된 원정으로 나폴레옹의 주의를 프랑스 밖으로 돌리기 위해 기획된 측면이 컸다. 공식적인 명분은 나일강 계곡에 진출한 프랑스 상인의 보호와, 인권을 중요시하는 프랑스 공화국의 이름으로 전제 정치에 고통받는 이집트 민중의 해방이었다. 여기에 더해 아직 야만적인 문화가 남아 있는 이집트에 파라오 시대의 진정한 문화와 예술을 '되돌려준다는' 목적을 가지고 있었다.[48]

의 학자와 예술가들이 이집트의 지리·풍토·건축·예술·역사 등을 조사하기 위해 동행됐다는 점이다. 이는 과거 원정 전쟁에서는 유례없는 일이었다. 나폴레옹이 이끄는 프랑스군은 맘루크Mamluk 군대*를 물리치면서 초반 전쟁에서 승리했고, 그 덕분에 학자단은 이집트에서 다양한 연구를 수행함과 동시에 엄청난 양의 고대 이집트 유물들을 수집할 수 있었다. 하지만 이듬해 나일 전투the Battle of Nile에서 넬슨 제독Horatio Nelson, 1st Viscount Nelson, 1758~1805의 함대가 프랑스 함대를 격침시키면서 프랑스 원정군은 큰 타격을 입었다. 이후 프랑스는 제해권을 상실했고, 이집트에 고립될 것을 우려한 나폴레옹은 도망치듯 이집트를 빠져나와 몰래 프랑스로 돌아갔다.

결정적으로 1801년 알렉산드리아 전투에서 나폴레옹이 이집트에 남겨 둔 주둔군이 영국의 애버크롬비 제독Ralph Abercromby, 1734~1801에게 패하면서 프랑스군은 최종적으로 이집트에서 철수해야만 했다. 이후 알렉산드리아 조약Treaty of Alexandria에 따라 그동안 프랑스 학자들이 수집한 고대 이집트의 유물들은 영국군에 인계되었다.

나폴레옹의 이집트 원정과 이 사건은 향후 100년 넘게 지속될 영국과 프랑스 간의 문화재 수집 경쟁의 시발점이었다. 프랑스는 역사상 전례 없는 대규모의 학자단을 동반한 원정에서 획

• 맘루크 부대는 이슬람교로 개종한 노예 부대의 이름으로, 아랍어로 피소유자를 의미한다. 9세기부터 이슬람 왕조들은 군사의 대부분을 맘루크로 충당하면서 세력을 얻자 군사력으로 정치적 권력을 잡았다.

장 레옹 제롬이 1867~1868년에 그린 「스핑크스 앞에 선 나폴레옹」

득한 성과물을 영국에 고스란히 빼앗긴 데 대해 당연히 안 좋은 감정을 가질 수밖에 없었다. 그 결과 프랑스는 이집트 원정 실패에 대한 보상 심리와 영국에 대한 경쟁심의 발로로 이후 해외 식민지와 원정지에서 유물 수집에 더욱 적극적으로 참여하게 되었다.

한편 영국은 이때 얻은 대규모의 고대 이집트 유물을 영국박물관에 전시함으로써 오늘날 영국박물관의 초석을 다질 수 있었다. 여기서 중요한 것은 영국이 소유하게 된 이 최초의 이집트 컬렉션이 단순히 전시물로 받아들여지지 않았다는 것이다. 이집트 컬렉션은 이미 18세기 초부터 계속된 유럽 국가들 간의 힘겨루기 속에서 몇 차례의 전쟁을 치러 왔던 프랑스에 대한 결정적 승리의 결과물이었다. 그동안 유럽인에게 알려지지 않았던 고대 이집트 문명이 주는 신비감과, 영국이 전쟁의 승리를 통해 그것을 소유하고 전시했다는 것은 프랑스와 치열하게 다투는 상황에서 영국에 각별한 의미였다. 영국은 이제 자국의 힘을 시각적으로 보여 주는 상징물로서 유물의 가치를 인식하기 시작했고, 제국주의 정책에서 유물 수집을 중요한 과정으로 받아들이게 되었다.

동양에서 영국과 프랑스의 유물 수집 경쟁

이후 이집트에서의 패배에도 불구하고 나폴레옹의 유럽 지배와 제국 확장에 대한 야욕이 계속됨에 따라 영국과 프랑스 간의 경쟁의식은 이집트 전쟁 이후에도 줄어들지 않고 점점 심화되었다. 게다가 영국과 프랑스는 이미 여러 곳에서 식민지 쟁탈전을 벌이고 있었다. 1798년 지중해의 전략적 거점지인 몰타섬*은 1798년 프랑스군에 점령되었다가 1800년에 다시 영국군에 점령되어 1964년 몰타 공화국으로 독립할 때까지 영국령이었다. 또한 아메리카 대륙에서도 미시시피 유역과 루이지애나 지역을 두고 프랑스와 영국은 대립각을 세웠다. 게다가 나폴레옹이 유럽 대륙에서 계속 세력을 확장하고 영국을 대륙으로부터 고립시키려는 정책을 이어 가자, 1803년에 영국은 나폴레옹의 제국을 완전히 와해시키는 것을 목표로 하게 되었다. 역사학자 마야 야사노프는 이러한 영국-프랑스 간의 장기간 군사적 갈등이 근대 제국주의 경쟁의 원인이라고 분석하고 있다.[49] 1808년 나폴레옹의 군대가 이베리아 반도 점령을 위해 움직이자 스페인·포르투갈·영국이 연합하여 프랑스군과 전쟁을 벌이면서 영국-프랑스의 적대 관계는 스페인과 포르투갈의 식민지가 있는 라틴아메리카 지역까지 확대되었다.

하지만 두 열강의 보다 본격적인 경쟁 무대는 이집트를 포함한 '동양the East'이었다. 이 '동양'은 서구의 제국주의적 성격을 가장 명확히 보여 주는 지역이었다.[50] 유럽 국가들에게 동지중해 지역은 서남아시아*와 동남아시아 지역으로 진출할 수 있는 매우 중요한 교두보로, 당시 이집트는 아시아 진출을 목표로 하는

---

* 현재 정식 명칭은 몰타Malta 공화국으로, 지중해 한가운데 있는 작은 군도로 이루어진 국가다. 예로부터 지리적으로 중요한 전략적 위치를 갖고 있어서 지중해 지배권을 둘러싼 열강들의 투쟁의 장이었다. 현재 유럽연합의 일원이며, 영국 연방에 가입되어 있다.

영국과 프랑스의 새로운 격전지로 떠올랐다. 특히, 인도 식민지를 보유하고 있는 영국으로서는 자신들의 가장 중요한 식민지인 인도를 방어하는 데 중요한 역할을 하는 이집트 및 그 이집트를 제국의 일부로 지배하고 있는 오스만 튀르크와 전략적 관계를 구축하는 것이 필수적이었다. 비록 오스만 튀르크 제국이 광대한 영토를 지키기에는 그 영향력을 이미 상당 부분 상실한 상태였지만, 유럽 열강들 간의 세력 균형을 위해서 오스만 튀르크의 존속은 반드시 필요했다. 따라서 영국과 프랑스는 오스만 튀르크를 점령하기보다 외교적으로 우호 관계를 맺음으로써 다른 경쟁자가 우위를 차지하는 일이 없도록 서로 견제하고자 했다.

그리고 마침내 1815년 프랑스가 워털루 전쟁에 패배하면서 나폴레옹은 완전히 실각했고, 유럽 두 강국의 격돌은 영국의 승리로 끝났다. 영국은 이제 유럽의 다른 어느 국가보다도 먼저 군사적·경제적·외교적 우위를 점하면서 제국주의 경쟁에서 유리한 위치를 차지하게 되었다. 하지만 나폴레옹의 몰락 이후에도 이집트와 서남아시아 지역에 대한 프랑스의 욕심은 더욱 강해졌고, 1882년 영국이 완전히 이집트를 점령할 때까지 이 지

■ 서남아시아는 아라비아 반도를 포함하여 동쪽의 아프가니스탄부터 서쪽의 터키까지 이르는 말로, 흔히 지칭되는 '근동近東, Near East'의 중립적 표현이다. '근동'이라는 지리적 명칭은 '가까이 있는 동쪽'이라는 의미로, 유럽을 기준으로 유럽에서 가까운 동양을 의미한다. 이는 유럽중심적 지리 용어로 볼 수 있기 때문에 이를 지양해야 한다는 의견이 대두되면서 제2차 세계대전 이후에는 '중동中東, Middle East'으로 바뀌었다. 최근 역사학계에서는 보다 중립적 용어인 '서남아시아'를 사용하고 있지만, 일반에서는 여전히 혼용되고 있다. 이 책에서는 이 지역에 관한 일반적 명칭을 사용할 때 '서남아시아'를 사용하도록 한다.

역에서 영국과 프랑스는 팽팽하게 맞섰다.

이집트를 둘러싼 이러한 역학 관계는 이집트에서의 고고학 활동에 지대한 영향을 미쳤다. 군사적 충돌은 더 이상 일어나지 않았지만 이제 영국과 프랑스는 새로운 영역에서 경쟁하게 되었다. 바로 문화의 영역이었다. 두 열강은 유물을 차지하기 위한 경쟁에 나서면서 군사적 충돌이 아닌 문화라는 보다 상징적인 영역에서 충돌하게 되었다.

앞서 말했듯이 1801년 이집트 원정에서 승리한 영국군은 프랑스로부터 대량의 이집트 유물을 인계받았다. 당시 원정에 참가해 열악한 환경 속에서도 학문적 성과를 올렸다고 자부했던 프랑스 학자들은 자신들의 연구 성과를 영국에 넘겨야만 하는 상황에 분개했다. 이때 영국군에 넘어간 주요 유물 중에는 그 유명한 로제타석이 포함되어 있었다. 프랑스 학자들 중 수학자인 장 바티스트 푸리에Jean Baptiste Joseph Fourier, 1772~1837는 이집트 원정의 연구 결과물인 『이집트 묘사Description de l'Égypte』에 알렉산드리아에서 프랑스가 소유했던 15개의 중요 유물 목록을 만들었는데, 로제타석은 이 중 8번에 기재되어 있었다.[51]

1799년 이집트의 라시드(혹은 로제타) 지역에서 발견된 이 거대하고 검은 석판은 당시 프랑스의 획득물들 중에 가장 가치 있는 발견으로 평가받았다. 그 이유는 하나의 석판에 그리스어와 당시에는 해석이 불가능했던 이집트의 고대 민중문자demotic, 그리고 유럽인에게 가장 신비하고 주술적으로 보였던 상형문자hieroglyph, 이 세 가지가 같이 새겨져 있었기 때문이었다. 동일한 내용을 각기 다른 세 문자로 새긴 것으로 판명된 로제타석은 당

이집트 상형문자의 비밀을 풀어 준 열쇠, 로제타석

시까지 전혀 단서가 없었던 고대 이집트 문자를 해독할 유일한 단서였기 때문에 프랑스 측은 끝까지 이 유물을 영국에 넘기지 않으려고 애썼다. 그 한 방법으로 프랑스는 이 로제타석을 프랑스군의 전리품이 아닌 장교 개인의 사적 재산이라고 주장했다. 프랑스의 자크 프랑수아 므누Jacques-François Menou, 1750~1810 장군은 영국에 다음과 같이 호소했다.

> 영국으로 넘어가 공공의 재산이 될 그 기념물의 ⋯ 반환을 강력히 요구하고자 합니다. ⋯ 나는 그것이 내 개인의 재산이라고 주장합니다. ⋯ 감히 바라건대 예술의 벗[영국]으로서 이 귀중한 기념물을 프랑스가 잃지 않도록 당신들의 모든 영향력을 발휘해 주십시오.[52]

하지만 영국은 프랑스군과 동행한 학자들이 프랑스 공화국 소속이고, 이집트 유물들이 프랑스로 가면 국가 재산에 귀속될 것을 알고 있었다.[53] 프랑스 측의 노력에도 불구하고 로제타석을 비롯한 대부분의 유물들은 결국 영국군에 넘어갔다. 현재 로제타석은 영국박물관에 전시되어 있으며, 영국박물관의 가장 유명한 전시물이 되었다.⁕

─────

⁕ 로제타석은 오늘날 이집트가 가장 반환받고 싶어 하는 다섯 가지 중요 문화재 중 하나로, 문화재 반환 논쟁의 대표적인 약탈 문화재로 거론된다.

이집트를 바라보는 두 가지 시선: 위대한 과거와 열등한 현재

프랑스 학자 원정대의 공식적 결과물인 『이집트 묘사』*와 비방 드농Vivant Denon의 개인 저서 『하ㄷ이집트와 상ㄴ이집트 여행 Voyage Dans La Basse et La Haute Egypte』(1802)은 서유럽에서 엄청난 인기를 끌었다. 그 결과 거대한 석조 기념물이 있는 고대 이집트의 풍경과 예술 양식은 유럽 문화에서 하나의 예술 양식으로 자리 잡았고, 고대 이집트 문명이 건축, 가구, 장식 등에 적용되어 '이집트 스타일'이라는 유행을 만들어 냈다. 이 열풍에 크게 일조한 사람이 나폴레옹이었다. 심지어 나폴레옹은 이집트 스타일을 자신의 권위를 과시하는 용도로 이용하기까지 했다. 그는 자신의 제국과 권력에 정당성과 새로움을 부여할 참신한 스타일을 찾고 있었고, 신비하고 거대한 고대 이집트 문명이라는 테마는 나폴레옹의 그러한 목적에 부합했다. 그는 정권을 잡으면서 이집트 테마를 적극적으로 홍보하고 이집트 원정을 승리한 것으로 선전했다.[54]

나폴레옹의 이집트 원정 이전에는 이집트에 대해 알려진 정보가 거의 없었다. 기껏해야 헤로도토스와 같은 고대 그리스·로마시대 작가들의 저서에서 조금씩 언급되거나 구약성서에 나온 이야기가 유럽인이 알고 있는 이집트에 대한 전부였다. 이집트의 정통 왕조라고 볼 수 없는 프톨레마이오스 왕조Ptolemaic dynasty, 기원전 305~30 ■의 클레오파트라 여왕과 안토니우스에 대한 이야기가 그

• 『이집트 묘사』는 1809년부터 1828년까지 19년에 걸쳐 완성되었고, 총 20권이 출간되었다.

나마 유럽에 알려진 가장 유명한 이집트 역사였다. 이는 유럽이 알고 있는 이집트에 관한 정보의 지리적 편향성을 보여 주는 사례다. 즉 알렉산드로스 대왕Alexandros the Great, 기원전 356~323이 세운 헬레니즘 시대의 알렉산드리아에 대한 이미지는 갖고 있었지만, 정작 파라오 시대의 주요 유적지인 나일 계곡과 상·중 이집트 지역의 거대 유적에 대해서는 아무 지식이 없었다.[55]

그나마도 가장 최근인 18세기 이집트 여행자들의 정보도 정확하지 않았다. 그 대표적인 예로, 스핑크스의 코가 실제로는 없다는 것을 처음으로 정확히 묘사한 사람이 1737년에 카이로를 방문한 영국 성공회 사제 프레더릭 노든Frederick Norden, 1708~1742이었다.[56] 비슷한 시기에 이집트를 방문했던 다른 여행자들은 스핑크스의 코를 완전한 형태로 묘사하는 오류를 범했다. 18세기 말이 되면서 영국의 그랜드 투어 여행자들에게 이집트에 고대의 것으로 추정되는 거대한 건축물들이 있다는 것이 알려지기 시작했지만, 실제로 이집트까지 여행한 영국인은 거의 없었다.[57]

파라오 시대의 거석 유적과 유물에 대한 관심도 1802년 이후에 나타난 현상이었다. 박물관이 아닌 '호기심의 방' 시절이었던 18세기에는 장식장이나 캐비닛에 들어갈 부적이나 스카라베 조각과 작은 동상들이 유럽 수집가들에게 인기가 있었다. 시대를 막론하고 오늘날까지도 가장 주목의 대상이 되는 미라에 대한

■ 기원전 323년에 알렉산드로스 대왕이 사망한 후, 이집트를 포함한 그의 대제국은 휘하의 여러 장군들에게 분배된다. 이 장군들 중 마케도니아 귀족 출신인 프톨레마이오스가 이집트를 맡아 지배하면서 프톨레마이오스 왕조가 시작되었다. 따라서 이 왕조는 이집트 혈통이 아닌 그리스 혈통이었다.

1870~1875년경에 제작된 이집트 풍의 의자. 현재 미국의 메트로폴리탄 미술관에 전시되어 있다.

관심도 역사적 차원 혹은 고대 이집트의 장례 풍속에 대한 학술적 관심 때문이라기보다 의학적으로 뛰어난 약효가 있다는 다소 미신적 정보에 의해 그 가치를 인정받은 것이었다. 하지만 나폴레옹의 원정 이후 원정대 학자들이 출판한 책들은 학계의 폭발적인 반응을 불러일으켰고, 그동안 유럽에 알려지지 않았던 고대 파라오 유적의 거대함과 상형문자의 신비함, 신성한 장식 예술은 유럽 대중의 열광적인 관심을 받았다.

하지만 그 관심과 고대 문명에 대한 경외심은 온전히 동시대의 이집트에 대한 것은 아니었다. 유럽에서 당시 이집트는 이슬람 문명권이라는 정도의 인식만 있었을 뿐이고, 제국주의자들은 이집트의 위대한 고대 문명을 동시대의 이집트와 분리시켰다. 즉, 파라오 시대의 이집트는 위대하고 훌륭하기 때문에 유럽식으로 그 유물을 소유하고 전유하면서 서구 문명에 흡수되었으나, 동시대의 이집트는 낙후된 문명으로 부각되어 유럽 열강이 정치적으로 간섭할 수 있는 지역으로 인식된 것이다.[58] 이렇듯 이집트에 대한 이분화된 인식은 다분히 유럽 중심주의에 영향을 받은 것으로, 19세기 후반으로 갈수록 더욱 심해졌다. 그리고 고고학 연구에도 고스란히 반영되어 이집트 문화유산에 대한 영국의 발굴권과 소유권이 정당하다는 생각으로 이어졌다.

공공의 컬렉션이 된 제국의 수집품

프랑스의 패배로 영국이 인계받은 대량의 이집트 유물은 영국박물관의 형성에 지대한 영향을 미쳤다. 영국박물관은 1793년에 개관한 프랑스의 루브르 박물관보다 40년 먼저 지어졌지만, 루브르처럼 처음부터 일반 대중을 위해 만들어진 것이 아니었다. 루브르는 왕의 소장품이 공공 미술관으로 바뀐 사례로, 혁명이라는 역사적 사건과 맞물려 그 용도가 변형된 그야말로 정치적 의미가 매우 크다고 볼 수 있다.˙ 프랑스 혁명정부는 공화국의 탄생을 극적으로 보여 주기 위해 1793년에 국왕의 미술 컬렉션을 국유화하고 루브르를 공공 기관으로 공식 발표하였다.[60] 이는 왕의 궁전을 시민에게 공공 기관으로 개방함으로써 구체제의 몰락, 새로운 정치 체제의 등장과 혁명의 의의를 상징적으로 알리는 것이었다. 루브르의 아폴로 갤러리 입구 위에는 "전제 정치 몰락의 기념"이라는 문구가 새겨져 있다. 이처럼 혁명으로 몰락한 왕가와 귀족들이 소유했던 예술품들이 대거 전시되었던 루브르의 경우와 달리 영국은 프랑스혁명 같은 극적인 정치적 격변을 겪지 않았던 탓으로 개인 수집가들의 기부나 박물관의 구매 행위를 통해서만 소장품이 들어왔다.

이 때문에 영국박물관이 초기에 소장한 물품들의 경우 그 수집 방식과 전시, 전유 방식이 온전히 '제국주의적'이라고 보기 힘들지만, 프랑스로부터 대규모 이집트 유물을 들여온 1801년부터는 영국박물관의 성격이 확연히 바뀌게 되었다. 이전까지 상류 계층에게만 제한적으로 공개되었던 영국박물관은 대중을 위

˙ 루브르를 박물관으로 처음 기획한 시기는 구체제의 절대왕정 시대였다. 하지만 프랑스혁명 이후 공공 기관으로서 성격을 띠었고, 18세기 후반에 "유럽에 대한 프랑스의 문화적 패권의 상징"으로, 그리고 "계몽사상의 정신에 호응하는 살아 있는 백과전서"로서 루브르 박물관 설립을 추진했다.[59]

한 국립 박물관이자 진정한 제국의 기관으로 거듭나게 되었다. 1802년 이집트의 전리품이 런던에 도착할 때까지 영국박물관은 여전히 '호기심의 방' 수준이었다. 영국박물관의 첫 소장품인 슬론의 컬렉션 중에는 이집트의 것도 있었는데, 작은 동상이나 부적 등이 대다수였고, 그마저도 그리스·로마 시대의 것에 한정되어 있었다. 그러나 1802년에 도착한 이집트 유물들은 양적으로나 질적으로나 그동안 본 적 없었던 거대 규모였고, 영국인에게 익숙한 고전 시대의 이집트가 아닌 그보다 더 오래되고 경험한 적 없는 파라오 시대의 유물로 구성되어 있었다. 게다가 그때까지 유럽 어느 나라도 영국만큼 고대 이집트 유물을 소장한 곳은 없었다.

또 한 가지 주목할 점은 개인 소장품으로 채워졌던 당시 영국박물관에 유입된 이 이집트 유물은 국가에 의해 수집된, 국가를 위한 최초의 공공 컬렉션이었다는 것이다. 흥미롭게도 약 10년 후에 이와 같은 '국가적' 컬렉션으로 영국박물관에 들어온 것이 엘긴 마블Elgin Marbles이었다는 점은, 영국박물관의 1802년 이후 주요 소장품의 성격을 잘 보여 준다고 할 수 있다. 규모가 큰 고대 문명의 기념물은 영국의 국가적 위상을 상징적으로 보여 주는 역할을 했고, 이것들이 대중에게 공개되면서 영국의 제국주의 정책은 자연스럽게 대중의 암묵적 지지와 정당성을 확보할 수 있었다. 문화재의 제국주의적 전유와 활용에 대해서는 다음 장에서 더 자세히 살펴볼 것이다.

아치볼드 아처가 1819년에 그린 '엘긴 마블 전시실'.
엘긴 마블은 '파르테논 조각군'이라고도 부른다.

제국주의 이데올로기와 문명의 위계화

이집트 유물은 영국의 역사적·미적 개념에 지대한 영향을 미쳤지만, 여전히 최고의 문명과 예술 양식으로 평가받는 것은 고전주의 양식이었다. 최초의 이집트 컬렉션은 영국 승리의 상징이자 신비한 고대 문명의 발견으로 대중의 관심을 끌었지만, 영국에서보다 프랑스에서 더 환영받았다. 실제로 1802년 여름, 이 유물들이 영국박물관에 도착했을 때 박물관 측은 이 유물을 위한 전시 공간을 마련해 놓지 않은 상태였다. 박물관 측은 그 이유에 대해 "신기하지만 중요하지 않은 기념물"이고 "전리품으로써 국가에 영광스럽지만 근대적 연구와 어울리지 않고 … 그 의미에 있어 희망보다 절망을 불러일으킨다"고 설명했다.[61] 당시 영국에서 이집트 유물은 승리의 전리품이자 신비한 고대 문명의 흔적 그 이상도 그 이하도 아니었다. 그 결과 향후 수십 년간 이집트 유물의 예술적 평가는 제대로 이루어지지 않은 채 고대 이집트의 예술은 서구 미술의 주변부에 위치하게 되었다. 당시 유럽 예술 경향의 중심에는 고대 그리스 시대의 미술품이 있었다.*

예술의 극치는 고대 그리스 시대에 완성되었고, 여기서 모든 예술이 파생되었다고 믿었던 당시의 미적 판단은 단순한 예술적 성취에서 벗어나 진보된 문명을 가늠하는 하나의 중요한 지표로 작동하게 되었다. 고대 그리스 시대의 예술품을 소유하고 향유하는 것뿐만이 아니라 그것의 의미와 다른 시대 예술과의 관계를 체계화하는 것이 진보된 문명의 역할이라고 믿었다. 그 결과 18세기 말부터 서서히 모습을 드러낸 이집트나 메소포타미아와 같은 고대 문명은 그리스 문명과 비교되며 무엇이 더 '우월한' 문명인지

평가받아야 했다. 프랑스군에게서 빼앗은 고대 이집트 컬렉션은 영국에 있어 승리의 상징으로서 가치는 있었지만, 이집트 문명의 예술적 가치는 고대 그리스의 예술을 정점으로 하는 진화론적 예술 위계에서 하위에 위치한 '이국적인' 유물일 뿐이었다.

19세기 초 신고전주의 사조가 부흥하면서 그리스·로마 문명에 관한 고고학 연구는 개인과 다국적 단체의 활동을 넘어 유럽 열강들 간의 치열한 경쟁의 장으로 변모했다. 국가적 차원의 문화 경쟁은 더 나아가 고대 그리스 문명과 로마 제국의 후계자를 자처하기 위한 경쟁과 다름없었다.[62] 영국은 이러한 과정을 통해 과거의 영광과 현재 승리를 유비하여 식민 지배와 제국주의

- 당시 고전주의에 대한 찬미에 강한 영향을 미친 인물은 요한 요하임 빙켈만 Johann Joachim Winckelmann, 1717~1768이었다. 미술사가인 그는 『회화와 조각 예술에서 고대의 작품을 모방하는 것에 대해 *Gedanken über die Nachahmung der griechischen Werke in der Malerei und Bildhauerkunst*』(1755)라는 저서를 통해 고대 그리스 예술의 우월성을 예찬했다. 이 책은 당시 바로크 예술에 식상해 있던 유럽에 큰 반향을 불러일으켰고, 1764년에 쓴 『고대 예술사 *Geschichte der Kunst des Altertums*』는 고전주의의 이론적 경전이 되었다. 그의 저작은 당시 유럽 지식인과 상류층에게 널리 읽혔고, 그의 지론은 고전주의의 부활에 지대한 역할을 했다. 이 책은 1995년에 국내 출판사 '이론과실천'에서 『그리스 미술 모방론』이라는 제목으로 출간되었다.
- 오스만 튀르크의 술탄 압뒬메지트 1세 Abdülmecid I, 재위 1839~1861는 1846년부터 역대 술탄들이 수집했던 유물들을 체계적으로 정리하고, 이것들을 보관한 성 이리니 교회 Church of Aghia Irini를 박물관으로 공개했다. 이는 고전 유물의 연구에서 나타나는 서구의 제국주의적 담론과 일치하는 것으로, 오스만 제국 또한 그리스·로마 문명을 '자국 native'의 것으로 선전함으로써 고전 문명과 오스만 제국을 결합시키려는 시도를 보여 주고 있다. 이를 통해 19세기 들어 약해진 제국의 영토를 위협하는 유럽 세계에 고전 문명의 흔적이 있는 지중해 지역의 권리를 상징적으로 표상하려 하였다.[63]

이데올로기를 정당화하는 데 이용했다. 이를 위해 영국을 비롯해 독일*, 프랑스, 미국 등 서구 열강들은 19세기부터 20세기 초까지 아테네와 로마에 앞다퉈 고고학연구소를 설립했다.[65] 나폴레옹이 파리를 "새로운 로마"■로 만들려고 하면서 고대 이집트 문명의 피라미드와 스핑크스를 권위와 지위를 나타내는 상징물로 이용한 것과 비슷한 사례가 영국에서도 나타났다. 영국은 워털루 전쟁(1815)에서 승리한 후 런던, 에든버러, 케임브리지에 파르테논 신전을 본뜬 건축물을 지어 나폴레옹에 승리한 영국의 영광을 건축물이라는 상징물을 통해 기념하고자 했다.[67] 따라서 1815년 이후 이 건축물들의 예술적 양식은 "단지 그리스 복고 양식Greek Revival 취향의 결과물이 아닌 물질문화와 제국주의적 자기 이해가 특정한 형태로 나타난 결과"[68]라는 정치적 해석이 가능하다.

• 독일의 경우, 프러시아를 중심으로 국가가 통일되면서 고고학연구소는 흥미로운 변천 과정을 겪었다. 1829년에 로마에 세워진 '고고학종합연구소Instituto di Corrispondenza Archaeologica'는 처음에는 이탈리아, 프랑스, 독일 학자들로 구성되어 국제 학술 기관의 성격을 띠었지만, 이 기관의 주요 자금이 프러시아로부터 나오면서 국적에 따라 대우가 달라졌다. 독일이 통일된 후 이 기관은 곧 독일 고고학연구소로 변경되었고, 1874년에는 '제국연구소Reichinstitut(an imperial institute)'로 격상되었다. 이는 학문 기관이 제국주의적 동인을 가진 국가 기관으로 변모하는 예를 보여 준다.[64]

■ 나폴레옹의 "새로운 로마" 건설 계획은 영국의 고전주의 양식에 의한 새로운 런던 건설 계획에 많은 영향을 미쳤다. 의회가 1816년에 엘긴 경의 파르테논 마블의 구입을 승인한 것도 19세기 초 영국과 프랑스 사이의 군사적 대립 관계라는 당대의 정치적 현실과 무관하지 않다.[66]

영국, 로마 제국을 모방하다

제국주의 이데올로기를 비판하는 탈식민주의 학자 중 한 명인 로버트 영 Robert J. Young 은 19세기 영국의 제국주의 이념과 문명화 사명에 대해 분석하면서 다음과 같이 설명한다. "영국인은 비록 문명화 사명이라는 이념에 의존했어도 자신들의 제국적인 사명을 로마 제국과의 유비를 통해 정당화하는 것을 선호했다."[69] 또한 19세기 영국에게 "제국의 위대한 원형은 항상 로마 제국이었으며, 그로 인해 사람들은 미개한 야만족에게 문명을 자애롭게 확산한다는 생각에 공감할 수 있었다"라고 말한다.[70] 그의 논리와 역사적 사실을 결합하면 18세기 말부터 시작된 고전 시대에 대한 관심, 아테네와 로마에 세운 고고학연구소, 파르테논 마블을 영국으로 가져온 엘긴 경의 열정 등은 일정 부분 "로마 제국과의 유비"의 과정으로 볼 수 있다. 영국은 이를 통해 이 위대한 고대 문명을 '자기 동일시'하여 전유하고자 했던 것이다.[71] 즉, 영국은 식민 지배와 제국주의 이데올로기를 강화하기 위해 고대의 유물을 차지하려 했고, 그 역사의 후광을 등에 업고 과거 로마 제국이 그랬던 것처럼 야만족에 문명을 전파한다는 역사적 의무감을 자청했다. 로마 제국에 대한 시각적 모방은 영국과 로마 제국을 동일시하는 것이었고, 이 동일시를 통해 영국은 제국의 권위를 상징적으로 확보하고자 했던 것이다. 영은 영국 대부분의 학교와 대학들이 고전 문화와 언어를 기초 과정으로 삼은 것을 두고 제국주의 이데올로기를 주입하는 수단으로 채택된 것이라고 보았다. 주로 상류 계급이나 부유층 자녀들이 다녔던 영국의 퍼블릭 스쿨(사립 중등학교)에서는 20세기 초까지도 그리스어와 라틴어를 필수 과목으로 가르쳤다. 그는 이러한 영국의 태도를 "영국의 상류층은 부끄러운 줄도 모르고 1000여 년 전에 자신들을 정복했던 저들의 문화와 사랑에 빠졌고, 자신들의 문화적 산물과 교육 제도에서 그들을 모방했다"라며 냉소적으로 비판했다.[72]

19세기 제국주의 이념은 영국의 문화재 수집의 성격을 규정짓는 매우 중요한 요소였다. 17세기부터 본격화된 영국 지배 계층의 수집은 물질 유물에 대한 예술적·역사적 가치 추구를 넘어 유물이 내포하고 있는 정치적 속성을 부각시켜 지배자로서의 권위를 강화하고자 했다. 특히 그리스·로마 시대의 유물들을 소유하고 전시하는 것은 그 시대가 함축하고 있는 '유럽 문화의 원류', '로마 제국'이라는 상징성을 유물 소유자와 동화시키는 작업이었다. 이는 재력이나 무력을 통해 신분과 지위를 과시하는 것에서 한층 진화된 정치적 문화 활동이라고 볼 수 있다. 실생활에서 쓰이지 않는 라틴어를 할 수 있다는 무형의 능력이 그 사람의 신분과 출신을 증명해 주는 중요한 요건인 것과 같은 맥락이다.

이러한 정치적 문화 활동은 19세기에 접어들어 영제국의 영향력이 유럽 외부로 뻗어 나감에 따라 고전 시대의 유물 수집에서뿐만 아니라 아프리카와 서남아시아, 중앙아시아 지역에서의 수집 활동에서도 그대로 재현되었다. 하지만 영국은 이들 지역의 문화재에 대해서 앞서 이집트 문명에 대한 서구의 태도를 이야기한 것처럼 그리스·로마 문명과는 다르게 접근했다. 19세기 이전에는 고전 시대 유물과 자신을 '동일시'하는 것을 통해 그 시대의 역사가 함의하고 있는 정치적 상징성을 획득한 반면, 19세기 이후에는 식민지에서 획득한 유물과 자신(유럽)을 '동일시하지 않는 것'을 통해 제국의 권위를 표상하려 했다. 다시 말해, 영제국이 비서구 지역의 유물을 소유하려 한 동시에 그것을 타자화하여 자신들의 문명과 구별 지음으로써 지배와 피지배의 관계를 명시적으로 나타내고자 했던 것이었다. 다음 장에서는 이러한 양상을 구체적인 약탈 사례를 통해 살펴보기로 하겠다.

19세기는 서구 세계가 동양 세계를 제치고 명실상부 세계 체제의 우위에 서기 시작한 때였다. 게다가 유럽은 나폴레옹 전쟁이 끝난 이후 19세기 내내 내부적으로도 큰 전쟁이 벌어지지 않았기 때문에 비교적 평화로운 시기를 보냈다.* 프로이센−프랑스 전쟁이 끝나고 1871년 독일이 통일된 이후부터 제1차 세계대전이 발발하기 전까지, 유럽이 평화와 번영을 구가하던 약 40년간은 프랑스어로 아름다운 시절을 뜻하는 '벨 에포크Belle Époque'로 구분된다. 특히 영국은 이 시대를 포함하여 19세기 중후반까지 식민지를 최대로 확장하면서 영제국으로서 영광을 누렸다. 이 시기는 당시 재위한 여왕의 이름을 따서 '빅토리아 시대Victorian era'라고 불린다.■ 비록 국내에서는 사회·경제 분야에서

---

* 1815년 나폴레옹 전쟁이 끝난 이후 유럽 주요 국가들끼리 싸웠던 전쟁은 독일 통일 과정에서 벌어진 프로이센−오스트리아 전쟁(1866)과 프로이센−프랑스 전쟁(1870~1871) 뿐이었다.

■ 빅토리아 시대는 보통 빅토리아 여왕이 즉위한 1837년부터 여왕이 서거한 1901년까지의 기간을 지칭한다.

많은 문제점이 있었지만, 외적으로는 1876년 디스레일리Benjamin Disraeli, 1804~1881 수상이 여왕에게 인도의 여황제라는 칭호를 붙여 주었을 정도로 영국의 영향력과 위업이 절정에 이르렀다.

그러나 유럽 세계의 이러한 번영 뒤에는 서구 열강들의 침략과 수탈에 시달리던 아시아와 아프리카의 엄청난 희생이 있었다. 우리는 그중에서도 바로 식민지 문화재의 약탈과 파괴를 이야기하고자 한다. 제국을 유지하고 선전하는 데에는 여러 방법이 있지만, 문화재 약탈을 통해 식민지의 역사와 문화를 소유하고 그것을 전시하는 것은 그중 가장 상징적이면서도 교묘하며, 문화적이면서도 과학적인 방법이었다. 그리고 이러한 양상을 가장 잘 보여 주는 예를 영국의 문화재 약탈에서 찾을 수 있다.

동양을 '수집'하고 제국을 '전시'하다

영제국의 힘과 범위가 가장 컸다고 평가되는 빅토리아 시대에는 문화재 수집과 이에 필연적으로 수반되었던 고고학 발굴과 연구에도 '제국주의적' 성격이 강했다. 여기서 '제국주의적'이라 함은 탈식민주의 이론가인 에드워드 사이드Edward Said, 1935~2003가 규정한, 서구가 동양을 인식하기 위해 구축한 관념인 오리엔탈리즘Orientalism과 일맥상통한다.[73] 오리엔탈리즘은 간단히 말해 서양이 동양을 바라보는 왜곡된 시선과 동양에 대한 잘못된 관념을 의미한다. 사이드는 서구의 관념 속에는 동양의 실재實在나 역사적 사실과 관계없이 서구 세계가 자신들의 이해관계를 위해 만들어 낸 허구의 동양만이 존재해 왔다고 비판한다.

사이드의 오리엔탈리즘이 문화재 약탈사에서 의미를 갖는 것은 영국이 식민지 문화재를 발굴하고 전시하는 행위의 근저에 깔려 있는 인식이 오리엔탈리즘의 성격과 매우 유사하기 때문이다. 이 시기의 고고학 활동과 박물관 전시 방식에는 주어진 사료(유물)에 대한 자의적 혹은 자기중심적(유럽 중심적) 해석이 만연해 있었다. 즉, 식민지의 문화는 수집하고 전시할 만한 가치가 있지만 그 가치란 서구 세계의 승리라는 대전제하에서만 가능하며, 비서구 세계의 문명은 신비(기)하지만 열등하다는 결론에 도달하는 것이었다. 이는 인종주의와 결합한 배타적 민족주의 혹은 유럽중심주의에 기초한 것으로, 유럽 열강들이 팽창적 제국주의 정책을 문화적으로 합리화하려는 방식이었다. 따라서 19세기 전후 서구의 문화재 수집과 연구가 '제국주의적'인 성격을 띠는 것이다.

　　영국의 문화재 수집에서 드러난 오리엔탈리즘적 성격은 이집트를 예로 든 사이드의 저서 『오리엔탈리즘*Orientalism*』(1978)의 한 부분에서 명확히 설명되고 있다.

　　　　이집트는 예술과 과학 및 통치에 대한 상징적인 의미 작용만을 충만하게 했기 때문에, 세계사적으로 중대한 행위가 행해질 때에는 그 무대를 제공하는 것이 그 역할이었다. 따라서 근대의 강국도 이집트를 차지함으로써 자연히 그 힘을 과시하고, 역사를 정당화하였다. 한편 이집트 자체의 운명은 유럽이 희망하는 그대로 유럽에 흡수되었다. … 요컨대 동양은 그 최신의 현실에 대해서가 아니라 유럽의 먼 과거와의 일련 접

촉에 대하여 부여된 가치평가의 집합체로 존재했다.[74]

이처럼 사이드는 서구 열강들이 나폴레옹이 하려고 했던 것처럼 이집트의 '위대한 과거'를 소유함으로써 '열등한 현재'를 지배할 수 있다고 보는 인식이 동양으로 표상되는 식민지 지배를 정당화했다고 주장했다.

가장 거대한 제국을 형성했던 영국은 제국을 운영하는 데 있어 군사·정치·경제적 힘뿐만 아니라 문화와 역사의 소유라는 새로운 방식의 지배 수단을 활용하게 되었다. 그전까지 점령지의 예술품이나 역사적 가치를 지닌 보물들은 승리자의 전리품이자 승리를 기념하고 상징하는 데에 머물렀다. 하지만 고대의 위대한 이집트 문명이 재발견되고 유럽 열강들 간의 유물 수집 경쟁이 본격화되면서 승자가 획득한 유물은 더 이상 승리의 전리품에 머물지 않았다. 이 전리품은 이제 유물을 발굴하고 연구할 수 있는 능력, 즉 식민지의 역사와 문화를 재구성하는 지적 역량이라는 제국의 문화적 우월성을 보여 주는 강력한 선전 도구로 진화했다. 문화재는 영제국의 정당성을 비호하고 식민지의 저항 의지를 봉쇄하는 강력하면서도 비군사적인 무기였던 것이다.

이제 문화재 수집과 약탈이라는 행위에 내재되어 있는 제국주의적 성격을 영국의 대표적 사례를 통해 구체적으로 분석해 볼 것이다. 첫 번째 사례는 영제국의 가장 중요한 식민지였던 인도에서의 문화재 약탈과 전시 이야기다.

1) 영국 문화재 약탈의 시작, 인도의 「티푸의 호랑이」

인도는 1600년부터 동인도회사*를 통한 독점 무역을 통해 영국에 경제적 수익을 보장해 주는 가장 중요한 식민지였다. 물론 19세기 후반에 들어서면 동인도회사를 통한 독점 무역의 수익성이 점차 감소하기는 하였으나, 인도는 이미 영국과 정치·경제·문화적으로 긴밀히 연결되어 영제국을 상징하는 식민지가 되었다. 또한 인도는 지정학적으로도 영국의 또 다른 식민지였던 이집트와 유럽 해외 무역로의 핵심적 위치에 있는 수에즈 운하를 보호하는 중요한 위치에 있었고, 영국의 아시아 진출을 위한 전진 기지이기도 했다. 19세기부터 20세기 초까지 영국의 아시아 팽창 정책이 인도 식민지를 보호하고 유지하기 위한 대원칙 하에서 진행되었다는 것은 그만큼 인도가 영제국에 중요했다는 것을 보여 준다.■

• 영국 동인도회사East India Company는 1600년에 엘리자베스 1세Elizabeth I, 1533~1603, 재위 1558~1603로부터 인도 무역의 독점권을 허가받으면서 시작되었다. 영국은 초기에는 순전히 상업적 목적으로 인도에 진출했지만 유럽 내의 갈등과 식민지 문제로 프랑스와 곳곳에서 군사적 갈등을 겪었고, 인도 또한 이 갈등의 중요한 축이 되었다. 그 결과 영국 동인도회사는 인도에서의 상업적 이익을 보호하기 위해 프랑스 정부가 주도하는 프랑스 동인도회사와 군사적 충돌을 피할 수 없게 되었다. 이 과정에서 영국 동인도회사가 인도를 군사적으로 점령해 나가면서 영국의 인도 지배는 시작되었다.

■ 영국이 메소포타미아 지역과 중앙아시아에서 프랑스와 러시아를 매우 경계하고 정치·군사적 갈등을 빚은 것은 아시아 지역에 대한 제국들 간의 팽창 정책의 결과였으나, 근저에는 프랑스의 아시아 진출과 러시아의 남하 정책이 인도를 침범할지도 모른다는 영국의 두려움이 깔려 있었다.

인도는 서구에 의한 문화재 약탈 역사에서 프랑스의 이집트 원정만큼이나 중요한 위치를 갖는다. 영국의 인도 정복 과정은 프랑스의 이집트 원정 목적과 긴밀하게 연결되어 있었고, 영국이 프랑스와의 경쟁에서 차지한 곳이 인도였으며, 이 인도에서의 문화재 약탈과 전시 방식은 이후 영국이 전 세계에서 벌이게 될 문화재 약탈의 출발이었기 때문이다. 인도에서의 이러한 경험은 이후 영제국이 지배하는 지역에서 행해진 다양한 문화재 전유 방식의 원형이라는 점에 의의가 있다. 따라서 18세기부터 인도에서 행해진 고고학적 조사와 유물 수집 활동은 영국이 근대 제국주의 국가로 성장하는 초기 단계에서 이를 어떻게 영제국에 유리하게 전유하였는지를 보여 주는 중요한 사례라고 할 수 있다.

18세기 프랑스와 영국의 힘겨루기

　영국의 인도 문화재 약탈은 인도 정복의 과정에서 이루어진 만큼 그 과정을 간략하게나마 살펴보는 것이 필요하다. 영국의 인도 정복은 이미 18세기 초부터 시작된 유럽 국가들 간 힘겨루기의 연장선상에 있었다. 이 중 영국과 프랑스는 아메리카 대륙에서 세력을 확장하며 대립하고 있었고, 결정적으로 오스트리아의 마리아 테레지아Maria Theresia, 1717~1780, 재위 1745~1765의 왕위 계승 문제로 촉발된 7년 전쟁은 주요 국가들이 거의 참전한 범유럽 전쟁으로 확산되면서 유럽의 군사적 갈등을 절정으로 치닫게 만들었다.

유럽 열강들 간의 대대적 갈등을 촉발시킨 7년 전쟁에 참전한 국가들
* 파란색 : 영국, 프로이센 등과 그 동맹국
* 초록색 : 프랑스, 오스트리아 등과 그 동맹국

18세기의 세계대전이라고 할 수 있는 7년 전쟁에서 영국과 프랑스는 각기 다른 진영에서 충돌하였고,* 여기서 형성된 두 국가의 적대 관계는 직·간접적으로 식민지 전쟁에도 영향을 미칠 수밖에 없었다. 아메리카 대륙에서 벌어진 프렌치 인디언 전쟁French and Indian War, 1754~1763과 인도에서 벌어진 플라시 전투Battle of Plassey, 1757가 바로 7년 전쟁의 일부이자 연속된 전쟁이었다. 그리고 영국은 이 전쟁들에서 모두 승리함으로써 유럽 내에서 강한 발언권을 가짐은 물론 아메리카와 인도 대륙에서 프랑스를 압도하는 계기가 되었다. 이러한 상황에서 1798년 나폴레옹의 이집트 원정은 영국의 입장에서 자신들을 도발하는 명백한 선전포고나 다름없었다.

반면 프랑스로서는 프렌치 인디언 전쟁과 플라시 전투에서 패배했을 뿐 아니라 반反 영국 정책으로 동맹을 맺은 마이소르 왕국Kingdom of Mysore이 1792년 제3차 영국-마이소르 전쟁에서 패하면서 인도 내 영향력이 매우 약해져 있었다. 이는 단지 인도에서만이 아니라 17세기부터 추진해 왔던 프랑스의 동방 교역로 확대와 식민지 정책 전체에 심각한 문제였다. 따라서 프랑스 입장에서 이집트 침공은 영국의 인도 정책에 제동을 걸고 이집트를 통해 아시아 진출을 꾀하려는 중요한 명분이 있었다.

영국은 나폴레옹의 이집트 원정을 인도에 대한 영국의 지배

---

* 마리아 테레지아는 자신의 즉위를 반대하는 프로이센의 용인을 받아내기 위해 슐레지엔 지방을 프로이센에 넘겼다. 이후 오스트리아 왕위에 오른 마리아 테레지아가 이 지역을 되찾기 위해 벌인 전쟁이 7년 전쟁이었고, 여기서 영국은 프로이센을 지지하고 프랑스는 오스트리아를 지지하면서 대립했다.

권을 위협하는 심각한 도전으로 받아들였다. 특히 당시 인도 총독이었던 영국의 리처드 웰즐리Richard Wellesley, 1st Marquess Wellesley, 1760~1842는 프랑스의 위협에 대해 거의 병적인 공포증에 가까울 정도로 예민하게 반응했다. 인도 총독 웰즐리가 강력한 국가였던 마이소르 왕국과의 전쟁*이라는 위험 부담이 큰 최후의 수단을 선택한 데에는 영국이 일부 차지하고 있는 인도에 대한 이권을 마이소르 왕국, 궁극적으로는 프랑스에 빼앗길 위험에 처했기 때문이었다. 인도에서의 교역 독점권을 원하는 영국 동인도회사의 입장에서는 루이 15세 때부터 오랜 기간 프랑스와 긴밀한 관계를 맺어 오고 영국에 적대감을 가진 마이소르 왕국의 존재는 반드시 해결해야 할 문제였다. 게다가 마이소르는 프랑스의 근대적 군사 시스템과 서양의 신식 무기를 받아들여 군사적으로도 영국에 매우 위협적인 토착 세력이었다.[75]

이렇게 갈등이 팽배한 상황에서도, 하물며 나폴레옹이 이집트 원정을 감행한 이후에도 영국 정부는 인도를 직접적으로 정

• 마이소르 왕국은 인도 남서부 지역(오늘날 카르나타카주)에 자리하며, 14세기 말부터 시작된 힌두교 왕조였다. 하지만 왕조가 쇠약해지면서 이슬람교도인 하이다르-알리Hydar-Ali, 1720~1782, 재위 1761~1782가 권력을 잡았고, 그 결과 국민 대다수가 힌두교도인 국가에서 왕가는 이슬람교도인, 종교적으로 불균형한 왕조가 탄생했다. 무굴 왕조의 쇠퇴 이후 약 50년 동안 인도 남부의 강국으로 자리 잡은 마이소르 왕국은 하이다르-알리 시절부터 티푸 시대까지 영국과 총 네 번의 전쟁을 치렀다. 1차는 1767~1769년, 2차는 1780~1784년, 3차는 1790~1792년에 벌어졌고, 4차가 바로 세링가파탐 함락과 티푸 술탄의 죽음으로 종결된 1799년의 전쟁이었다. 영국 동인도회사는 1, 2차 전쟁에서 승기를 잡지 못했고, 그 결과 마이소르에 대한 영국의 경계심이 더욱 높아지게 되었다. 특히 2차에서는 티푸의 군대가 영국군을 격퇴했기 때문에 인도 내 군사 행동에 대한 동인도회사의 필요성이 높아지게 되었다.

복하는 것에 대해 조심스러운 입장을 취했다. 하지만 1799년 프랑스의 위협에 대한 웰즐리의 우려를 증명하는 결정적 사건이 터졌다. 당시 마이소르 왕국의 지배자였던 티푸 술탄^{Tipu Sultan,} ^{1750~1799, 재위 1782~1799}이 이집트의 프랑스군과 긴밀히 연락하고 있었다는 사실이 첩보로 드러난 것이다. 영국이 이집트에 주둔하고 있는 프랑스군을 몰아내기 위해 고군분투하는 동안, 나폴레옹과 티푸는 서신으로 영국을 양쪽에서 협공하여 서남아시아 지역으로 진격하는 계획을 세우고자 했다. 하지만 두 사람을 예의 주시하고 있던 영국군이 티푸에게 보낸 나폴레옹의 서신을 중간에 가로채 웰즐리에게 보냈고, 웰즐리는 이 사건을 계기로 마침내 마이소르 왕국을 침공하기로 결정했다.^{•76} 그 결과 영국 의회의 회의적인 반응에도 불구하고 웰즐리와 동인도회사는 '제4차 영국-마이소르 전쟁'을 감행했고, 영국의 전통적 경쟁자인 프랑스를 동맹으로 둔 마이소르 왕국과의 충돌은 더 나아가 영국 동인도회사가 인도 교역으로 간접 지배하는 방식에서 영토 점령을 통한 직접 지배로 전환하는 중요한 계기가 되었다.⁷⁷

이 제4차 마이소르 전쟁은 1799년 5월 4일 왕국의 수도 세링가파탐이 함락되고 티푸 술탄이 사망하면서 영국의 승리로 끝이 났다. 이로써 1767년부터 시작된 네 차례의 영국-마이소르 전쟁은 티푸 왕조의 종언과 인도에서 프랑스의 철수와 함께 영

• 제3차 영국-마이소르 전쟁에서 패배한 티푸 술탄은 전후 조약을 통해 프랑스와의 관계를 끊어야 했기 때문에 영국의 감시하에서 티푸가 나폴레옹과 내통하고 있다는 첩보는 웰즐리에게 전쟁의 빌미를 제공해 주었다.

1790년경에 그린
'티무 술탄'의 초상화

존 벤드라미니가 1802년에 그린 「세링가파탐 습격」

국의 최종 승리로 종결되었다. 그리고 세링가파탐이 함락되면서 승자인 영국 군인들은 티푸의 궁전을 대대적으로 약탈했는데, 문화재가 될 만한 것들을 따로 가져간 것이 아니라 참전한 일반 병사들이 기존 방식대로 값나가는 전리품을 모두 챙겨간 것이었 다. 이 과정에서 바로 돈이 되는 것은 병사들이 가져갔지만, 가 구·식기·예술품과 같은 물건들은 경매에 내놓거나 현지 시장에 서 돈으로 바꿔가기도 했다. 당시 약탈 후 회수된 물품들의 가치 는 총 160만 파운드(약 23억5천200만 원)에 달했고, 이는 그동안 영국이 전쟁에서 약탈한 전리품의 총액 중 가장 높은 금액이었 다.[78]

영국이 반출한 최초의 인도 유물, 「티푸의 호랑이」

전리품 중 티푸의 궁전에서 약탈한 일부 진귀하고 값나가는 물건들과 티푸가 생전에 사용했던 개인 물품들은 영국 왕실에 진상되거나 웰즐리 같은 고위 장교들에게 배분되었다. 웰즐리는 티푸가 사용했던 황금 호랑이 머리로 장식된 왕좌를 영국 왕실 에 헌상하고, 자신은 티푸의 터번에 있는 다이아몬드가 달린 백 로 깃털 장식과 보석이 박힌 검 등을 가져갔다. 영국군은 또한 티푸 궁전 서고에 있는 산스크리트어, 페르시아어, 아랍어, 우르 두어로 작성된 약 2천 권에 달하는 문서들을 캘커타에 있는 동 인도회사 본부로 실어 날랐다. 이 자료들은 웰즐리가 세링가파 탐 함락 기념으로 세운 포트윌리엄 컬리지의 도서관에 이관되어 이후 인도 제국에서 일하게 될 영국 공무원들을 교육시키는 자

료로 활용되었다.[79]

하지만 당시 약탈된 티푸의 유산 중 영국인의 주목을 가장 많이 받은 전리품은 따로 있었다. 그것은 다이아몬드도 황금도 아닌 나무로 조각된 「티푸의 호랑이Tipu's Tiger」였다. 이 작품은 티푸 술탄의 지시로 1795년경에 제작되었는데, 거의 실물 크기에 가까운 거대한 호랑이가 누워 있는 영국 군인의 목을 물어뜯는 순간을 묘사하고 있다. 거기다 단순한 장식품에서 그치는 게 아니라 호랑이의 몸통 부분을 열면 연주가 가능한 파이프 오르간이었다. 티푸 술탄은 「티푸의 호랑이」를 자신의 궁전 음악실에 두고 손님이 방문하면 보여 줄 정도로 좋아했다. 여기에는 그만한 이유가 있었다. 1792년 제3차 영국−마이소르 전쟁에서 패배한 티푸는 두 아들을 영국에 인질로 빼앗겼다. 「티푸의 호랑이」가 그 후 제작되었다는 점을 볼 때, 이 작품에는 당시 영국에 대한 티푸의 분노와 야심이 반영되었음을 추측할 수 있다.

「티푸의 호랑이」는 영국군에 입수된 지 일 년도 되지 않아 영국 국민에게 공개하기 위해 런던으로 이송되었다. 이로써 전시를 위해 인도에서 영국으로 반출된 최초의 인도 유물로 기록되었다.[80] 작품은 레든홀 거리에 있는 동인도회사의 '인도관'에서 "동방의 보고Oriental Repository"라는 표제 아래 전시되었다.

특정 문화재가 전시되는 장소는 전시자의 의도를 파악할 수 있는 중요한 요소다. 따라서 「티푸의 호랑이」가 인도 정복의 첨병인 동인도회사의 인도관에서 전시되었다는 것은 작품의 전시를 통해 인도 정복과 제국의 정당성을 선전하고자 하는 영제국의 의도를 포착할 수 있는 중요한 지점이다. 우선 인도관은 관람

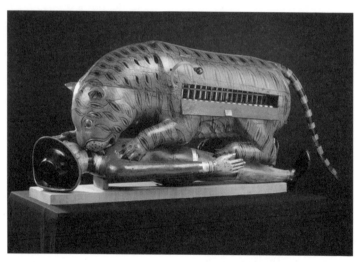

현재 영국 런던의 빅토리아-앨버트 박물관에 소장되어 있는 「티푸의 호랑이」

료가 무료였다.[81] 런던 시민들이 「티푸의 호랑이」를 무료로 관람할 수 있다는 것은 더 많은 사람이 영국의 승리를 시각적으로 향유할 수 있다는 것이었고, 이는 곧 영제국의 영토 확장 전쟁의 정당성을 선전할 수 있다는 것을 의미했다. 게다가 이 작품은 티푸와 영국의 적대 관계에 더해 작품에 묘사된 자극적 내용 덕분에 훨씬 효과적인 결과를 낳았다. 그렇다면 「티푸의 호랑이」 전시가 지닌 상징적 의미는 구체적으로 무엇이며, 이것이 제국의 선전에 어떠한 역할을 했을까?

첫째, 우선 작품의 가장 중요한 부분을 차지하고 있는 호랑이 조각은 티푸 술탄 자신을 상징하고 있었다. 티푸는 평소에 자신을 용맹한 호랑이로 유비하였으며, 자신이 거주하는 공간은 물론 마차, 의상, 무기류 등에도 호랑이 모양의 장식을 달고 줄무늬를 새겨 넣을 정도로 호랑이라는 동물과 자신의 특성을 동일시하였다.* 따라서 영국과 극도의 갈등 상황에서 제작된 「티푸의 호랑이」는 자신과 마이소르 왕국을 호랑이와 동일시하여, 그 호랑이가 영국 군인을 물어 죽이는 장면을 조각함으로써 자신의 용맹함과 영국의 패배를 상징했다.

이 작품이 지닌 이러한 상징적 의미가 바로 영국이 이것을 제국의 전시물로 선택한 이유였다. 마이소르 왕국이 멸망한 상황에서 「티푸의 호랑이」를 런던에 전시하는 것은, 작품의 주제와는 반대되는 역설적 상황에 작품을 위치시켜 영제국의 승리

---

* 티푸는 거의 강박에 가까울 정도로 자신이 사용하는 모든 물건에 호랑이 무늬를 새겼다. 심지어 소총과 대포 같은 무기에도 호랑이 무늬를 넣었다.[82]

를 더욱 극적으로 표상하는 효과를 낳았다. 또한 영국을 패배시키려고 했던 티푸가 반대로 전쟁의 전리품으로 전락하여 영제국의 심장에서 호랑이의 모습으로 전시되는 상황은 런던 시민들에게 반전의 묘미와 함께 제국의 위상을 보여 주었다. 이렇듯 「티푸의 호랑이」는 '동방의 보고'라는 표제하에 전시되었지만, 대중이 쉽게 볼 수 없는 동방의 값비싼 보물이라서 눈길을 끈 것이 아니었다. 영국 군인이 적국의 상징적 동물인 호랑이에게 죽임을 당하는 모습은 영국인들에게 매우 자극적인 소재였고, 이 전시물은 꾸준히 관람객에게 인기를 얻어 상설 전시품이 되었다.

「티푸의 호랑이」에 내재된 두 번째 상징성은 바로 호랑이가 사람을 물어 죽이는 장면에서 파생된 티푸의 잔학성에서 나왔다. 호랑이가 사람을 물어 죽이는 장면은 영국인에게 서양의 계몽된 문명권과 대비되어 동양의 야만성을 상기시켰다. 그 야만성을 지닌 호랑이는 바로 티푸였기 때문에, 「티푸의 호랑이」는 한 발 더 나아가 그러한 잔인한 전제 군주하에서 고통받는 동양인을 연상시켰다. 그리고 여기서 드러나는 서양인의 동양에 대한 '문명 대對 야만'이라는 구도는 물론 실체와 무관한 서양의 '구별 짓기'에 불과했다.

하지만 문제는 이러한 관념적 '구별 짓기'가 「티푸의 호랑이」 전시를 통해 영국 대중에게 시각적으로 볼 수 있는 실체로 인식되었다는 것에 있었다. 이러한 이미지를 전달하는 「티푸의 호랑이」를 런던에서 전시하는 행위는 그 자체로 호랑이와 동일시되는 티푸와 인도의 야만성을 길들이고 지배하는 상징적 행위였다. 그 결과 영국을 위협했던 인도의 야만성과 잔인함에 맞서 승리한 동인도회사의 영토 확장 전쟁은 대중적 공감대를 형성할 수 있었다. 이 작품은 오늘날 런던의 빅토리아-앨버트 박물관에 여전히 전시되어 있다. 물론 19세기의 전시 맥락과는 다른 의미로 전시되고 있지만 말이다.

인도에 대한 부정적 타자화

「티푸의 호랑이」가 표상하는 야만성과 잔인함을 강조하기 위한 장치는 세링가파탐 함락을 기념하여 제작된 기념 메달의 부조를 통해서도 드러났다. 일명 '세링가파탐 메달'은 동인도회사가 1799년의 승전을 기념하기 위해 1801년 제작·의뢰한 것이었다. 이 메달은 각각 금·은·동의 재료로 제작되어 참전 병사들에게 계급에 따라 수여되었다. 메달의 앞면을 보면 영국을 상징하는 사자가 티푸를 상징하는 호랑이를 덮쳐누르는 장면이 묘사되어 있고, 그 위에는 아랍어로 "신의 사자, 정복자"라고 새겨져 있다. 이는 티푸와 동일시되는 맹수의 왕 호랑이가 더 강한 맹수인 사자, 즉 영국에게 패배하는 장면을 묘사함으로써 '영국 사자' 대 '인도 호랑이'라는 대비를 보여 주고 있다.˙ 또한 메달 뒷면에는 폭풍이 치는 세링가파탐에 햇빛이 비추는 장면을 새김으로써 잔인한 티푸를 몰아내고 평화와 안정을 가져온 새로운 정복자로서의 영국 이미지를 상징적으로 묘사하고자 했다.

영국이 만들어 낸 이 같은 영국(서양) 사자와 티푸(인도, 동양) 호랑이라는 이분법적 구도는 거의 한 세기 가까이 지속되었고,

동인도회사가 1799년의 승전을 기념하기 위해 만든 세링가파탐 메달. 앞면에는 영국을 상징하는 사자가 티푸를 상징하는 호랑이를 덮쳐누르는 장면이 새겨져 있고, 뒷면에는 폭풍이 치는 세링가파탐에 새로운 정복자 영국을 상징하는 햇빛이 비치는 모습을 담고 있다.

1857년 인도 항쟁*을 기점으로 그 필요성이 더욱 강화되는 양
상을 보였다. 그리고 이러한 상징적 구도는 당대 가장 영향력 있
는 언론 매체였던 신문 기사와 그에 곁들여진 삽화를 통해 시각
적으로 보다 구체성을 띠며 대중의 뇌리에 역사적 사실로 받아
들여졌다.

　그 하나의 예로, 「일러스트레이티드 런던 뉴스*The Illustrated London
News*」▲의 1875년 10월 16일자 기사를 살펴보자. 이날 신문은 특
집 증간호로 영국 황태자의 인도 방문기를 실었다. 황태자의 방
문 예정지로 캘리컷(오늘날 인도 남서부 코지코드)을 소개하고 있
는데, 이 도시가 예전에는 부유한 상업 중심지였다가 지금은 쇠
퇴한 곳이라고 설명하고 있다. 주목할 부분은 캘리컷의 쇠퇴 이
유를 바로 티푸의 침략과 잔인한 학살, 무분별한 자원 채취 때문
으로 설명하고 있다는 것이다. 게다가 티푸 술탄의 부정적 이미
지를 극대화하기 위해 티푸가 "유혈과 약탈로 가득한 광란의 카

• 이 메달에서 상징적으로 보여 주고 있는 호랑이 사냥은 19세기에 영제국이 인
도에서의 지배권을 정당화하고 인도인의 반발을 억제하기 위한 수단으로 실제 행해
졌다.[83]

■ 영국에 의해 '세포이 반란Sepoy Mutiny'으로 불렸던 이 사건은 그 명칭이 군사 폭
동이라는 한정된 의미만을 담고 있고 민중의 지지를 간과한다는 한계 때문에, 근래
에는 '인도 항쟁Indian Rebellion'이라는 용어로 주로 사용된다.[84]

▲ 이 신문은 1842년에 창간된 영국 최초의 삽화 주간지로, 여타 신문과 가장 차
별화되는 속성이 바로 기사의 이해를 돕는 삽화였다. 그래서 「일러스트레이티드 런
던 뉴스」에서는 일반 신문에서 지루하게 느낄 법한 전쟁이나 탐험의 준비 과정, 원
정로, 고고학자들의 발굴기 같은 기사를 삽화라는 매체를 통해 대중에게 이미지화
하여 제공했다. 그 결과 이 신문은 보다 장기적인 관점에서 대중의 관심사를 살펴볼
수 있음과 동시에, 이곳에 나타난 삽화를 통해 영국인이 그 대상을 어떻게 재생산하
였는지 엿볼 수 있다.[85]

니발"을 열었고, "가장 끔찍한 야만성"으로 수많은 캘리컷 사람을 학살했다고 묘사하고 있다.[86] 이렇게 쇠퇴한 도시를 영국 황태자가 방문한다는 것은 티푸와는 상반된 영제국의 온정을 떠올리게 했다. 다음 1894년 3월 31일자 기사는 이 두 문명을 보다 직접적으로 대비시킨다.

> 티푸는 "호랑이"를 의미한다. 그 누구도 영국인 포로들을 고
> 문하고 학살한 이 마이소르의 지배자만큼 이름이 잘 어울리
> 지 않을 것이다. … [나폴레옹과의 서신 교환이 발각됐을 때] 이
> 는 영국 사자와 맞닥트리게 될 "호랑이"에게 불행한 조치였
> 다.[87]

세링가파탐 정복 사건을 되짚어 보는 이 기사는 근 한 세기가 지나도록 티푸의 이미지가 여전히 '영국·사자·정의 대對 티푸·호랑이·잔혹함'이라는 영국의 이분법적 구도에서 벗어나지 못하고 있음을 보여 주고 있다. 영국은 두려운 적으로서의 티푸, 잔학성을 지닌 전제 군주로서의 티푸라는 부정적 타자화를 통해 정의로운 승리자로서의 자신을 만들어 냈다. 이처럼 티푸의 부정적 이미지를 끊임없이 재생산했던 것은 영국의 인도 지배를 끊임없이 정당화하는 작업과 다름없었다.

「일러스트레이티드 런던 뉴스」는 약 100년이 지난 이 사건을 티푸가 영국군의 무기에 찔리고 왕좌에서 끌어내려지는 순간을 담은 삽화로 마무리했다. 삽화가 곁들여진 이 같은 기사들은 런던 시민에게 직접 보지 못한 제국의 이미지를 시각적으로 자극

"세링가파탐 습격: 티푸의 죽음", 「일러스트레이티드 런던 뉴스」, 1894년 3월 31일자

했고, 인도 항생의 경험과 맞물려 더 강한 제국으로 나아가야 할 당위성을 만들어 냈다.

이처럼 영국은 인도 정복의 과정을 통해 군사적 정복뿐 아니라 약탈품의 전시와 메달과 같은 시각적 선전을 통해 제국 이데올로기의 정당성을 구축하는 방식을 본격적으로 활용하게 되었다. 이러한 방식은 유럽 내의 영국을 넘어 제국이라는 새로운 영국 정체성을 구축하는 획기적인 방법이었다. 사실 해외에서 활동하는 군인들이나 무역 활동을 하는 상인들을 제외하고 대부분의 영국인은 나라 밖으로 나가 본 적도, 영국의 식민지를 본 적도 없었다. 이는 대다수의 사람들이 '제국'이라고 하는 영국의 또 다른 모습, 저 먼 동양 어딘가의 나라를 정복하고 식민지로 삼은 자국의 활동에 대해 이야기로만 전해 들었음을 의미한다. 즉, '제국'은 본 적도, 가 본 적도 없는 경험하지 못한 또 다른 영국이었던 것이다.

하지만 정복지에서 가져온 동양의 보물들과 유물들이 런던에 전시되면서 사람들은 제국의 힘을 느끼고 동양을 시각적으로 경험할 수 있게 되었다. 실제로 관람한 사람들뿐 아니라 이에 대한 이미지들이 신문과 같은 언론 매체 등을 통해 영국 전역으로 빠르게 퍼져나가면서 한 번도 식민지에 가 본 적 없는 영국인도 식민지를 '볼 수' 있게 되었다. 식민지에 대한 생생한 소식과 더불어 런던으로 실려 오는 승리의 전리품을 보면서 영국 국민은 자신들이 위대한 제국에 속해 있음을 느끼게 된 것이다. 이러한 일련의 과정을 종합해 보면 영국은 19세기를 전후하여 프랑스를 비롯한 여러 국가와 경쟁 구도를 형성하고 그 과정에서 대부분 승리함으로써 영국이라는 하나의 국가로서의 정체성뿐만이 아니라, 제국으로서의 정체성도 획득해 나갔음을 알 수 있다.[88] 영제국의 확장과 함께 빅토리아 시대 영국인의 자국에 대한 인식이 이전과는 다른 성격을 지니게 되었던 것이다.

이처럼 정복 전쟁에 뒤따르는 유물 약탈과 전시는 향후 계속될 영제국의 팽창 속에서 반복적으로 나타나게 된다. 특히 티푸의 사례에서처럼, 유물을 통해 형성되는 비유럽 세계에 대한 이미지가 야만적인 적이라는 것과, 한편으로는 고대 문명이 위대하다는 평가가 중첩되어 나타나는 현상은 이어질 아시리아 문명과 중앙아시아 문명 사례에서도 비슷하게 나타난다. 동양의 문화가 기본적으로 열등하다고 생각하면서 일부 고대 문명은 높이 평가하는 이중적 태도는 약탈이라는 행위의 성격을 숨기거나 좋게 포장하는 데 활용되기도 했다. 그리고 약탈이라는 행위가 연구와 보존이라는 행위로 전환되어 제국의 정치적 목적으로 이용되는 전형적 양상도 이미 영제국 초기에 인도에서 행해지고 있었다.

수집과 약탈 사이에서, 영제국의 비군사적 지배 방식

영국의 인도 문화재 수집이 본격화된 18세기 말에 인도는 종교적·역사적으로 중요한 유적지들을 전혀 관리하지 않았고, 시간의 흐름에 따른 자연적 황폐화에 인위적 파괴까지 더해지면서 유적지는 점점 빠르게 훼손되고 있었다. 이러한 상황은 영국 수집가들에게 자신들이 인도의 문화유산을 보존하고 '구제'한다는 책임감과 계몽된 유럽인으로서의 의무감을 고양시켰다. 그리고 이러한 인식은 인도에서 수집한 유물들을 영국으로 가져가는 것에 대해 아무런 죄책감을 느끼지 못하게 하였다. 오히려 영국으로 가져가는 것이 그 유물들의 보존과 연구를 위해 더 좋은 방법이라고 생각했으며, 이들이 영국으로 가져온 수집품들은 현재 영국이 자랑하는 방대한 인도 컬렉션의 핵심이 되었다.

이들 수집가들은 대부분 동인도회사에 속해 있는 직원이나 인도에 파견된 군인, 정부의 공무원들이었다. 이들이 19세기 후반 전문 고고학자들이 등장하기 전까지 문화재 수집의 주체였다는 것은 서구 열강들의 제국 확장과 문화재 약탈이 긴밀히 연관되어 있음을 보여 준다. 이들이 해당 지역에서 유물을 수집 혹은 약탈하고 그것을 외부로 반출할 수 있었던 행위 자체가 권력의 우위를 보여 주는 것이었기 때문이다. 지금과 같은 문화재 보호라는 개념이 없던 때일지라도 유물을 사고파는 것을 넘어, 외국인이 다른 나라 영토에서 땅을 파고 거기서 나온 유물을 대규모로 반출한다는 것은 기본적인 소유권의 개념, 자국 영토에 대한 권리에 비추어 보더라도 주권이 강한 국가라면 쉽지 않았을 일이다. 하지만 영국을 비롯한 서구 열강들의 영향력이 아시아로 확장되면서 제국에 종사하는 유럽인들의 수집과 약탈은 더욱 가속화되었다.

이들이 초기에 수집한 것들은 주로 필사본, 회화, 골동품, 가구, 보석, 장식용 무기 등이었다. 필사본과 같은 문헌 자료들은 박물관이나 도서관으로 들어간 반면, 그 밖의 유물들은 대부분 개인 소장품이 되어 흩어졌다.[89] 이는 18세기 말, 인도 문화재를 수집한 수집가들 중 한 명이었던 제임스 포브스James Forbes, 1749~1879의 사례에서 잘 드러난다. 동인도회사 직원이었던 포브스는 인도 서부의 구자라트Gujarat주를 방문하여 황폐해진 유적지의 벽과 건물을 보수했다. 그러다 이 지역을 떠날 때 지역 토후들이 주는 선물을 거절하고 대신 자신이 수집한 힌두교 유물들을 영국으로 가져갈 수 있도록 설득했다.[90] 포브스는 노력 끝에 유물들을 가져올 수 있었고, 이 수집품들은 영국이 보유한 최초의 힌두교 신들에 관한 컬렉션이 되었다.

동인도회사의 영국 군인이었던 찰스 '힌두' 스튜어트Charles 'Hindoo' Stuart, 1758~1828도 두드러진 수집가들 중 한 명이었다. 스튜어트는 본인의 별명을 '힌두'라고 붙일 정도로 힌두교 문화에 엄청난 관심을 가지고 있었다. 따라서 그는 군인으로서 자신의 지위를 힌두교 조각상을 수집하는 데 이용했다. 스튜어트는 유럽인으로는 최초로 인도 조각상의 미적 가치를 제대로 평가한 인물로, 그의 컬렉션은 동시대 다른 어떤 유럽인의 인도 컬렉션보다 양적으로나 질적으로나 뛰어났다. 그의 인도 컬렉션은 사후 국가 재산으로 귀속되어 오늘날 영국박물관에 소장되어 있다.[91]

그러나 이러한 수집가들의 수집 행위가 '수집'인지 '약탈'인지에 대해서는 여전히 그 경계가 모호했다. 이들의 컬렉션은 본인이 직접 수집한 것 이외에도 인도 원주민에게 기증받은 것이나 선물받은 것도 포함되어 있었다. 하지만 19세기부터 이 유물들의 출처에 대해 논란이 불거졌다. 특히 스튜어트의 컬렉션에 관한 비판이 제기되었다. 그가 우연히 발견했거나 기증받았다고 주장하는 조각상들 중 일부가 힌두교 사원에서 강제로 분리되었다는 사실이 증명되었기 때문이다. 영국 벵갈아시아학회Asiatic Society of Bengal의 한 회원은 스튜어트가 학회에 기증한 두 개의 석판도 이러한 방식으로 수집된 것이라며 그를 비난했다.* 이 시기에 수집된 유물들은 스튜어트와 같이 주로 동인도회사 소속의 공무원이나 군인들에 의한 것으로, 항상 합의하에 수집된 것은 아니었기 때문에 그의 행위가 드문 사례도 아니었다. 여기서 주목해야 할 것은 그러한 수집 방식의 결과인 인도 컬렉션이, 영국이 인도에 영향력을 행사하는 또 다른 기재가 되었다는 점이다.

벵갈아시아학회에 의해 1814년에 설립된 인도박물관은 학술적 연구 목적을 위해 인도의 문화, 역사, 자연을 망라하는 광범위한 분과로 구성되었다.[93] 인도박물관은 설립 때부터 1860년대까지 인도의 종교적 조각품이나 각종 예술품, 인도의 관습과 문화와 관련된 각종 수집품들을 모았을 뿐 아니라 지질학, 동물학, 고고학, 인류학과 같은 학술적 분과를 만들어 나갔다. 하지만 초기부터 이 식민지 박물관은 단지 개인 수집가들이나 유럽 아시아 학자들의 기증품을 소장하고 전시하는 것만이 아닌, 물질 유물을 통해 인도를 포함한 동양의 모든 것, 즉 풍습, 자연, 역사, 특이점 등을 상세히 나열하고 명확히 밝히는 백과사전식 지식을 소장하려는 의도로 기획되었다.[94]

---

* 한편에서는 문화재에 대한 무분별한 수집과 약탈이 행해진 반면, 다른 한 편에서는 이미 18세기 말부터 국경을 넘어 인류의 문화유산을 보호해야 한다는 보존주의적 움직임도 있었다. 비록 19세기에서 20세기로 이어지는 약탈의 시대에 유럽인에 의한 문화재 보존의 목소리는 주류가 되지도 못했고, 오늘날 보호의 개념과는 다르지만 근대적 문화재 보존 개념의 시발점이었다는 것에 의미가 있다고 할 수 있다. [92]

여기까지만 보면 주체는 비록 타국인이지만, 이 학회의 활동은 인도의 문화와 역사를 보존하고 연구하고 전시하는 등 인도의 입장에서 긍정적인 결과를 가져오는 것으로 보일 수 있다. 하지만 바로 앞에 언급했다시피 '동양의 모든 것'을 '백과사전식'으로 전시한다는 것은 인도 지배를 위한 제국 기획의 일환으로 이용된다는 문제가 있었다. 박물관 소장품들을 서구가 규정한 분류 방식과 연대순으로 전시하는 것은 인도의 식민지인에게 영제국의 역할을 시각적이고 상징적으로 보여 주는 것이었다. 즉, 지금껏 인도의 지배자들이 신경도 쓰지 않았던 인도의 문화유산을 보존하고 연구하는 숭고한 역할을 인도박물관에 부여함으로써, 박물관이 단순히 학술적 기관이 아닌 정치적 목적을 내포한 제국의 기관이라는 것을 공고히 한 것이었다. 이러한 일련의 인도 문화재 소유를 통해 제국의 존재감을 과시하는 것은 궁극적으로 식민지인들에게 영제국의 문화적 우월성을 보여 주고, 인도 지배의 정당성을 확보하기 위한 과정이었다고 볼 수 있다. "아는 것이 힘이다"라는 말을 단적으로 보여 주는 역사적 사례가 바로 이러한 유럽 열강들의 문화재 수집과 제국 통치를 연결하는 방식이었다. 인도의 사례는 영국이 유물을 통해 식민지의 역사와 문화를 전유하는 양상을 보여 주었고, 향후 더욱 본격화될 문화재 약탈의 시초이자 제국의 전형적인 방식이 되었다.

　결국 인도 대륙의 운명을 결정지은 1799년의 전쟁은 나폴레옹의 이집트 원정으로 인해 촉발되었고, 이 전쟁으로 영국 동인도회사는 마이소르 왕국의 수도인 세링가파탐을 함락하면서 티푸 술탄의 궁전을 대대적으로 약탈할 수 있었다. 오늘날 영국의 국립 도서관인 영국도서관에는 인도 문서 중에 이때 약탈한 티푸 서재의 소장품이 상당 부분 포함되어 있다.「티푸의 호랑이」도 바로 이때 영국군에 의해 약탈된 티푸 술탄의 유산이다. 이 전쟁으로 획득한 인도의 유물들은 영국인이 개인적인 목적이나 취미로 수집한 그 이전의 인도 유물들과는 성격이 완전히 다른 최초의 대규모 약탈 문화재라고 볼 수 있다. 영국과 프랑스의 반세기가 넘는 갈등과 주요 전투로 인해 세계 문화재 약탈사의 결정적 순간이 만들어진 것이다.

2) 아시리아 문명의 발견과 메소포타미아 정복

인도의 사례에서 알 수 있듯이, 동양에서의 수집이라는 행위는 이처럼 유물의 물리적 소유에 그치지 않고 실질적 영토 지배를 비군사적 방법으로 공고히 하는 하나의 지배 과정으로 정착하게 되었다. 반면 이번에 살펴볼 아시리아 유적 발굴 사례는 문화재의 제국주의적 전유가 예술의 영역에서 어떻게 이루어졌는지 보여 준다. 유럽 세계가 '근동近東, Near East'•이라고 불렀던 이 지역에서의 문화재 수집은 인도와 다소 다른 방식으로 진행되었다. 그 이유는 이 지역이 인도처럼 영국이 전쟁을 통해 소유한 식민지가 아니라, 여러 서구 열강들이 정치적 영향력을 행사하기 위해 경쟁하는 곳이었기 때문이다. 즉, 서구 열강 중 어디에도 속하지 않았기 때문에 영국은 인도에서와 다른 방식으로 유물 수집의 성과를 이용해야만 했다. 그 결과 아시리아 사례는

'근동' 지역에서의 문화재 소유를 통해 이 지역에 대한 영국의 우위를 보여 주고자 했다. 그뿐만 아니라 한 발 더 나아가 고대 아시리아의 예술과 유럽의 예술을 비교함으로써 서양 문명이 동양 문명보다 우위에 있음을 주장했다.

오늘날 중동 혹은 서남아시아로 불리는 '근동' 지역에서 탄생한 고대 문명은 서구 문명에서 매우 중요한 위치를 차지한다. '두 강 사이의 땅'이라는 뜻을 지닌 메소포타미아 지역의 문명은 수메르·바빌론·아시리아 문명이 거쳐 간 지역으로, 서구 세계가 자기네 문명의 원류라고 여긴다는 점에서 특별하다. 그리고 서구 문명의 한 축인 기독교의 역사에 있어서도 메소포타미아 문명은 중요하게 여겨져 왔다. 아시리아라는 고대 국가가 기독교의 경전인 구약성서에 등장하기 때문이다. 따라서 서구인에게 메소포타미아 문명을 발견하고 연구하는 것은 단지 고대 역사와 유물을 아는 것이 아닌 성서의 내용을 역사적으로 증명해 주는 매우 중요하고도 신성한 작업이었다.

이러한 아시리아 문명이 재발견된 것은 1810년경으로, '근동'에서 활동한 동인도회사의 군인, 해군 장교, 군·민간 공무원, 파견 기술자 등이 이 지역에서 수집 활동을 벌인 결과였다.[95] 이

• '근동'이라는 지리적 명칭은 유럽중심적인 용어이기 때문에 학계에서는 중립적 명칭인 '서남아시아'를 사용하고, 이 지역명을 지양해야 한다는 의견이 있다. '가까이 있는 동쪽'이라는 의미의 근동은 유럽을 기준으로 유럽에서 가까운 동양을 의미하기 때문이다. 본 장은 19세기 유럽이 이 지역을 인식하고 연구하는 방식에 대한 분석이기 때문에 당시 유럽이 서남아시아 지역을 지칭하기 위해 사용했던 '근동'이라는 용어를 의도적으로 사용함으로써 동양에 대한 서구의 인식을 드러내고자 한다. 따라서 이 책에서는 맥락에 따라 '근동'과 '서남아시아'를 혼용할 것이다.

중 영국 동인도회사의 직원으로 바그다드에 거주했던 클로디우스 제임스 리치Claudius James Rich, 1787~1821는 아시리아 문명이 존재했던 이 지역에서 도기, 벽돌, 석조 조각품의 파편 같은 것들을 수집했다. 그리고 리치가 사망한 이후인 1825년에 영국박물관은 리치의 아시리아 컬렉션을 구입했다.[96] 영국박물관의 첫 아시리아 컬렉션은 고대 이집트 유물과 더불어 영국과 프랑스의 또 다른 유물 수집 경쟁의 신호탄이 되었다. 프랑스는 리치의 컬렉션으로 자극을 받아 메소포타미아 지역에서 본격적으로 발굴 활동을 시작했고, 여기에 또 자극을 받은 영국이 발굴 작업에 뛰어들면서 경쟁 구도가 형성되었기 때문이다.

동인도회사 직원이 바그다드에 거주한 이유

그렇다면 리치는 왜 이 지역에서 고대 유물을 수집했을까? 이 질문은 서구에 의한 문화재 약탈의 근본적 원인과 맞닿아 있다. 리치가 유물을 수집하는 것 자체는 개인적 취미나 아마추어적인 고고학 활동으로 볼 수 있다. 하지만 리치의 직업과 그가 '근동' 지역에서 활동했던 맥락을 고려하면 단순히 개인 활동으로만 볼 수 없는 정치적 상황이 드러난다. 특히 아시리아 고고학을 촉발시킨 리치가 바그다드에 거주했던 이유를 살펴보면 문화재 수집이 제국주의 정책과 얼마나 밀접한 관련을 맺고 있는지 명확히 파악할 수 있다.

당시 유럽과 가장 가까운 동양이었던 이 서남아시아 지역은 영국과 프랑스 모두에게 있어 아시아 진출을 위한 전략적 요충

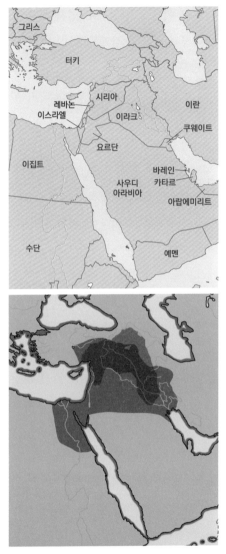

위는 오늘날 서남아시아를, 아래는 고대 아시리아 제국의 전성기 때를 보여 준다.
아래 지도의 회색 부분은 기원전 824년, 붉은 색 부분은 기원전 671년의 아시리아 왕국
의 영역이다. 아시리아는 기원전 9~7세기에 메소포타미아 지역은 물론 이스라엘, 바빌로
니아 왕국, 이집트를 정복하면서 당대 오리엔트 최강국으로 자리 잡았다.

지였다. 나폴레옹의 이집트 원정으로 영국과 프랑스 사이의 군사적 충돌이 벌어지고 인도를 장악하려는 프랑스의 계획이 좌절됨에 따라, 아시아로 가는 또 다른 길을 찾으려는 프랑스의 노력은 '근동' 지역에서 영국과의 갈등을 심화시켰다. 소중한 인도 식민지를 방어해야 했던 영국으로서는 인도로 오는 길목인 '근동' 지역에 대한 감시의 눈길을 뗄 수 없었기 때문이었다. 따라서 영국의 아시아 지배를 위한 첨병이었던 동인도회사 직원 리치는 이러한 상황에서 방어를 위한 전략적·지정학적 정보를 수집하기 위해 바그다드에 거주했던 것이다.[97] 바그다드는 서남아시아의 중심에 위치해 있으며, 고대부터 무역로의 교차점에 자리했기 때문에 지정학적으로 매우 중요한 도시였다. 그가 아시리아 유물들을 다양하게 수집할 수 있었던 것도 그러한 정보 수집을 목적으로 서남아시아 지역을 여기저기 돌아다녔기 때문이다. 이처럼 정치·군사적 목적으로 정보를 수집하다가 우연히 고대 문명이나 중요한 문화재를 발견하거나 개인적으로 수집을 병행한 양상은 유럽 열강들이 해당 지역의 고고학 연구를 시작하게 만든 중요한 계기였다.

오스틴 레이어드는 고대 유적을 발굴한 영웅인가

정치·외교적 영역에서 열강들 간의 긴장감이 흐르는 상황은 자연스레 문화적 영역에도 영향을 미칠 수밖에 없었다. 당시 프랑스 아시아학회의 한 학자는 리치 컬렉션을 보고 자극을 받아 프랑스 정부에 아시리아 문명을 발굴하기 위한 자금을 지원해 달라고 촉구했다. 이렇게 촉발된 발굴 지원 사업에 선발되어 '고고학자-영사archaeologist-consul'라는 특수한 직함을 가지고 모술Mosul에 파견된 인물이 바로 프랑스 아시리아학의 선구자인 폴-에밀 보타Paul-Émile Botta, 1802~1870이었다. 그는 1843년에 고대 아시리아의 왕인 사르곤 2세Sargon II, 기원전 721~705의 궁전을 발굴했는데, 보타의 이러한 대대적인 성과는 이후 아시리아학assyriology의 기반을 닦은 오스틴 레이어드Austen Henry Layard, 1817~1894에게 큰 영향을 미쳤다. 영국과 프랑스는 이처럼 서로의 발굴 성과에 자극을 받아 연속적으로 아시리아 문명 발굴에 뛰어들게 되었다.

프랑스가 이 지역에서 먼저 고고학적 성과를 올리자, 모술과 콘스탄티노플의 영국 외교관들, 런던의 박물관 관계자들은 프랑스가 아시리아 고고학을 독점하기 전에 영국도 빨리 발굴 활동에 뛰어들어야 한다고 정부와 영국박물관을 향해 강력히 주장했다. 하지만 영국박물관은 아직 가시적인 성과가 없는 아시리아 발굴 사업에 그다지 적극적이지 않았고, 처음에는 아시리아 유적지 발굴에 재정을 지원하는 것에 매우 소극적이었다. 당시 평범한 학생이었던 레이어드는 졸업 후인 1839년부터 아시아 지역의 영국 공관 공무원으로 취직하기 위해 아시아와 '근동' 지역을 여행하고 있었다. 여행 중 1842년 콘스탄티노플에 도착한 레이어드는 보타의 발굴 소식을 듣게 되었다. 레이어드는 이 사건에 자극을 받아 아시리아 유적 발굴에 큰 관심을 가지게 되었고, 자신도 영국을 대표하여 메소포타미아 지역 발굴에 뛰어들고 싶었다. 그렇지만 아직 무직인 그를 지원해 줄 기관은 나타나지 않

폴 에밀 보타가 사르곤 2세의 궁전 터에서 발굴한 '사람 머리를 한 날개 달린 황소상(사자상)'이다. 현재 프랑스의 루브르 박물관에 전시되어 있다.

았다. 이러한 상황에서 레이어드에게 초반 발굴 작업을 지원해 준 인물이 나타났으니, 당시 콘스탄티노플 주재 영국 대사였던 스트랫퍼드 캐닝Stratford Canning, 1st Viscount Stratford de Redcliffe, 1786~1880 이었다.

캐닝은 개인적으로 레이어드를 대사관 직원으로 고용하여 님루드Nimrud(기원전 9~8세기의 아시리아의 수도) 발굴을 지원했다. 서남아시아 지역은 오스만 튀르크 제국의 지배 영역이었기 때문에, 제국의 수도에서 영국 대사로 있던 캐닝의 지원은 레이어드의 발굴 작업을 가능케 한 결정적 요소였다. 캐닝이 아시리아 유적 발굴에 적극적으로 나선 것은 옛것 연구에 대한 개인적 관심 때문이기도 했지만, 무엇보다도 역사적 가치가 뛰어난 유물을 획득하는 것이 외교관으로서 자신의 경력에 도움이 될 것이라고 생각했기 때문이었다.[98] 여기서 주목해야 할 점은 아시리아 유적을 발굴하려는 레이어드의 궁극적 목표 또한 캐닝과 다르지 않았다는 것이다. 그가 고대 문명 발굴에 관심이 없었던 것은 아니었지만, 그의 최종 목표는 발굴 업적을 발판으로 영국 외무부로부터 공식 직책을 받는 것이었다. 아시리아에서의 고고학 작업은 중산층 출신이었던 레이어드가 상류 사회에 진입하기 위한 하나의 수단이기도 했다.

그렇다면 아시리아 고고학에 대한 열정은 캐닝이나 레이어드처럼 출세를 위한 개인의 욕망이 드러난 것일 뿐일까? 레이어드의 메소포타미아 지역에서의 활동과 유물, 고고학, 제국의 삼각관계는 어떻게 연결되어 있을까? 앞서 리치의 사례를 통해 보았듯, 유럽인에 의해 메소포타미아 문명의 유물이 수집된 계기는 이 지역에 영향력을 행사하고자 하는 열강들의 상업 및 정보 수집 활동에서 비롯되었다. 그만큼 유럽에서 가장 가까운 동양인 '근동', 즉 서남아시아 지역은 서양이 아시아로 진출하기 위한 중요한 교두보였다. 캐닝과 같이 자국의 아시아 진출을 추진하고 있는 사람들의 소위 '동방문제Eastern Question'의 관건은 '근동'을 누가 차지하느냐에 달려 있었다. 따라서 이 지역에서의 고고학 활동과 고대 유물 수집은 곧 이 지역에서의 영향력을 의미했고, 메소포타미아 유물은 '동방문제'의 성과를 가장 직접적으로 보여주는 증거물이었다.

이는 영국 고고학 발전에 기여한 레이어드의 아시리아 유적 발굴 동기가 순수하게 학문적인 것이 아니라는 것을 보여 준다. 즉, 영국 아시리아학의 발전은 영달을 위한 개인의 욕망과 영국의 제국주의 정책이 결합되어 나타난 결과라고 볼 수 있다. 20세기 고고학사에서는 이러한 레이어드의 일생과 업적을 마치 인디아나 존스처럼 돈 몇 푼과 모험심만 가지고 찬란한 고대 유적을 발굴한 영웅으로 묘사하는 경우가 많았다. 하지만 그러한 서술은 당시의 정치·사회적 맥락을 전혀 고려하지 않고 서구 고고학의 역사를 낭만주의적으로만 바라보는, 즉 서구 열강들의 제국주의 정책하에서 실행된 고고학사의 또 다른 모습을 외면하는 것이라는 비판을 받아왔다. 학문은 그 학문이 생산되고 그것을 수용하고 있는 사회와 무관하게 작동하지 않는다. 2000년을 전후하여 고고학사 연구의 흐름은 고고학 발전에 대한 연대기적인 평면적 서술을 넘어 고고학을 둘러싼 사회나 국가와의 관계까지 포괄하는 보다 입체적인 연구로 전환되

왼쪽은 샤를-에밀-칼랑드 드 상마르탱이 1840년에 그린 「폴 에밀 보타」이고, 오른쪽은
마울 앤 폴리블랭크가 1858년에 그린 「오스틴 헨리 레이어드」다.

었다. '레이어드가 무일푼으로 아시리아 문명을 발굴했다'라고 끝나는 것이 아닌, 이 역사적 사실 위에 반세기 넘게 이어져온 영국과 프랑스의 경쟁 구도, 유럽 열강들에게 있어 메소포타미아 지역이 갖는 지정학적 중요성, 당시 고고학 활동의 정치적 의미 등이 중첩되었을 때에야 비로소 레이어드가 행한 아시리아 고고학의 진정한 의미가 포착된다.

아시리아 유물을 둘러싼 쟁탈전

고대 이집트 문명에 대한 경쟁에 이어 아시리아 유적 발굴에 대해서도 영국과 프랑스가 경쟁 구도를 만들었다는 것은 고고학 활동이 학자들 간의 학문적 경쟁이 아니었음을 반증한다. 레이어드는 님루드 지역에서 1845년부터 1847년까지 1차 발굴 작업을 하면서 곧바로 전투 장면이 새겨지고 수많은 말 조각으로 장식된 석판과 도시를 둘러싼 성벽을 발굴하는 성과를 올렸다. 그러나 그와 동시에 프랑스 영사가 모술의 파샤와 음모를 꾸미며 자신의 발굴 작업을 방해하고 있다고 의심했다. 또한 프랑스의 보타보다 자신의 발굴물을 먼저 유럽 세계에 선보이면 영국의 명성을 높이는 데 크게 도움이 될 것이라고 생각했다.[99] 이러한 경쟁의식은 영국이 아시리아 유물 발굴에 뛰어들면서 이 지역에서의 발굴 우선권을 주장하고 나선 프랑스와의 문제로 보다 가시화되었다. 프랑스 측은 레이어드가 받은 허가증을 구체적으로 검증해야 한다고 주장하며, 보타가 먼저 쿠윤직Kuyunjik에서 발굴했기 때문에 프랑스가 쿠윤직 발굴에 대한 독점적 권리가 있다고 나선 것이었다. 이에 레이어드는 정중하지만 단호하게 프랑스의 독점권에 반대했고, 이 지역은 두 나라가 함께 작업하기에 충분하다는 입장을 고수했다.[100]

아시리아 문화재를 둘러싼 유럽 열강들 사이의 이 같은 경쟁의식은 당시의 국제관계에도 불구하고 정치적 중립성을 유지하고자 했던 영국의 유명 예술 학회지인 『아테네움Athenaeum』에도 지대한 영향을 미쳤다. 1846년 10월 10일자 『아테네움』에는 다음과 같은 글이 실렸다.

> 프랑스가 이 지역에서 처음으로 [발굴을] 할 수 있었던 이유는 단순하다. 취향과 지식을 위한 국가적 위상에 관한 영광을 반영할 수 있는 사업을 이해하고 추진하려고 했던 주체가 왕과 정부였기 때문이다. … 프랑스가 [이 발굴에] 투자한 돈은 거의 3만 파운드[약 4천410만 원]에 달한다고 한다. … 일 년간 지칠 줄 모르는 노력 끝에 빛나는 성과를 거둔 레이어드에게 이후 영국 정부가 그의 작업에 관심을 표하는 어떠한 조치도 없었다는 것은 얼마나 굴욕적인 것인지 상상해 보라. … 그러한 무관심은 영국 정부에게 수치스러운 것이다.[101]

이처럼 『아테네움』은 프랑스보다 뒤쳐졌음에도 여전히 이 분야에 무관심한 영국 정부와 이 분야에서 성과를 올린 학자에게도 지원해 주지 않는 영국 정부의 태도에 신랄한 비판을 가했다. 프랑스 정부가 아시리아 발굴에 많은 자금을 투입하고 있는 상황에서 영국의 소극적 태도는 국가적 위신을 해치는 행위로 여겼던 것이다.

하지만 레이어드가 국가의 지원을 받지 못했다는 것은 사실이 아니다. 레이어드가 오스만 튀르크 제국이 지배하는 지역에서 여행하고 발굴과 연구를 할 수 있었던 것은 캐닝과 같은 외교부의 도움과, 강대국인 영국의 국적을 가진 학자였기 때문에 가능한 일이었다. 또한 1846년 여름에는 외교관, 동인도회사, 해군의 도움을 받아 아시리아 유물이 담긴 14개의 상자를 배에 실어 바그다드에서 인도의 봄베이를 거쳐 영국까지 운반할 수 있었다.[102]

레이어드가 캐닝에게 무보수로 고용된 것은 맞지만, 19세기 정세에서 애초에 국가와 정부의 도움 없이는 개인이나 민간단체가 '근동' 지역에서 발굴 작업을 하고, 심지어 발견물을 소유하는 것은 불가능했다. 레이어드의 후원자였던 캐닝은 이후 로버트 필Robert Peel, 2nd Baronet, 1788~1850, 수상 임기 1834~1835, 1842~1846 수상에게 자신과 레이어드의 고고학적 업적을 설명하고 정부가 이번 발굴 조사에 들어간 자금을 보상해 달라고 설득했다. 또한 이후의 발굴 자금 지원도 약속받았다.[103] 이는 불과 20~30년 전에 엘긴 경이 자신의 파르테논 마블 컬렉션을 정부에 매각하려고 했을 때, 국가의 지원금은커녕 그의 입장에서는 거의 헐값에 컬렉션을 넘긴 것을 생각하면 대단히 진전된 상황이라고 볼 수 있다. 레이어드는 개인적으로 충분하다고 생각하지는 않았지만, 1천500파운드(약 220만 원)의 지원금이 바닥날 때까지 발굴과 기록, 탁본 뜨기와 같은 연구 활동을 하다가 1847년 런던으로 돌아왔다.[104]

영제국에 의한, 영제국을 위한 아시리아 문명

1840년대에 영국박물관은 아시리아에서의 발굴 활동을 장려하고 런던으로 가져올 것을 지시한 자신들의 행위를 위대한 고대 문명의 흔적을 '야만'으로부터 구하는 행위로 미화했다. 그리고 그것을 안전하게 보존하고 연구해야 할 권리와 책임이 자신들에게 있다는 논리로 동양에서의 발굴 활동을 정당화했다. 유물을 '구해야 한다'는 이러한 정서는 과거 그랜드 투어 시대 초반에 이탈리아를 여행한 영국의 여행자들이 그리스·로마 시대의 유물을 훼손하고 보존에 무관심한 지역민들을 크게 비난했던 전통과 연결선상에 있다고 볼 수 있다.[105] 이러한 일련의 과정은 문화적 우월성의 증거로, 자신들이 그리스·로마 문명에 더 걸맞은 후계자라는 영국의 주장에 중요한 근거가 되었다. 이제 고대 동양 문명의 구제와 발굴, 영국에서의 보존이라는 고고학적 활동은 영국의 제국주의를 공고히 하는 공공연한 절차가 되었다.

고고학적 성과가 이처럼 중요한 역할을 한 데에는 유물이 갖는 시각적이고 물질적인 속성이 어떠한 말이나 이데올로기보다 제국을 대중에게 알리는 데 가장 강력한 효과를 발휘했기 때문이었다. 게다가 유물을 주제로 한 팩과 신문 기사와 같은 이차적 생산물은 박물관에서 이동하지 않는 유물보다 더 빠르고 광범위하게 대중에게 퍼져 나갔다. 153쪽의 두 그림은 레이어드의 첫 번째 발굴기인 『니네베와 유적*Nineveh and Its Remains*』 1, 2권 각각의 권두 삽화다.

이 삽화들은 레이어드가 님루드에서 가장 먼저 발굴했던 유물인 '사람 얼굴을 한 날개 달린 황소상'을 들어내는 장면을 묘

사하고 있다. 레이어드가 자신의 책의 가장 첫 페이지에 위치시
킨 이 삽화들은 표면적으로 유물의 이동 과정을 단순히 묘사했
다고 볼 수 있지만, 이 책에 서술한 다음의 내용을 보면 이 삽화
를 다른 각도에서 바라보게 된다.

> "[아시리아 문명은] 2500년 동안 사람들의 시선에 드러나지 않
> 았지만, 이제 그 유적은 그 장엄함을 뽐내고 있다. 그러나 그
> 들 주변의 모습은 얼마나 변했는가! 이 강력한 국가의 화려함
> 과 문명은 반야만적 부족들의 비참함과 무관심에 자리를 내
> 주었다."[106]

　레이어드 또한 '근동' 지역의 과거와 현재를 서구의 잣대로 구
분 지었고, 현재의 이슬람으로부터 위험에 처한 고대의 유물을
구제해야 한다는 근본적 인식을 가지고 있었다는 것을 알 수 있
다. 이 같은 시각에서 보면 1권 삽화에 묘사된, 유적의 꼭대기에
올라가 발굴을 지휘하는 레이어드는 서양의 문화적 우월과 제국
의 권위를 상징하는 반면, 아래에서 거대한 석상을 끌어내고 있
는 현지 노동자들은 서양의 지시를 받는 문명과 무관심한 피지
배자들을 상징한다. 또한 레이어드의 반대쪽에서 가만히 이 광
경을 지켜보고 있는 베두인족은 레이어드가 이야기하는 문명에
무관심한 "반 야만적 부족들"의 모습으로 비춰진다.
　이러한 이분법적 구도는 「일러스트레이티드 런던 뉴스」의 관련
기사 삽화에서 더욱 명백히 드러난다. 155쪽 그림을 살펴보자.
　이 그림은 1850년 7월 27일자 기사에 실린 "Shipping the

오스틴 레이어드의 발굴기를 그린 『니네베와 유적』에 실린 권두 삽화. 1849년 오스틴 레이어드가 니네베 유적지에서 떼어 낸 황소 부조를 옮기는 장면이다. 위는 1권에, 아래는 2권에 들어간 그림이다.

Great Bull[Lion]"이라는 제목의 삽화다. 해안가에 영국 해군의 배가 아시리아 유물을 싣기 위해 정박해 있고, 그 광경을 아랍인들이 지켜보는 장면을 묘사하고 있다. 이는 보다 분명한 구도로 동양과 서양이 분리되어 있다. 야자수와 아랍인들이 서 있는 왼쪽은 자신들의 고대 문화를 보호하지 못하고 방관하고 있는 미개한 동양의 모습이고, 오른쪽에 닻과 삭구들이 복잡하게 얽혀 있는 영국 해군의 최신 군함은 힘과 지성을 가진 서양을 상징한다. 이 삽화에 곁들여진 기사 또한 군함을 이용한 유물의 운반은 "영국 부의 확산을 상징"하는 것이라고 찬사한다.[107] 실재로 영국 정부는 이 거대한 아시리아 유물들을 옮기기 위해 해군 전함을 이용했다. 19세기에 아프리카와 아시아 지역에서 획득한 문화재들을 영국으로 운반하는 데 해군의 지원은 필수적이었다. 한 예로 영국 해군부 사료에 남아 있는 군함 점나HMS Jumna의 1848년 3월 18일 선적 일지에서 "아시리아 조각들이 실린 56개의 케이스를 인수받음"이라는 기록을 찾을 수 있다.[108]

「일러스트레이티드 런던 뉴스」의 1852년 2월 28일자 삽화는 아시리아 문명을 본래의 모습에서 동떨어진 방식으로 묘사했다. 즉, "Bringing the Lion[Bull] into the British Museum"이라는 제목으로 사람 머리를 한 거대한 황소상이 이동 틀에 묶여 영국박물관 안으로 들어가는 모습을 그리고 있다.[109] 이 황소상은 영국박물관 입구의 거대하고 엄숙한 느낌의 도리아식* 기둥에 둘러싸인, 그야말로 영제국의 영향력 아래에 있는 메소포타미아 지역의 현실을 상징하는 듯 보인다. 또한 님루드의 거대한 유적의 일부로서 역사적·예술적 가치를 지닌 황소상은 파르테논 신

님루드의 황소상을 영국 해군의 배로 옮기는 모습, 「일러스트레이티드 런던 뉴스」, 1850년 7월 27일자

전에서 떼어진 엘긴 마블과 마찬가지로 본래의 역사적 맥락을 잃어버리고, 박물관의 볼거리로 전락한 듯한 인상을 준다. 이러한 이미지, 즉 동시대의 동양과 서양을 문명과 비문명으로 대비시키는 구도는 당시 강력한 영향력을 행사했던 신문 매체를 통해 대중에게 각인되었을 것이다. 그 결과 19세기 중반에 이르면, 영국이 발굴과 수집 활동을 활발하게 펼쳤던 그리스, 이집트, 메소포타미아 지역에서 거주하는 사람들은 문명화된 교육을 받지 못한, 그래서 고대 유산을 관리할 능력이 없다는 인식이 점차 강해졌다. 더 나아가 이러한 인식은 영국의 영향력이 아프리카와 아시아 지역으로 확장되면서 파괴와 소실의 위험에 처한 유물들을 구제해야 한다는 사명감으로 확장되었다.

문화재 전유를 통한 메소포타미아 정복

제국주의 정책과 맞물린 이러한 사명감은 유럽과 비유럽을 인종과 문화의 우열로 나누는 이분법적 이데올로기와 만나 고대 오리엔트 문명에 대한 학술적·예술적 평가에까지 영향을 미쳤다. 그 결과 영국이 발굴한 고대 문명에 대한 당대의 권위 있는 미술사학자들의 평가는 매우 유럽 중심주의적으로 나타났다. 아시리아 유물은 고대 오리엔트 지역의 역사를 밝히는 중요한 학

• 고대 그리스의 건축 양식 중 하나다. 또 다른 그리스 양식인 이오니아나 코린트 양식보다 단순하고 장식성이 적지만, 장중하고 견고한 느낌을 준다. 그리스의 파르테논 신전은 이 도리아 양식이 가장 잘 드러나 있는 건축물이라고 할 수 있다.

오스틴 레이어드에 의해 아시리아 황소상이 영국박물관으로 옮겨지는 모습, 「일러스트레이티드 런던 뉴스」, 1852년 2월 28일자

술 자료로서 인정받았을 뿐 아니라 영제국의 힘을 상징하는 증거물로 활용되었다. 그러나 이 모든 가치에도 불구하고 영국의 미술학계는 아시리아 예술을 유럽 문화의 원류인 고대 그리스 예술보다 하위에 있는 것으로 평가했다.

레이어드는 오늘날 영국박물관의 대표적 전시물이 된, 고대 아시리아의 날개 달린 황소상을 보고 고대 메소포타미아 문명의 위대함에 감탄했다.[110] 그는 바그다드에 있는 동양사학자인 조지 롤린슨George Rawlinson에게 자신이 보낸 유물들에 대해 의견과 평가를 바라며 이에 관한 편지를 보냈다. 하지만 롤린슨은 답장으로 "신기하다curious!"라는 말뿐이었고, 레이어드는 자신의 발굴물에 대한 이러한 평가에 적잖은 실망을 느꼈다. 게다가 롤린슨은 레이어드가 보낸 아시리아의 유물들에 대해 예술로서 높은 가치를 지니지 않는다고 혹독한 평가까지 덧붙였다.[111]

아시리아 유물에 대한 롤린슨의 이 같은 미학적 평가는 당시 유럽 상류 사회에서 18세기부터 지속된 빅토리아 시대의 미학과 예술적 성향이 반영된 것이다. 롤린슨에게 있어 고대 그리스의 예술은 모든 예술을 평가하는 표준이자 누구도 그 위치를 위협할 수 없는 예술의 절정이었다. 이런 예술의 위계 구도 아래에서 완전히 다른 미적 의식을 가진 예술 양식은 '이국적이고 신기하지만 예술적으로 뛰어나지 않은' 것이 될 수밖에 없었다. 이는 18세기에 빙켈만과 같은 예술사가에 의해 정의되어 왔던 고전적 예술에 대한 유럽 중심적인 시각이었다. 영국박물관의 거대한 도리아식 신전 스타일의 정면 기둥과 프리즈 장식은 이러한 이데올로기적 힘을 상징적으로 대변한다고 볼 수 있다. 당시 가장 저명한 고전주의 조각가 리처드 웨스트매콧Richard Westmacott, 1775~1856 교수는 의회위원회에서 가장 위대한 예술의 표준과 비교해서, 아시리아의 유물에는 예술적 가치가 전혀 없다고 발언하기까지 했다. 심지어 아시리아 조각을 너무 상세히 연구하는 것은 예술가의 미적 영혼을 해칠 수도 있다고 주장했다.[112] 롤린슨은 이러한 예술적 기준에 따라 가장 높은 예술적 가치로 평가받는 그리스의 뛰어난 작품들과 아시리아의 유물들을 한 지붕 아래 놓을 수 없다고 주장했다.

여기서 주목해야 할 것은 아시리아 유물을 저평가했던 롤린슨이 그럼에도 불구하고 여전히 더 많은 고대 유물을 소유하려고 했다는 점이다. 그는 레이어드가 1851년 이후 고고학자로서는 은퇴했음에도 발굴을 계속해야 한다고 주장했다. 그 결과 롤린슨은 아시리아와 바빌로니아에서의 새로운 발굴을 지원하기 위해 각각 1천500파운드(약 220만 원), 그리고 고대 페르시아의 수도였던 수사Susa에서 발굴 작업을 하는 데 추가 500파운드(약 73만 원)의 예산을 확보할 수 있었다.[113] 이렇게 문화재 사이에서도 유럽 우월주의에 따른 서열 의식이 만연해 있었으나 아시리아 발굴은 지속적인 지원을 받았다. 이러한 지속적 지원이 가능했던 이유는 문화재 발굴을 통해 영제국의 위상을 과시하고 프랑스와의 경쟁에서 우위를 점하고자 하는 영국 정부의 의도가 작용했기 때문이었다. 이처럼 서로 우위를 차지하고자 하고, 프랑스 측에서 쿠윤직 발굴의 우선권을 주장하는 등 선점의 권리를 향한 갈등은 단순히 문화재 때문이 아니라 궁극적으로 그 지역에 대한 제국의 영토적·경제적 권리를 차지하고자 하는 싸움이었다는 것을 의미한다.

앞선 인도에서의 문화재 전유는 식민 지배가 이루어진 상황에서 식민지의 문화유산을 매개로 대상의 물리적 소유의 정당성을 상징적으로 강화하기 위한 작업이었다. 반면 서구의 '근동' 지역에서의 고고학 연구와 유물 수집은 이 활동 자체의 신속함과 연구 결과의 분량, 수집된 유물의 양, 그리고 국가적 지원의 정도에 따라 그 가치가 결정되었다. 즉, 학술 활동을 통해 역사·문화에 대한 정보를 얼마나 구축하고 있느냐에 따라 이 지역의 실질적 소유권을 차지하기 위한 경쟁에서 우위에 설 수 있었다. 이러한 활동의 양적 우위는 반대로 해당 국가가 경쟁 국가에 비해 이 지역에서 더 많은 영향력을 행사하고 있다는 것을 의미했다. 기본적으로 자국 영토가 아닌 곳에서의 발굴과 출토품 소유는 제국으로서의 힘이 전제되어야 했기 때문이다.

영국과 프랑스의 아시리아 유물 수집 경쟁은 학문적으로나 정치적으로나 영국의 승리로 끝났다. 레이어드의 활약과 영국 학자들의 지속적인 아시리아 유적 발굴 성과는 영국의 아시리아학을 비약적으로 발전시켰다. 고대 메소포타미아 지역에서의 문화 전쟁에서 승리한 영국의 기세는 20세기로 이어졌다. 영국은 제1차 세계대전을 시작으로 바그다드를 공격했고 이 지역을 점령하는 데 성공함으로써 오늘날 이란 지역에서 발견된 산업용 유전에 대한 개발권을 선점하기 위한 토대를 마련할 수 있었다.*

영국의 문화재 발굴을 이용한 아시아 지역으로의 팽창 경쟁은 20세기에 들어서도 계속되었다. 다음에 이어질 중앙아시아 지역에서 벌어진 영국의 문화재 약탈은 아시리아 사례와 마찬가지로 제국주의적 목적의 군사 활동이 문화재 발굴로 이어진 경우로서, 제1차 세계대전 직전 영국이 자행한 가장 악명 높은 약탈 사례에 해당한다.

3) 세계적으로 악명 높은 문화재 약탈 사건, 중국 돈황

중앙아시아 지역에서 헝가리 출신의 영국 탐험가였던 마크 아우렐 스타인Marc Aurel Stein, 1862~1943에 의해 자행된 유적지 훼손, 특히 돈황Dunhuang, 敦煌에서의 문화재 약탈은 영국의 역사뿐 아니라 서구의 문화재 약탈사를 통틀어 보아도 질적으로나 양적으로나 가장 악명 높은 사례로 손꼽는다. 왜냐하면 스타인의 돈황 약탈은 이전까지의 문화재 약탈 사례와는 근본적으로 다른 성격을 띠었기 때문이다. 앞서 살펴본 인도 약탈과 아시리아 발굴과 같이 서구에 의한 문화재 약탈은 대개의 경우 전쟁 승리에 따른 전리품이었거나, 이미 멸망한 국가나 문명 혹은 현재 사용되지 않거나 방치되고 있는 유적과 유물에 대해서 행해졌다. 하지만 중앙아시아에서 벌어진 스타인의 탐험과 고고학 활동은 전쟁의 결과도 아니었고, 돈황이 현지인들에 의해 방치된 곳도 아니었다. 결

• 이 시기에 영국이 유전 확보가 시급했던 배경은 해군을 중심으로 한 영제국의 지배권을 유지하는 데 전함의 동력인 석유가 절대적으로 필요했기 때문이었다. 1910년 경을 전후로 전함의 동력이 석탄에서 석유로 바뀌게 되었고, 러시아나 프랑스와 같은 해군 강국들과 경쟁하며 세계의 재해권을 유지하기 위해서는 석유의 안정적인 공급이 필수적이었다.

정적으로 중국의 영토에 속해 있어 당국의 관리하에 있는 돈황의 문화유산을 몰래 훔쳐갔으니, 말 그대로 '약탈'이었다.

전리품으로서의 문화재 획득은 역사적으로 동서를 막론하고 관습적으로 용인되어 왔고, 현지 정부나 책임자로부터 발굴 허가를 받은 수집 활동은 당시에는 합법적 행위로 인정되었다.* 따라서 현재의 법적·도덕적 기준으로 과거 열강들에게 일괄적으로 '약탈'이라는 죄명을 씌우는 것이 역사적으로 옳은가에 대한 논쟁이 여전히 존재하고 있으며, 100년도 더 된 과거의 일을 법적으로 증명하는 것은 어려운 일이기 때문에 문화재 반환 논의에서 '약탈' 행위를 규정하는 것은 매우 어려운 부분이다. 하지만 이런 점을 감안하더라도 스타인의 중앙아시아 발굴과 영국으로의 유물 반출은 당시 기준으로도 합법적 행위라고 보기 어렵다.

스타인의 활동이 이러한 약탈과 비합법적 성격을 지닌 것으로 비판받는 이유는 무엇일까? 이에 대한 근거는 다음의 세 가지로 요약될 수 있다. 첫째, 스타인은 당시 지역민이 이용하고, 본래의 목적도 잘 유지되는 종교적 성소를 약탈했다. 둘째, 이 유적은 방치된 것이 아닌 해당 지역의 행정 주체인 중국(청나라)에 의해 관리되고 있었다는 점이다. 셋째, 역사학과 고고학에서 가장 중요한 자료인 문헌 자료가 비밀리에 거의 통째로 영국으로 옮겨졌다는 점이다. 그럼에도 불구하고 스타인의 행위는 지금까지 그래왔듯, 영제국의 위상을 보여 주는 업적으로 칭송받

---

* 당시 이러한 관습과 합법적이라고 주장하는 허가증과 같은 절차도 오늘날 원산국에게는 불법적인 행위로 간주되고 있다.

았고, 그는 영국 왕실로부터 기사 작위까지 받았다. 그렇다면 스타인의 중앙아시아 탐험은 어떻게 이루어졌을까? 이 탐험이 당시 영국에도 '필요'했던 시대적 맥락은 무엇일까? 고대의 '실크로드'는 20세기 초 제국들에게 어떤 의미였을까?

유럽에 알려지지 않은 중앙아시아

험난한 산맥과 광활한 사막으로 둘러싸인 중앙아시아 지역은 19세기 후반까지 유럽 세계에 거의 알려지지 않았다. 중앙아시아는 유럽 열강들이 상대적으로 뒤늦게 관심을 가진 곳으로, 19세기 후반까지 유럽 세계에 알려진 이 지역에 대한 정보는 험난한 지리적 조건을 제외하고는 전무하다시피 했다. 물론 유럽 대륙과 중국 대륙을 잇는 이 지역은 고대부터 존재한 '실크로드Silk Road'라는 무역로가 지나가는 매우 번성한 곳이었다.* '실크로드'는 넓은 의미로는 아시아와 유럽을 잇는 모든 교역로이며, 좁게는 동서 교역로를 오가는 데 사용되는 중앙아시아의 오아시스로 이어진 길을 지칭한다.* 하지만 약 11세기부터 수 세기에 걸쳐 정치적·기후적 요인으로 인해 무역로가 쇠퇴하면서 교역과 함께 번성했던 오아시스 도시들도 차례로 멸망했고, 그 결과 그 도시들의 찬란한 문화마저 사막에 묻혀 사라지게 되었다.*

• '실크로드'란 명칭은 독일의 지리학자인 페르디난트 폰 리히트호펜Ferdinand von Richthofen, 1833~1905이 1877년 처음 제시한 용어 'Seidenstrassen[the Silk Road(s)/Route(s)]'에서 나온 것으로, 초창기 동서 교역로를 이동한 주요 품목이 중국의 비단이라는 점에서 유래되었다.

중앙아시아 지역이 다시 주목받게 된 것은 19세기 말, 유럽 열강들의 팽창주의적 제국주의 정책에 기인한다. 특히, 영국의 인도 지배와 러시아의 남하정책으로 인한 두 제국의 세력 다툼은 "그레이트 게임Great Game"•이라고 불리며, 두 국가는 이 지역에서 가장 치열한 기 싸움을 벌였다. 중앙아시아 지역에 대한 정치적 영향력을 독점하고자 했던 영국과 러시아의 경쟁은 정보를 수집하기 위한 첩보전에서부터 역사적 유물을 차지하기 위한 문화재 수집 경쟁으로까지 확장되었다. 과거의 유물을 발굴하고 연구하는 고고학이라는 학문의 시작이 유럽의 제국주의 정책과 떼 놓을 수 없는 것처럼, 실크로드 문화의 재발견 또한 두 열강 사이의 경쟁의 결과였다. 이 과정에서 영국은 실크로드 탐험의 최대 공헌자인 아우렐 스타인의 활약으로 영국박물관과 영국

■ 이 교역로는 크게 육로와 해로로 나뉜다. 점재해 있는 오아시스 도시들을 잇는 '오아시스로'와 북방 초원 지대를 지나는 '초원로'와 지중해로부터 아라비아해와 중국남해를 거치는 '해로'가 있다.[114] 20세기 초에 탐험이 횡행했던 육로인 오아시스 교역로에 위치한 현재 국가들은 중국의 신장 위구르 자치구(동 투르키스탄)와 우즈베키스탄·타지키스탄·투르크메니스탄·키르기스스탄(서 투르키스칸), 그리고 카자흐스탄이다. 이 지역은 중앙아시아라는 명칭분 아니라 중앙유라시아, 내륙아시아, 투르키스탄과 같은 명칭으로도 불린다.

▲ 크게 세 가지 원인으로 요약할 수 있다. 1) 실크로드 교역로를 번성시킨 당제국의 쇠퇴와 몰락 2) 사막화로 인한 오아시스 도시들의 물 부족 3) 이슬람이라는 종교의 등장과 확장, 타클라마칸 전역이 이슬람으로 개종함으로써 불교 문화가 쇠퇴하고 중국과의 교류가 단절되었다.[115]

• 조지프 러디어드 키플링Joseph Rudyard Kipling, 1865~1936의 소설 『킴Kim』(1901)에 등장한 용어인데, 그가 처음 사용하지는 않았다. 그러나 그의 소설로 인해 이 용어가 유명해졌고, 중앙아시아에서 벌어지는 영국과 러시아 간의 경쟁을 '그레이트 게임'이라고 부르는 것이 일반화되었다.

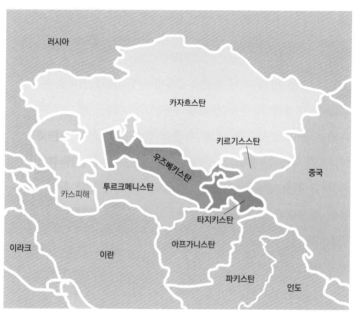

중앙아시아 지도. 20세기 초에 탐험이 횡행했던 오아시스 교역로에 위치한 현재 국가들을 볼 수 있다.

도서관, 그리고 식민지였던 인도의 뉴델리 국립 박물관에 양적으로는 물론 질적으로도 세계 최고 수준의 중앙아시아 컬렉션을 소장하게 되었다. 영국 이외에도 20세기 초 러시아·독일·프랑스·일본·미국 등 여러 국가들이 이 발굴 경쟁에 뛰어들었고, 오아시스 도시들에서 나온 소위 실크로드 문화재는 현재 약 13개국의 30개가 넘는 시설에 흩어져 보관되고 있다.

중앙아시아에서는 16세기 말부터 유목 제국들이 쇠퇴하기 시작했고, 청 왕조의 지배가 시작되기 전까지 뚜렷한 패권자가 존재하지 않는 상황이 이어졌다. 19세기에 접어들어서는 동 투르키스탄 지역을 지배했던 청나라마저 지배력을 상실하면서, 이 지역은 권력의 공백 사태를 겪게 되었다. 청제국이 영향력을 잃어 가고 있던 19세기의 중앙아시아는 아시아로 진출하고자 하는 유럽 열강들의 좋은 표적이 되었다. 특히 인도를 점령한 이후 강력한 제국으로 거듭난 영국과, 이미 17세기부터 남하 정책을 펼치며 중국 국경을 위협하고 드넓은 중앙아시아 지역을 병합하고자 하는 러시아가 이 지역의 패권을 놓고 가장 두드러진 경쟁 구도를 형성했다. 영국의 입장에서는 남쪽으로 세력을 빠르게 확장하고 있는 러시아가 언젠가는 인도까지 침략할지 모른다는 불안감을 느꼈다. 인도는 영제국의 가장 중요한 식민지였다. 인도의 천연자원과 거대한 소비 시장, 엄청난 인구로부터 걷히는 세금은 영국 본토를 부유하게 만드는 중요한 재원이었기 때문이다.

1899년부터 1905년까지 인도 총독이었던 조지 커즌Sir George Curzon, 1859~1925은 그의 저서 『중앙아시아의 러시아Russia in Central Asia and the Anglo-Russian Question』(1889)에서 다음과 같이 썼다.

"러시아가 인도에 대하여 어떤 음모를 꾸미든, 진지하고 적대적인 음모든 아니면 가공의 환상적인 음모든, 내 생각에 영국 정치가들의 첫 번째 임무는 모든 적대적 의도를 분쇄하고, 우리의 위치를 공고히 하고, 우리의 국경을 철통같이 방어하여, 영국 정신의 가장 고귀한 전리품이자 여왕 폐하의 가장 빛나는 속령을 지키는 것이다."[116]

따라서 영국의 중앙아시아 진출은 인도를 방어하기 위한 적극적 방책으로서, 점점 남하해 오는 러시아를 견제하기 위한 것이었다.[117] 이를 위해 대對 중앙아시아 정책과 관리는 지리적으로도 가까운 인도의 영국 정청政廳에서 이루어졌다.

영국에게는 러시아가 중앙아시아를 통해 인도 국경을 침입할 경우를 대비해 예상 경로를 설정하고, 방어를 위한 주변 지형을 파악하는 것이 중요한 관건이었다. 러시아 또한 중앙아시아의 정세를 파악하고 이 지역에서 활동하는 영국을 비롯한 다른 경쟁자들의 동향을 파악하고자 했다. 두 나라는 정보 수집을 위해 치열한 첩보전을 펼쳤고, 이것이 중앙아시아 고고학 탐험의 단초가 되었다. 인도 정청은 정보 수집을 위해 현지 인도인들을 첩보원으로 투입했다.* 이들이 임무 중에 남긴 노트에는 지형 관측과 러시아의 동향 이외에도 모래 속에 파묻힌 고대 도시 호탄Khotan(오늘날 신장 위구르 자치구 남서쪽에 있는 과거 오아시스 도시)에 대한 언급이 있었다. 지역 주민들이 그 버려진 도시에서 때때로 귀중한 물건을 파낸다는 내용이었다.[119]

이러한 단편적인 내용을 통해 몇몇 영국인은 중앙아시아의 사막 지역에 알려지지 않은 고대 도시 유적과 유물 들이 묻혀 있을 거라는 기대에 찬 추측을 하게 되었다. 이 지역에서 활동하는 군인들은 알려지지 않은 고문서에 관한 정보에 깊은 관심을 기울이게 되었다. 이 과정에서 해밀턴 바우어Hamilton Bower, 1858~1940 대위가 발견한 일명 "바우어 고사본Bower Manuscript"이라 불리는 문서를 영국이 입수하면서, 중앙아시아 사막에 소문으로만 돌던 사라진 고대 불교 문명이 실재한다는 것이 확인되었다. 그리하여 이 지역에 대한 역사·문화 연구가 본격적으로 시작되었던 것이다.

아우렐 스타인의 중앙아시아 탐사 시작

영국은 아우렐 스타인이라는 걸출한 탐험가의 활약으로 서구 국가들 중 가장 먼저 엄청난 양의 실크로드 문화재를 보유하게 되었다. 스타인은 영국 정부의 후원 아래에서 세 번, 미국 대학 후원 아래에서 한 번, 총 네 번의 중앙아시아 탐사를 떠났다. 그는 첫 번째 탐험부터 큰 성공을 거두었다. 단단윌릭Dandān-Oilik, 丹丹烏里克(호탄 북

• 영국은 첩보전의 초기 단계에서 자국의 군인이나 상인을 현지인으로 변장시키는 방식으로 정보 수집 활동을 펼쳤으나, 그렇게 투입된 영국인은 금방 들통이 나서 살해나 처형을 당하는 경우가 많았다. 따라서 새로운 방법이 필요했는데, 당시 인도 측량국Great Trigonometrical Survey of India 소속이었던 몽고메리 대위가 인도 원주민은 국경을 자유로이 통과하고 중앙아시아 지역을 위화감 없이 다닌다는 점에 착안하여 인도인을 비밀 조사원으로 투입하는 방식을 생각해 냈다. 그리고 1863년, 측량을 비롯한 각종 임무 수행을 위해 훈련받은 인도인을 중앙아시아 탐사에 투입하였다.[118]

쪽 타클라마칸 사막에 위치한 유적), 니야^{Niya, 尼雅遺址}(타림분지의 남쪽 가장자리에 위치한 유적), 라왁^{Rawak, 熱瓦克}(타클라마칸 남쪽 가장자리에 위치한 사원 유적) 등의 실크로드 유적지를 조사하며 수많은 유물을 찾아냈다. 그중 단단윌릭은 가장 큰 성공을 거둔 곳으로, 서구의 중앙아시아 탐험 사상 최초로 가장 많은 양의 유물이 쏟아져 나왔다. 첫날에만 고대 불교 벽화를 비롯한 150여 점의 유물이 발견되었다. 이어 간다라 미술의 동방 전파를 보여 주는 채색 패널과 산스크리트어로 된 불교 경전, 중국어로 된 문서들이 이곳에서 모두 쏟아져 나왔다. 니야에서는 누란 왕국의 존재를 밝혀 준 카로슈티 문서 수백 점과 나무 서판, 각종 가재도구, 가구 등을 발굴했고, 엔데레^{Endere}에서는 후에 가장 오래된 티베트 문헌으로 판명된, 종이로 된 불교 문헌을 발견했다. 라왁에서는 모래에 파묻힌 대저택을 발굴하여 91상의 거대한 부처상과 보살상을 출토했고, 작은 성인상과 프레스코 벽화도 발굴했다.¹²⁰ 하지만 이 중 등신대 이상의 상들은 크기와 운반의 문제로 영국으로 가져가지 못했다.

처음부터 엄청난 양의 성과물을 챙긴 스타인의 1차 탐험(1900~1901) 성공은 '중앙아시아 고고학'이라는 새로운 분야를 탄생시킬 정도로 유럽 고고학계에 큰 파장을 불러일으켰다. 황량한 사막과 거친 기후로 최소 수백 년 넘게 인간의 발길이 닿지 않았던 실크로드 도시들이 20세기가 시작되면서 세상에 드러난 것이다. 하지만 스타인은 그의 성공을 독점할 수 없었다. 스타인은 중앙아시아의 고대 문명을 대대적으로 '발견'했지만, 동시에 유망한 미개척 발굴지역이 그의 경쟁자들에게 공개되었기 때문이다. 이제 중앙아시아는 유럽인의 새로운 고고학 개척지가 되었고, 유물 확보를 위한 국

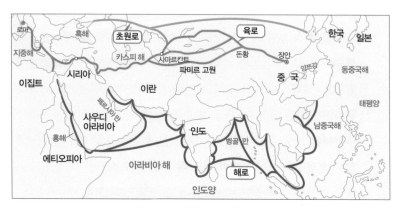

중앙아시아를 중심으로 육로와 해로, 초원로를 보여 주는 지도

가 간 경쟁 구도는 더욱 치열한 양상을 띠게 되었다.

1차 탐험의 성공 덕분에 스타인은 인도 정청으로부터 후속 탐험의 허가와 함께 이를 위한 자금을 수월하게 받을 수 있었다. 약 2년 7개월로 계획된 2차 탐험(1906~1908)은 인도 정청과 영국박물관이 공동 후원했다. 하지만 이 후원은 1차 탐험 결과를 본 후 결정된 것이니만큼 순수하게 학술 활동의 일환으로 보기 힘든 측면이 있다. 총 탐사 비용 중 인도 정청이 비용의 5분의 3을, 나머지 5분의 2는 영국박물관이 맡았는데, 탐험 후 스타인이 가져올 유물이 이 비율로 분배되도록 계약되었기 때문이었다.[121] 물론 정부 기관이라 할지라도 확실한 성과에 대한 기대 없이 무조건적으로 비용을 지불할 수 없었을 것이다. 하지만 영국박물관은 이 때뿐 아니라 박물관을 채우기 위해 고고학 활동을 지원했던 경우가 많았다.

예를 들어 보자. 영국의 유명 일간지 『가디언』은 1854년 3월 31일자에 아시리아 문명의 발굴과 연구를 위한 자금 조성을 촉구하기 위해 열린 집회에 대한 기사를 실었다. 이 기사에 따르면 모임의 참석자들은 아시리아 유적 발굴을 위한 자금이 턱없이 부족한 현실을 역설하면서 영국 정부가 아시리아 발굴 지원을 중단한 것을 비판하고 있었다.[122] 여기서 제기된 영국 정부의 지원 중단 이유가 매우 흥미로운데, 바로 영국박물관의 공간 부족 때문이라고 밝혔다. 박물관에는 유물이 이미 가득 차 있기 때문에 더 이상의 유물 수집은 필요 없다고 판단한 것이다. 또한 그나마 지원되었던 자금도 발굴물을 영국으로 가져오는 조건으로 확실한 성과가 예상되는 지역에만 일부 투자되었다.[123]

1900년에는 이런 일도 있었다. 영국에는 팔레스타인 지역의 성서고고학을 지원하는 '팔레스타인 연구 기금Palestine Exploration Fund(이하 PEF)' 단체가 있었다. 이 단체의 지원을 받는 학자들 중 미국인 프레더릭 블리스Frederick J. Bliss, 1859~1937가 연구 도중 건강 악화를 이유로 PEF 연구직에서 1900년에 해임되었다. 그가 건강하지 않았던 것은 사실이나 그의 해임에는 다른 이유도 크게 작용했다. 블리스는 매우 세심하고 정교한 방법으로 발굴과 연구를 진행했고, 이는 학문적으로 타당했다. 다만 그의 방식으로 연구하려면 많은 시간이 필요했고, 때문에 PEF 측은 블리스의 연구 방식을 우려했다. 왜냐하면 그의 방식은 자금 후원자들의 관심을 끌 만한 발견을 더디게 만들었기 때문이다.[124] 영제국의 확장으로 이득을 얻은 일부 상류 계층은 이렇게 더딘 발굴을 원하지 않았던 것이다. 우리는 이와 같은 사례를 앞서 레이어드의 이야기에서도 보았다. 이러한 일련의 상황을 종합해 보면 영국의 발굴 지원은 상당 부분 유물을 획득하기 위한 일종의 투자와 같았다.

발굴 후원에 대한 이러한 기대 때문에 스타인처럼 정부나 기관으로부터 탐사 비용을 후원받는 탐험가들은 그 투자가 아깝지 않도록 가치 있는 문화재를 반드시 획득해야 했다. 스타인과 같은 개별 학자의 학문적 열정과는 별개로, 발굴 지원을 국가가 주도하는 상황은 학자의 연구 활동이 열강들 간 경쟁으로 확장되는 결과를 낳았다. 마치 사업 계약처럼 발굴에 의해 획득된 유물의 소유권과 분배율을 미리 설정하고, 획득된 유물의 분배라는 조건으로 자금을 지원받을 수 있었던 학자들의 상황은 문화재를 제국주의적으로 활용하고자 하는 영국의 정치적 목적을 보여 주는 한 사례로 볼 수 있다.

스타인의 돈황 '발견'과 헐값에 팔린 유물

스타인의 2차 탐험의 주요 목적은 로프Lop 사막 한가운데에 있는 고대 도시 누란을 발굴하는 것이었지만, 실제로 그는 누란이 아닌 돈황의 막고굴에서 가장 큰 성과를 이루어 냈다. 그가 애초 계획했던 탐험 루트에서 더 동쪽에 있는 돈황까지 간 것은 1902년에 헝가리 지질학자 로치L. de Lóczy, 1897~1980 교수에게서 돈황의 천불동에 대해 들었기 때문이었다.[125] 천불동이라 불리는 그곳은 막고굴莫高窟, Mogao Cave●이라는 석굴 유적으로, 암벽에 여러 개의 석굴을 파고 그 안에 불상과 벽화 등을 모셔 놓은 사원의 형태를 말한다. 천불동千佛洞이라는 명칭은 1천 개 이상의 석굴사원이 있었다는 데서 유래한 명칭이다. 돈황은 서역으로 가는 남북 두 가지 루트가 만나는 곳으로, 육로를 이용하여 중국을 오가는 거의 모든 여행자가 거쳐야 했던 곳이다. 또한 육상 무역로가 쇠퇴하기 전까지 천년 넘게 수많은 문화가 교차했던 매우 번성한 교역 도시였다. 돈황 외곽에 위치한 막고굴은 이러한 지정학적 영향을 받아 불교 문화뿐 아니라 마니교, 조

● 암벽에 여러 개의 석굴을 파고 그 안에 불상과 벽화 등을 모셔 놓은 사원의 형태를 말한다. 1천 개 이상의 석굴사원이 있었다는 데서 유래한 명칭으로, 돈황 막고굴에는 현재 492개의 석굴만이 남아 있다.

로아스터교, 유대교, 기독교의 흔적이 공존하고 있는 매우 보기 드문 유적지였다. 여러 문화가 공존한다는 이 막고굴에 대한 정보는 눈에 띄는 발굴 성과를 내야 하는 스타인에게 결코 지나칠 수 없는 솔깃한 이야기였다.

스타인은 고대 도시인 누란과 미란을 거쳐 1907년 3월 12일, 돈황에 도착했다. 그는 도착하자마자 뜻밖의 중요한 정보를 얻게 되는데, 막고굴에 수백 년 동안 숨겨진 비밀 서고가 있다는 것이었다. 그리고 그 서고 안에 있는 방대한 양의 문서는 중국어뿐 아니라 여러 언어로 쓰였다는 점이 특히 관심을 끌었다. 이는 동서 문명의 교류를 확인하고자 하는 그에게 매우 중요한 부분이었다.[126] 중국어를 하지 못했던 스타인은 2차 탐험에 장사야蔣師爺라는 중국인을 대동했는데, 그를 통해 정보를 수집한 결과 비밀 서고에 관한 이야기는 사실이며, 이미 란주蘭州(돈황시가 속한 감숙성의 성도) 당국에 보고되어 고문서의 견본을 확인한 태수가 서고를 보존하라는 명령을 내린 상태라는 것이 확인되었다.* 스타인은 곧바로 그 비밀 서고를 확인하고 싶었지만, 그곳의 관리를 책임지고 있는 왕원록王圓籙이라는 도교 도사(이하 왕도사)가 부재중이었기 때문에 기약 없이 몇 주일을 더 기다려야만 했다.

그 사이에 스타인은 원래 목적 중 하나였던 만리장성의 사라진 일부를 발견했고, 중국 국경의 실질적 관문으로 유명한 옥문

---

* 그의 업무는 중국어와 한자를 읽지 못하는 스타인을 위해 여행 동안 그에게 기초적인 중국어를 가르치고, 중국 관리들과의 통역, 그리고 발견한 문헌의 가치를 판단하는 데 도움을 주는 것이었다.

중국 돈황에 있는 막고굴

관의 원래 위치도 찾아내는 등 역사적으로 매우 중요한 발견을 했다. 이러한 성과만으로도 그의 2차 탐험은 매우 성공적이라고 할 수 있었지만, 이제 그의 모든 관심은 막고굴의 그 문제의 비밀 서고인 장경동藏經洞에 집중되어 있었다.[127]

왕도사가 막고굴에 도착하자 스타인은 본격적으로 비밀 서고의 내용물을 챙겨 가기 위한 작업에 착수했다. 하지만 이 돈황에서의 작업은 그동안 스타인이 했던 탐험과는 판이하게 달랐다. 이전까지는 수백 년간 버려진 사막의 도시들을 발굴하는 것이었기 때문에 스타인의 작업을 방해하는 사람이 없었다. 반면 막고굴은 여전히 지역민에게 종교적 성지로 숭배 받고 있었고, 책임자인 왕도사를 비롯해 여러 승려가 기거하고 있었다. 한마디로 그가 마음대로 약탈하기에는 보는 눈이 너무 많았던 것이다. 오죽하면 후대의 학자들이 이 사건을 서술하면서 장경동에 들어가기 위해서 스타인에게 필요했던 것은 인부와 삽이 아닌 정치적 기술과 인내심이었다고 설명했을까.[128]

실제로 스타인은 기다림과 치밀한 심리전 끝에 왕도사의 마음을 열어 약 130파운드(약 19만 원)를 지불하고 서고의 고문서와 회화 들을 들고 나올 수 있었고, 결국에는 영국으로까지 실어 날랐다.[129] 스타인은 이곳에서 중국어로 된 약 7천 개의 두루마기와 산스크리트어, 소그드어, 위구르어, 티베트어 등 여러 언어로 쓰인 수천 개의 필사본들, 그리고 수백 개의 회화들을 자신의 천막으로 실어 날랐다. 이 문화재들은 약 16개월 후에 영국박물관으로 들어가게 된다. 값을 매길 수 없는 문서들이 130파운드라는 헐값에 영국 소유가 된 것이다. 1908년에 귀국한 스타인은 돈황에서의 성공으로 엄청난 명예를 얻었다. 왕립 지리학회는 황금 훈장을, 옥스퍼드와 케임브리지 대학은 명예 학위를, 영국 국왕은 기사 작위Knight Commander of the Order of the Indian Empire, KCIE를 수여했다.

영제국은 스타인의 업적을 어떻게 전유했는가

스타인의 두 번째 탐험이 영국에서 성공적인 평가를 받았던 이유는 막고굴 서고에서 갖고 온 문헌 중 당시 서구에서 세계 최고最古의 목판 인쇄물로 평가받던 『금강경金剛經, Diamond Sūtra』이 포함돼 있었기 때문이다.* 그가 가져온 『금강경』 두루마기는 수백 개에 달했는데, 대개 서기 9세기까지 거슬러 올라가는 것이었다. 그중 가장 오래된 것이 868년 5월 11일이라는 날짜가 찍혀 있는 두루마기로, 현재 영국도서관이 소장한 중요 문화재 중 하나로 손꼽힌다.■ '세계 최고'라는 수식어가 붙은 『금강경』은 박물관의 위상을 보여 주는 가장 상징적인 소장품이었고, 곧바로 영국박물관을 대표하는 유물이 되었다. 이는 당시 일간지에 실린 기사에서 명확히 드러난다. 1925년 11월 25일자 『맨체스터 가디언The Manchester Guardian』의 런던 통신에 실린 기사의 한 부분을 살펴보자.

---

* 실제로는 한국의 불국사 석가탑에서 발견된 『무구정광대다라니경』이 가장 오래된 목판 인쇄물이다. 751년에 간행된 것으로 추정하고 있다.

■ 현재는 영국박물관이 아닌 영국도서관의 '왕의 도서관King's Library'에 보관되어 있으며, 영국도서관의 가장 중요한 문화재로 꼽힌다.

돈황 천불동의 16동 석굴의 모습. 오른쪽(두루마기가 쌓여 있는 쪽의 뒤편)에 보이는 작은 문
이 1900년에 발견된 17동 비밀 서고 장경동의 입구다.

마크 아우렐 스타인이 장경동에서 갖고 나온 필사본 중 가장 유명한 불교 경전 『금강경』의 권수화

아우렐 스타인 경이 이 놀라운 장서들과 종교 회화들을 가져 온 이야기는 매우 환상적이다. 영국박물관에 있는 왕의 도서 관에서, 아마 그의 발견물 중 최고라고 할 수 있는 가장 오래 된 목판 인쇄물을 볼 수 있다. 이것은 8세기 것으로 추정되는 불교 경전이다. 두루마기 형태로 되어 있으며, 위엄 있게 앉 아 있는 부처의 그림은 가장 오래된 목판화다.[130]

"가장 오래된 판각본The Oldest Printed Book"이라는 제목의 이 기 사에서는 스타인의 막고굴 약탈을 "환상적인" 것으로 평가하고 있지만, 그가 어떻게 입수했는지에 대한 설명은 어디에도 없었 다. 기사는 위와 같이 『금강경』의 역사적 가치를 강조하고, 마지 막에는 그동안 좋지 않은 환경에 있었던 유물을 영국박물관으로 가져오면서 "무한한 기술력과 인내력"으로 연구되고 있다고 끝 맺는다. 이러한 서술은 약탈적 성격을 지닌 스타인의 수집 과정 을 위기에 처한 인류의 문화유산을 구해내 연구에 힘쓰고 있다 는 문화재 구제론으로 정당화하는 모습으로 비춰진다. 실제로 스 타인이 탐험을 시작한 1900년부터 그가 사망할 때까지의 언론 기사들을 보면 그의 유물 입수 과정이 구체적으로 설명된 기사 는 하나도 찾아볼 수 없고, 성과에 대한 찬양이 대부분이었다.*

1914년 5월 6일, 영국박물관의 에드워드 7세 기념관Edward VII's Galleries 개관 행사를 앞두고 관련 기사가 대대적으로 실렸다. 여기에는 새로운 전시관의 의의와 건축적 요소들, 영국박물관의 증축에 기부한 귀족들의 이름과 액수가 상세히 보도되어 있다. 그리고 마지막으로 에드워드 7세 기념관을 빛내 줄 주요 전시물로 스타인의 컬렉션을 소개하고 있다. 기사는 "[개관 행사가 열릴] 1층의 가장 큰 갤러리에 아우렐 스타인 경이 중국령 투르키스탄에서 수집한 놀랄 만한 컬렉션이 있다"고 설명하면서 개관 행사와 전시에서 스타인 컬렉션이 매우 특별한 위치를 차지하고 있음을 강조했다.[132]

이틀 후인 5월 8일자 기사에는 행사 당일의 모습을 묘사하고 있는데, 당시 영국 국왕이었던 조지 5세와 왕비가 스타인 컬렉션에 한 시간 가까이 머물며 "특별한 관심"을 보였다는 내용이 있다.[133] 국왕 부부가 이 컬렉션에 관심을 가진 이유도 스타인의 막고굴 탐사의 결과가 매우 성공적이었기 때문이다. 또한 이전부터 최고의 목판 인쇄본인 『금강경』과 가장 오래된 종이 문서를 발견했다는 언론 보도가 빈번했기 때문이었다. 국왕 부부까지 참석하는 중요 행사에서 가장 잘 보이는 곳에 스타인의 컬렉션을 전시했다는 것은, 당시 그의 성과가 영국의 고고학적 탐험을 대표하는 것으로 평가받았음을 의미한다.

한편 스타인의 발굴과 업적에 관해 쓴 기사들은 공통적으로 그의 유물 입수 과정에 대해서는 자세히 언급하지 않았다. 특히 상황이나 방식이 예외적이었던 돈황 서고의 발견은 매우 흥미로

• 한 예로 1910년에 다음과 같은 내용의 기사가 실렸다. "그가 보여 준 사막으로의 여행은 어려움과 고난으로 가득 차 있었다. (⋯) 그럼에도 스타인 박사는 조수들의 도움으로 엄청난 양의 필사본과 프레스코화 그리고 각종 문서 들을 입수했고, 그것들은 안전하게 포장되어 영국에 도착했다." 이는 그의 탐험이 고난의 극복이라는 모험적 성격과 가치 있는 유물의 발견이라는 측면에서만 조명되고 있음을 보여 준다.[131]

운 일화임에도 불구하고 그 과정에 대해 구체적인 설명이 없다. 예를 들어, 1910년 2월 24일자 기사를 보면, 당시 막고굴의 관리인이었던 왕원록王圓籙, 1851~1931이라는 도교 도사(이하 왕도사)를 교묘하게 구슬려 장경동의 문서를 갖고 나온 정황은 없고, 다음과 같이 언급하고 있다.

> 아우렐 스타인 박사는 1906~1908년에 이루어진 탐험에서 도교 도사 왕과 실제로 친분을 맺어 그로부터 2천 개가 넘는 다양한 필사본을 입수할 수 있었다. 이 필사본은 런던의 박물관에 보관될 예정이다. [134]

스타인의 여정과 그 지역의 역사를 자세히 설명하고 있는 이 특집 기사는 수주 이상 걸린 가장 중요한 입수 과정을 "친분을 맺었다"나 "입수했다"라는 표현만으로 묘사하고 있다. 영국 언론이 스타인의 수집 과정을 의도적으로 언급하지 않는 상황은 적어도 그가 사망할 때까지 계속되었다. 스타인의 2차 탐험이 상세히 기록되어 있는 『중국 사막의 유적들Ruins of Desert Cathay: Personal Narrative of Explorations in Central Asia and Westernmost China』이 1912년, 『세린디아: 중앙아시아와 최서단 중국 탐험의 상세 보고서Serindia: Detailed Report of Explorations in Central Asia and Westernmost China』가 1921년, 『중앙아시아의 고도古道에 대하여On Ancient Central-Asian Tracks: Brief Narrative of Three Expeditions in Innermost Asia and North-Western China』가 1933년에 출판되었고, 그때마다 지면에 광고를 실었음에도 신문에는 향후 20년 넘게 거의 똑같은 내용만 실렸다.[135] 이는 입수 과정의 강제성과 비합법성을 의도적으로 언급하지 않는 것으로 볼 수 있다.

1930년에도 스타인은 여전히 활발하게 활동했고, 『맨체스터 가디언』은 그의 행적을 지속적으로 보도했다. 하지만 당시 중국의 상황은 스타인이 2차 탐험한 1900년대와 완전히 달라졌다. 우선 스타인과 그 뒤를 이어 프랑스의 젊은 동양학자인 폴 펠리오Paul Pelliot, 1878~1945가 연이어 막고굴 서고를 들어낸 것이 중앙정부와 학자들에게 알려지면서 곧바로 막고굴은 외국인 학자들에게 폐쇄되었다. 거기다 1925년에는 상해 조계지에서 영국 경찰과 중국 시위대가 충돌하면서 외국인에 대한 경계가 심해지고 분노가 커졌다. 이런 상황에서 이미 중국 당국에 의해 유물 약탈자로 명단에 오른 요주의 인물인 스타인이 1930년에 미국 미술관의 제안을 받아 중국령 투르키스탄에 가게 된 것이었다.

『맨체스터 가디언』은 1930년 12월 29일과 30일에 스타인이 중국 정부로부터 비자를 취소당하고 즉각적인 국외 추방을 요구받았다는 기사를 연달아 내보낸다. 심지어 30일 기사에는 스타인이 중국의 완강한 태도에 발굴한 유물을 가져가지 않겠다고 "맹세"까지 했다는 기사가 실렸다.[136] 실질적으로 1920년대 말부터 중국은 외국 학자들에게 유적 탐사와 발굴에 대한 허가를 내 주지 않고 문을 걸어 잠갔다. 결국 다음해인 1931년 5월 25일 기사에는 중국의 추방 명령에 따라 스타인이 고고학 탐사에 실패했다는 기사가 실렸다.[137]

여기서 육하원칙에 따라 정확한 정보를 전달해야 할 기사에 중국이 스타인에게 추방 명령을 내렸는지에 대해서는 언급이 없없었다는 점을 주목해야 한다. 물론 스타인이 "맹세"한 내용으로 그 이유를 추측할 수 있지만, 중국의 일방적인 통보에 대해 비판이나 문제 제기 없이, 중국이 그에게 비자 취소와 추방 명령을 내렸다는 사실만을 전달하기 위해 연달아 관련 기사를 낸 까닭은 무엇일까. 이는 해외 탐험 내용과 유명 인사인 스타인의 행보가 영제국에서 여전히 관심이 높은 분야임을 보여 주는 동시에, 스타인이 중국에서 '약탈자'로 낙인찍혀 중국의 문화재를 '훔쳐 가지' 못하게 추방 명령을 받았다는 사실을 고의적으로 누락하고 보도한 것으로 해석할 수 있다.

해외에서의 발굴과 탐험의 성공에 대한 기사들이 지속적으로 등장했던 것은 대중의 관심사를 반영한 측면도 있지만, 그러한 기사들을 통해 대중에게 영제국의 영향력을 간접적으로 선전하는 효과를 노린 것이었다. 대중의 관심 또한 지속적인 보도로 인해 확대 및 재생산된다는 점과, 19세기 후반 이후의 제국주의가 다분히 대중적 성격을 띠었다는 점은 당시의 신문 기사를 보다 비판적으로 해석할 수 있는 근거를 제공한다.* 1937년 6월 19일 신문에 실린 "빅토리아 시대 100년을 돌아보다"라는 특집 기사를 보면, 위대한 발견을 한 대표 인물로 고고학자로서는 스타인의 이름이 가장 먼저 언급되었다.[139] 제국주의가 절정에 이른 시기이자 영국도 스스로 가장 번영했던 시대라고 여긴 빅토리아 시대의 영광을 되돌아보는 기사에 그의 이름과 중앙아시아 탐사

---

* 19세기 후반에는 공격적이고 팽창적인 제국의 정책을 정당화하기 위해 여러 전략이 구사되었는데, 당시의 대중 민주주의와 대중 소비문화는 제국주의의 대중화를 가속화시켰다. 이에 따라 대중에게 영향을 받음과 동시에 여론을 움직일 수 있는 언론은 제국주의 선전에 중요한 역할을 했다.[138]

가 거론된 것은 당시 영제국이 스타인의 업적을 어떻게 평가하고 전유했는지를 보여 준다.

스타인의 돈황 탐사는 왜 악명 높은 약탈일까

오늘날 문화재 약탈의 대표 사례로 거론되며 스타인에게 '약탈자'라는 악평을 가져다 준 막고굴 탐사는 당대에는 영국의 위상을 높인 위대한 업적으로 인정되었다. 전 세계로 세력을 뻗어 나가고 있던 영국에게 역사적 유물들을 수집하는 행위는 학술적 측면뿐 아니라 제국으로서의 군사적·문화적 힘을 과시할 수 있는 상징적 수단으로 인식되었기 때문이다. 제국이 영향력을 행사하고자 하는 지역의 문화와 역사를 연구하고, 그 지역의 유물들을 소유한다는 것은 학문적 차원의 성취를 넘어 그 지역의 영토적·정치적 지배를 정당화할 수 있는 이데올로기적 우위를 확보할 수 있는 중요한 방식이었다.

이 같은 제국주의적인 문화 지배 방식은 탐험가나 고고학자를 후원하는 국가 차원에서의 전략에서부터 개인의 연구에 이르기까지 다양한 방식으로 나타났다. 스타인은 처음에는 학문적 열정을 갖고 탐험했으나, 그가 돈황 막고굴에서 문화재를 입수하는 과정을 보면 제국주의적 이데올로기를 무의식 중에 체현하고 있음을 볼 수 있다. 학문적 목적을 위해 타국 유물을 영국으로 가지고 가는 것을 당연하게 생각하는 태도와, 현지인은 이 유물의 가치를 이해하지 못한다는 지적 우월성은 바로 제국주의 이데올로기의 근간에 있는 유럽 중심주의적인 문화우월주의를 보여 준다. 이러한 태도는 돈황 탐험의 세 가지 구체적 상황을 통해 잘 드러난다.

첫째, 돈황의 막고굴은 사막에 묻혀 잊힌 도시가 아니었다. 돈황은 여전히 큰 종교 행사가 열리고 지역 주민이 참배하는 신성한 성소였고, 이를 알고 있던 스타인은 의도적으로 사람들의 눈을 피해 고문서들을 **빼내** 왔다. 따라서 스타인의 입수 상황은 오늘날 대부분의 유럽 열강들이 문화재 취득 과정의 당위성을 설득하기 위해 주장하는 근거, 이를테면 특정 소유자가 없었다거나, 고대 이집트 문명의 예처럼 현지 문화권과 관련성이 없다는 주장에 적용되지 않는다. 그는 엄연히 기능하고 있는 종교적 장소를 의도적으로 공략한 것이다. 그는 자신의 책『중국 사막의 유적들』(Vol. 2, 1912)에서 입수 작업을 본격적으로 할 때 막고굴에서 연례 종교 행사가 열려 수천 명의 신자가 몰렸던 상황을 설명하며, "천불동으로 들어가기에는 최적기가 아니었기 때문에 닷새를 더 기다려 작업에 착수했다"고 적고 있다.[140] 즉, 스타인은 자신의 행동이 현지인의 반감을 살 것을 예상했고, 따라서 작업을 비밀리에 진행하고자 했던 것을 보여 주는 대목이다.

둘째, 막고굴의 장경동 서고는 철저하지는 않더라도 이미 왕도사의 책임하에 보호하라는 관의 훈령이 내려져 있는 상태였다. 스타인 또한 이러한 상황을 이미 알고 있었다는 것을 스스로 밝혔다는 점에서 그의 고의성과 범법성은 더욱 명확해진다.[141] 그는 정식 통행증을 받고 중국 국경으로 들어온 자신을 경호하기 위해 중국 관리가 보낸 병사들을 왕도사와 협력하여 속이면서까지 문서들을 자신의 천막으로 옮겼다.[142] 이는 오늘날 영국이 문화재 반환을 거부하면서 취득 과정이 합법적이었다고 이야기하는 근거에 전혀 부합하지 않는 사례다. 설령 그가 왕도사에게 돈을 지불하고 가져온 것이라 주장하더라도, 왕도사는 막고굴의 주인이 아니며 이미 중국 당국의 보호를 받고 있는 문화재를 빼돌렸다는 점에서 스타인의 행위는 약탈 내지는 절도라는 비난을 받을 수밖에 없다.

셋째, 스타인은 현재까지도 과거 유럽 열강들이 문화재 반환을 거부하는 가장 강력한 이유 중 하나인 문화재의 보호와 보존이라는 근거를 들어 자신의 수집 행위를 '옳은 것'으로 설명하고 있다. 그는 『중국 사막의 유적들』의 서문에 막고굴에 대해 자신이 "숨겨진 이상한 장소로부터 보물들을 구해 냈다 rescued"라고 적고 있다.[143] 또한 『중앙아시아의 고도에 대하여』에서는 다음과 같이 회고한다.

> 왕[도사]은 돌아와서, 만일 방치해 두면 지역민의 무관심 속에 곧 잃어버리게 될 것이 뻔한 불교 문헌과 예술품을 내가 서구 학문을 위해 구제rescue하려는 것을 경건한 행위로 이해하려 했다.[144]

스타인은 그의 여러 저서에서 반복적으로 "구제"한다는 단어를 사용함으로써 오늘날 문화재 반환에 반대하는 문화국제주의와 동일한 논리를 펴고 있다. 그러나 죽어 있는 유적지가 아닌 종교 시설로 지역민과 살아 숨 쉬고 있는 막고굴 사원을 "구제"

마크 아우렐 스타인의 1909년 모습

한다는 것은 사라진 오아시스 도시들에 대한 발굴과는 전혀 다른 경우라고 볼 수 있다.

스타인의 저서를 통해 이 세 가지 문제들을 살펴보면 중국 당국에 대한 일종의 무시, 중국인의 반감을 살 것을 알면서도 계획적으로 유물을 반출한 점, 그리고 그것에 대한 어떠한 양심의 가책이나 위법성에 대한 두려움을 갖지 않았다는 점이 드러난다. 이는 의식적이든 무의식적이든 스타인이 영제국을 등에 업은 유럽인이라는 자신의 위치를 십분 활용했고, 그것을 당연히 여겼다는 것을 보여 준다. 그는 고고학자임과 동시에 제국주의자로서 행동한 것이다. 그리고 이러한 그의 '정당한' 반출 덕분에 막고굴은 1912년 중국혁명으로 인해 서구 세계의 접근이 어려워질 때까지 다른 국가의 지속적인 약탈 대상이 되었다.

열강들의 제국주의적 팽창이 한창이던 19세기 말, 영국은 세계 지도를 펼쳐 놓고 자신들이 몰랐던 미지의 세계를 '발견'하고 정복하며 비어 있는 세계 지도를 채워 나갔다. 이러한 작업을 과학의 영역에서 수행한 기관이 영국의 왕립지리학회였다. 당시 왕립지리학회의 건물 입구에는 세계 지도가 걸려 있었는데, 유럽 세계가 정복 혹은 탐험하여 상세하게 작성된 지역은 노란색으로, 아직 유럽의 손길이 미치지 않아 연구되지 않은 지역은 하얀색으로 표시되어 있었다.[145] 중앙아시아는 하얀색 지역 중 하나였다.

빅토리아 시대에 살았던 대부분의 영국인에게 중앙아시아의 타클라마칸이나 고비 사막, 티베트의 험난한 산맥은 거의 알려지지 않았다. 스타인도 이 지역을 "처녀지virgin field"라고 표현할 만큼 유럽인에게 중앙아시아 지역은 미지의, 그래서 탐험할 만한 가치가 있는 곳이었다.[146] 이는 그곳에 계속 존재하고 있었던 비서구 문화권이 하얀색으로 표시됨으로써 무시되고, 유럽 중심적 세계관에 따라 주인 없이 비어 있는 지역으로 인식되었음을 의미한다. 그 결과 유럽에 의해 '발견'되고 연구되는 지역은 무력에 의한 정복과는 다른, 지식의 차원에서 유럽 세계에 정복당하는 것이 되었다.* 따라서 비어 있던 지도를 채워 나갔던 왕립지리학회는 학술 기관인 동시에 가장 제국주의적인 임무를 수행하는 기관이었다. 스타인이 중앙아시아 탐사 업적의 결과로, 특히 돈황 탐사가 포함된 2차 탐험 직후 왕립지리학회의 훈장과 영제국의 기사 작위를 받았다는 것은 가치중립적인 학술적 의미를 넘어 그것을 정치적으로 활용하고자 하는 영국의 아시아 팽창 정책과 밀접한 관련이 있다. 이는 중앙아시아 지역에 매장되어 있는 엄청난 양의 천연자원 개발권을 선점하려는 목적과 함께 러시아 제국의 위협에 맞서 인도를 방어하려 했던 영국의 적극적인 선전 행위로 해석할 수 있다.[148] 즉, 유럽이 만든 세계 지도에서 일종의 무주공산無主空山이었던 중앙아시아에 대한 영국의 비공식적 소유권의 또 다른 표현이었던 것이다.

이처럼 영제국의 식민지 방어, 영토 팽창, 경제적 권리의 선

---

* 세계 지도 위 미지의 지역에 대한 영국의 이 같은 정복욕은 1870년대 영국 정부가 북극 지방에 대한 탐사 기금 조성과 현지 연구 활동을 계획했던 것에서도 잘 드러난다. 당시 유럽 기준에서 지구상에 몇 남지 않은 미지의 땅이었던 북극은 영국 이외에도 여러 국가들이 욕심을 보인 지역이었다.[147]

점과는 일견 관련이 없어 보이는 유물 수집과 고고학 활동은 영제국의 암묵적 동의와 더 나아가 국가의 적극적 지원을 통해 확고한 제국 선전의 수혜자이자 대리인으로 자리매김하게 되었다. 이 과정에서 그동안 비전문가, 즉 군인, 상인, 여행자 그리고 탐험가로 불리는 사람들에 의해 행해졌던 유물 수집 활동은 점차 고고학자라는 전문가 집단의 영역으로 전환되었다. 또한 고고학이라는 학문은 지적 활동의 영역을 넘어 서구 열강들의 이해관계에 따라 실행되고 이용되었다.

영국을 비롯한 서구 열강들의 식민지 점령과 지배의 과정은 이제 무력이라는 한 가지 방식으로만 이루어지지 않았다. 군사력에 의한 정복 전·후에 걸쳐 점령 대상이 되는 지역의 지리, 기후, 문화, 역사 등을 조사·연구하고 그로 인해 얻은 지식을 체계적으로 정리·출판하는 일련의 과정은 19세기 후반에 이르면 서구 열강들에게 제국 확장을 위한 필수적인 수순이 되었다. 이러한 학술적 행위들은 점령지에 대한 물리적 영토 지배를 넘어 식민지를 제국으로 완전히 편입시키고 전방위적으로 활용하기 위해 대상을 보다 입체적으로 파악하려는 비폭력적이고 비강제적인, 이른바 정교한 지배 전략의 하나였던 것이다.

4. 국가적 기획: 영국 정부와 해군 그리고 영국박물관

지금까지 살펴본 영국의 유물 수집과 약탈 양상에 따르면 19세기의 고고학 발달은 서구 열강들 간의 경쟁과 제국의 팽창이라는 당시 시대적 상황의 산물이었다. 따라서 이 시기의 고고학 활동은 필연적으로 국가의 개입과 지원이라는 요소와 밀접한 관련이 있었다. 상식적으로 생각해 봐도 영국인이나 프랑스인 같은 외국인이 개인 자격으로 다른 국가의 영토에서 땅을 파고, 그곳에서 발견한 유물을 임의로 가지고 나오는 것은 지도자와 통치 체계가 갖추어진 주권국가에서는 거의 불가능한 일이다. 따라서 레이어드나 스타인이 서남아시아와 중앙아시아와 같은 지리적으로 먼 지역에서 어떠한 제재 없이 발굴 활동을 하고 어마어마한 양의 유물을 영국으로 옮길 수 있었던 것은, 영국이라는 당시 세계에서 가장 강력한 국가의 힘이 직간접적으로 뒷받침되었기 때문이다.

영국의 이러한 유물 수집 활동은 사사건건 부딪쳤던 프랑스와 늘 비교되었다. 두 국가는 정치 체제의 차이만큼이나 확연히 다른 색깔을 지닌 것으로 오랫동안 평가되어 왔다. 영국은 프랑스에 비해 유물 수집을 포함한 고고학 활동에 대한 국가 지원이

미미했다는 견해가 동시대에는 물론이고 학계에서도 그동안 널리 받아들여졌다. 반면 프랑스는 나폴레옹 시대의 문화 정책 덕분에 해외 문화재 수집에 정부가 앞장서 왔다는 인식이 강했다. 그 결과 국가 사업의 일환으로 정부의 지원을 받는 프랑스 고고학과, 상류층 지식인의 자발적 활동으로 이루어지는 영국의 고고학이라는 상반된 평가가 고착되어 왔다. 또한 19세기 영국의 고전학자나 고고학자도 자신들의 학문적 동기와 연구 활동을 자발적인 것으로 평가했다. 재미있는 것은 이마저도 프랑스보다 문화적으로 우월한 영국만의 특징으로 내세웠다는 점이다.

> 모든 것을 정부에 의존하도록 사람들을 훈련시키는 것은 대륙의 위대한 군주국의 정책이다. 우리의 [영국] 정책은 정부에 가능한 의지하지 않도록 교육하는 것이다. … 따라서 프랑스는 우리와 같은 생각[협회나 단체를 통한 사적 연구 자금 조성에 대해]을 알지 못할 것이다.[149]

고고학 연구를 위한 탐사 기금 모금을 독려하는 당시 기사에는 프랑스로 대표되는, "모든 것을 정부에 의존하는" 유럽 대륙의 학자들은 자주성이 결여되어 있고, "정부에 의지하지 않도록 교육받은" 영국인은 보다 독립적이고 자율적이라는 자체 평가가 담겨 있다. 이는 곧 영국의 방식이 더 민주적이고 학문적으로 자유롭다는 문화적 우월감을 암시한다.

영국에서 일종의 문화·예술 활동인 수집과 고고학 연구를 사적 영역으로 규정짓고 그것을 영국적 특성으로 받아들였던 것은,

문화에 대한 영국의 전통적 이해 방식과 관련이 있다. 유럽 대륙에서는 문화를 가치 개념으로 파악하여 국가 형성과 국민 통합의 과제와 연관시켜 이해하는 전통이 있는 반면, 영국은 문화를 '시민 문화' 차원에서 사적인 것으로 보는 경향이 있다. 이는 문화 영역을 사회의 자율에 맡기는 영미권의 성향으로, 시민 문화를 구성하는 많은 하위문화와 대중문화(혹은 서민문화) 등의 발전을 그 특징으로 한다. 즉, 영국은 전통적으로 문화와 예술 활동을 국가 정책 대상으로 보지 않기 때문에 정부의 역할을 최소한으로 한정하는 자유방임주의적 입장을 기본적으로 취해 왔다.[150]

하지만 고고학 발굴을 위한 영국과 프랑스의 정부 지원에 대한 이분법적 구도는 영국이 자국 고고학 전통을 미화하기 위해 만들어 낸 일종의 신화라고 볼 수 있다. '시민의 자율적인 활동'이라는 이 신화는 19세기에 집중된 고고학적 대발견의 이면에 자리 잡은 정치적 성격, 즉 제국주의 정책과 그것을 뒷받침하는 이데올로기를 은폐하는 역할을 해왔다. 홀저 후크는 영국인에 의한 수집과 고고학 활동의 특성으로 주장되는 영국−개인/프랑스−국가라는 이분법적 후원 구조의 오류를 지적하고, 국가와 정부가 고고학 활동에 매우 소극적이었다는 기존의 인식은 대륙과 구분된 영국만의 문화 특수성을 만들어 내려는 신화에 기인한 것이라고 비판했다.[151] 그는 영국의 고고학적 성과와 영국 박물관 컬렉션의 확장은 영국 정부의 지원 없이는 불가능하다는 점을 강조했다. 이러한 점에서 영국 정부의 외교력과 군사력은 문화적이고 시각적인 도구를 통해 영제국의 지배를 용이하게 하는 '문화제국주의'라는 특정한 지배 형태를 만들어 낸 가장 중요한 요소라고 볼 수 있다.

누가 유물을 수집하려고 하는가

18세기 말부터 19세기 전반에 걸쳐 영국 정부가 후원하는 문화적 사업—그리스·로마 시대의 유적 발굴 및 예술품 수집과 이집트, 메소포타미아, 아시아 지역에서의 고고학 활동—은 그 범위와 횟수에 있어 엄청난 증가세에 있었으며, 이는 영제국의 군사적 힘과 영향력이 증대하고 있음을 반영했다. 식민지 확장을 위해 영국이 벌인 전쟁과 군사 작전의 성공 여부는 19세기 영국이 행한 고고학 발굴 성과의 중요한 전제 조건이었다. 따라서 영국의 19세기 고고학적 활동에서 개인의 활동이 주요한 원동력이었고 국가의 개입이 미약했다는 기존의 평가는 옳지 않다. 오히려 영국 고고학의 성과는 국가가 제국주의 정책에 따라 다른 국가나 민족을 경제·문화적으로 침탈하고 지배하는 과정에서 일어난 필연적인 결과라고 할 수 있다. 영국이 자국의 고고학 발굴 업적을 레이어드나 스타인과 같은 한 개인의 영웅적 성과로 선전하는 것은 고고학에서 정치적 성격을 배제하여 제국주의 정책에 수반되는 폭력적이고 강제적인 요소를 순수한 학문적 성과로 포장하고자 하는 의도도. 이것이 바로 우리가 드라마틱하고 교훈적인 19세기 고고학자들의 위인전 같은 일대기를 비판적으로 읽어야 하는 이유다.

19세기 영국의 문화재 수집에서 가장 결정적인 역할을 한 고고학적 활동에는 전문학자뿐 아니라 귀족, 정부 관료, 군인, 지식인 계층과 옛것 연구가 등 다양한 성격의 개인이 참여했다. 이들은 모두 상류 계층이었다. 이때까지는 아직 고고학이라는 학문이 전문화되지 않아 이를 전문가의 직업 활동과 상류 계층의 취미 활동으로 구분하는 것은 어렵기 때문에 이들 간의 명확한 구분은 사실상 무의미했다. 귀족이면서 직업 군인이고 옛것 애호가인 경우는 상류 계층 내에서 비일비재했다.

한 예로 인도처럼 아시아 진출을 위한 요충지이며 1795년부터 영국 식민지였던 실론(오늘날 스리랑카)의 총독이자 고위 장교였던 로버트 브라운릭Robert Brownrigg, 1759~1833, 총독 임기 1815~1823은 고유물 수집이 취미였다. 그는 실론의 중요 문화재들을 일부러 찾아다니며 수집했는데, 군사적 목적은 아니었다. 하지만 그가 이 지역을 자유롭게 활동할 수 있었던 것은 그가 실론을 지배한 영국의 군인이었기 때문이다.

이처럼 영국이 타국에서 문화재를 수집하고 고고학 활동을 할 수 있었던 것은 유럽 밖으로 식민지를 확장하고자 했던 팽창주의적 정책이 성공한 결과였다. 특히 영국은 인도를 획득하면서 인도의 국경 방어와 동방 진출을 위해 동지중해 지역과 서남아시아의 세력권 변화, 그리고 경쟁 국가들의 외교적 변화에 민감하게 반응했다. 이처럼 이 지역의 세력 구도가 정치적으로 중요해짐에 따라 이곳에서의 유물 수집과 연구는 앞서 설명한 중앙아시아의 예처럼 대부분 군사·외교적 목적을 위한 정보 수집 활동에서 시작되었다. 고고학 성립의 역사를 학문적 열정만으로 설명하지 못하는 이유는 이처럼 고고학의 가장 중요한 과정인 발굴 작업이 특정한 정치적 목적을 갖고 시작되었다는 태생적 한계를 지니고 있기 때문이다.

따라서 18세기 귀족들의 옛것 연구 활동과 19세기 연구 활동의 결정적 차이는 그 과정에 국가나 정부의 개입이 있었는지, 그 결과물이 국가의 특정 목적에 이용되었는지 여부와 관련 있다. "제국주의의 지형"에서 전개된 이집트 유물에 대한 영국—프랑스 간의 경쟁 구도는 12년 넘게 이어진 영국—프랑스 전쟁과 1815년 프랑스의 워털루 전쟁 패배, 그리고 나폴레옹의 실각이 상당한 영향을 주었다.[152] 영국은 프랑스와의 군사적 경쟁관계 속에서 이집트 문명이 내포하고 있는 새로운 가치와 역할을 명확히 인지하기 시작했기 때문이다. 이후 영국은 고고학 발굴 작업의 성공을 위해 국가의 인적·물적 자원을 적극적으로 지원했다. 문화재 수집에 있어 영국은 프랑스에 비해 결코 소극적이지 않았다.

영국은 어떻게 문화재를 반출했을까

고고학 발굴 작업에서 영국 정부가 개입해야만 했던 가장 필수적 단계는 크게 두 가지로 나뉜다. 첫째는 발굴 허가와 발굴한 혹은 유적지에서 절단한 유물에 대한 반출과 소유권을 인정하는 허가증을 받아 내는 것이고,* 그 다음은 이렇게 획득한 유물

---

* 여기서 '절단한 유물'이란 땅속이나 그동안 아무도 몰랐던 곳에서 발굴한 문화재가 아닌, 파르테논 마블이나 이집트의 오벨리스크나 무덤과 같이 이미 노출되어 있고 알려진 기념물을 강제적으로 분리하여 얻어 낸 것을 말한다. 이는 파르테논 마블의 칙허장의 문제와 마찬가지로 원산국의 반출 조건에 해당되지 않는 사항이다. 즉, 새로이 발견한 것에 대해서는 반출의 허가나 소유권을 주장할 수 있지만, 이미 위치와 소유주가 명백한 유적지에 대한 무분별한 절단과 파괴는 발굴과 구분된다.

을 영국까지 안전하게 수송하는 것이었다. 발굴 작업과 유물 수송은 영국이 유물을 발견하고 소유하는 데 있어 가장 중요한 단계라고 할 수 있다. 첫 단계의 성공 여부는 군사·외교적 영향력과 비례하는 것으로, 가장 강력한 제국주의 국가였던 영국에게는 발굴허가권을 얻거나 취득물을 반출하는 행위가 당시 그다지 어렵지 않았다. 한 예로, 아시리아 유적을 발굴하기 위한 전 단계로 각종 허가를 얻기 위해 콘스탄티노플로 향했던 레이어드는 캐닝으로부터 편지를 받았는데, 거기에는 여행허가증이 동봉되어 있었다. 이 허가증은 오스만 튀르크 제국의 수상^{Grand Vizier}으로부터 모술에 있는 파샤^{Paşa}에 이르기까지 제국의 고위 인사들이 그의 오스만 제국 내 여행을 허가한다는 내용이 담겨 있었다. 또한 이 허가장은 영국이 님루드의 고대 유물들을 확보할 수 있도록 보장해 주는 것이기도 했다. 모술의 파샤는 영국 대사관으로부터 이 "젠틀맨[레이어드]"의 발굴 허가와 그의 발견물을 영국으로 가져갈 수 있도록 허가해 달라는 부탁을 받았다. 수상은 "두 나라 사이에 확실히 존재하는 진실한 우정은 그러한 요구를 수락하는 은혜를 베풀었다"고 언급했다.[153]

이로써 레이어드는 님루드를 비롯하여 사막화된 지역 내에서는 원하면 어디서도 발굴할 수 있었을 뿐 아니라, 그곳에서 찾은 유물을 자유롭게 런던으로 반출할 수 있도록 허가받았다. 이는 영국이라는 국가의 힘과 콘스탄티노플 대사였던 캐닝의 행정적 지원의 결과였다. 이처럼 당시 고고학자는 국가와 정부의 직·간접적인 지원 없이는 발굴하기가 불가능했다.

오히려 영국 외교관들과 학자들에게는 발굴한 유물을 수송하는 게 더 까다로운 문제였다. 섬나라인 영국으로서는 육로뿐 아니라 반드시 해로를 거쳐 엄청난 양의 유물을 수송해야 했기 때문에 거대한 배라는 특수한 운송수단의 확보가 무엇보다 중요했다. 이 수송 단계에서 가장 중요한 역할을 했던 것이 바로 영국의 해군본부와 해군력이었다. 19세기에 아프리카와 아시아 지역에서 획득한 문화재를 영국으로 운반하는 데 해군의 지원은 필수 불가결하였다. 영국 해군이 문화재 수집과 운반에 적극적으로 개입한 몇 가지 사례를 살펴보면 이러한 점은 더욱 분명해진다.

우선 앞서 설명한 레이어드도 해군의 운송 지원을 받았다. 당시 영국은 프랑스와 아시리아 유적 발굴을 경쟁하고 있었고, 일부에서는 영국 정부와 영국박물관이 프랑스에 비해 아시리아 유물 발굴 사업에 충분한 지원을 하지 않는다고 불평하는 상황에서, 레이어드도 자신이 충분한 지원을 받지 못한다고 느꼈다. 하지만 발굴 허가증인 오스만 튀르크 제국의 칙허장과 더불어 가장 어려운 과정인 운송에 있어서도 정부의 지원을 받았다. 그가 1846년과 1847년에 걸쳐 발굴한 아시리아 유물은 1848년과 1849년에 걸쳐 영국에 도착했는데, 이 유물을 수송한 수단에는 민간 선박뿐 아니라 정부 관련 선박도 포함되어 있었다. 한 예로 영국 해군본부 자료에 남아 있는 군함 점나HMS Jumna의 1848년 3월 18일 선적 일지에서 "아시리아 조각들이 실린 56개의 케이스를 인수 받음"이라는 기록을 찾을 수 있다.[154] 이는 당시 해군과 같은 국가적 자원이 적극적으로 영국 학자들의 해외 발굴 작업과 문화재 운송 작업에 투입되었음을 보여 준다. 해군은 영국을 제국으로 만든 가장 중요한 요소였다. 그러한 국가적 역량이 문화재 운반에 이용되었다는 것은 문화재 획득에 대한 당시 영국 지배 계급의 인식을 잘 보여 준다. 이 해군 투입을 통한 문화재 수송이 본격적으로 시작된 것은 바로 파르테논 마블 때부터였다.

문화재 약탈의 역사에 한 획을 그은 7대 엘긴 백작 토마스 브루스Thomas Bruce, 7th Earl of Elgin, 1766~1841(이하 엘긴)의 파르테논 마블 약탈 행위는 영국 정부의 영향력이 개입한 결과였기 때문에, 영국의 해외 문화재 수집이 개인적 성격의 행위가 아니었음을 보여 주는 대표적 사례다. 엘긴이라는 개인의 고군분투 끝에 파르테논 대리석들이 영국의 손에 들어왔고 영국 의회와 영국박물관이 이를 엘긴으로부터 헐값에 사들인 것이라는 인식이 있었지만, 수정주의적 시각에 따르면 사실 이른바 '엘긴 기획'은 처음부터 끝까지 정부의 개입과 도움 없이는 불가능한 일이었다. 이는 이 책에서 지적하고자 하는 핵심 중 하나인 '영국의 문화재 수집은 사적 차원에서 이루어진 것이 아닌 국가의 공적 지원이 중대한 역할을 했다'는 명제를 뒷받침하는 중요한 초기 사례로, 파르테논 마블의 입수 과정에서 정부의 역할을 짚어 볼 필요가 있다.

엘긴은 1800년대 초, 200톤에 달하는 파르테논의 대리석 조각들을 영국으로 들여왔다. 이 과정에서 막대한 비용을 지출한 엘긴은 결국 재정적으로 파산했고, 이 조각들을 영국박물관 전시물로 국가에 매각하고 싶다는 의사를 밝혔다. 논의 끝에 영국 의회는 엘긴의 수집품을 3만5천 파운드(약 5천145만 원)에 구매했다. 이는 엘긴이 파르테논 마블 입수를 위해 지출했다고 주장하는 6만2천

7대 엘긴 백작인 토마스 브루스. 파르테논 신전을 해체하여 현재 영국박물관에 '엘긴 마블'을 전시하게 한 장본인이다. 그의 후손인 11대 엘긴 백작인 앤드류 브루스Andrew Douglas Alexander Thomas Bruce, 1924~는 선조의 노력이 문명의 보존에 기여한 것이라고 말하며, 파르테논 마블 문제에 관해 19세기 초 인물이었던 7대 엘긴 백작과 다를 바 없는 인식을 보여 주었다.[155]

엘긴이 1801년 파르테논 신전에서 대리석 조각 일부를 해체해 영국으로 가져왔다. 현재 영국박물관에 전시되어 있다.

440파운드(약 9천178만 원)에 훨씬 못 미치는 액수였지만, 파산 상태였던 엘긴은 별다른 이의를 제기하지 못하고 이를 받아들여야 했다.[156] 마블을 헐값에 넘길 수밖에 없었던 엘긴에게 다소 억울해 보이는 이러한 상황은 엘긴의 독자적 행동의 결과로 이런 문화재가 입수되었고, 영국 정부가 어쩔 수 없이 파르테논 조각들을 인수했다는 인상을 주면서, 엘긴이 수집한 대리석 조각들이 영국박물관에 소장되는 과정에서 영국 정부의 역할이 거의 없었던 것처럼 보인다. 하지만 엘긴이 이 파르테논 조각들을 획득할 수 있었던 정치적 배경에서부터 영국 정부의 역할은 크게 작용했다.

우선 영국이 맘루크 군대를 물리치고 이집트 원정에 성공한 프랑스군과의 전쟁에서 1801년 최종적으로 승리하면서 명목상으로는 이집트의 지배권을 오스만 제국에 돌려주었기 때문에,• 오스만 튀르크의 지배하에 있는 그리스 지역에서 영향력을 상당히 행사할 수 있는 환경은 만들어졌다. 따라서 콘스탄티노플 대사로 있었던 엘긴이 파르테논 신전의 탁본을 뜨고 근방의 발굴 조사를 허가하는 칙허장firman■을 받을 수 있었던 데에는 이처럼 프랑스에 대한 영국의 군사적 승리로 인해 서구 열강 중 영국이 가장 먼저 강대국의 지위를 획득했기 때문이었다. 엘긴 또한 파

• 당시 맘루크 지배 이후 이집트의 실질적 지배자로 등장한 인물은 이집트의 근대화에 기여한 무함마드 알리Muhammad Ali, 1769~1849로, 그는 프랑스와 친밀한 관계를 유지하며 이집트를 근대화하고 오스만 튀르크의 영향력으로부터 독립하고자 했다.[157]

■ 이 칙허장은 후에 영국의 파르테논 마블 취득 과정이 합법적이었냐는 논의에서 가장 많은 논란이 제기되는 부분이다.[158]

르테논의 조각들을 떼어 오면서 이를 개인적 수집 목적이 아닌 영국의 대사로서 국가의 미적 안목 향상과 교육을 위한 것이며, 또한 외교의 일환인 공무라고 생각했다.[159]

따라서 엘긴은 이 획득물을 영국으로 옮기는 데 국가가 운송 수단과 재정적 지원을 해 줄 것을 기대했다. 1801년 9월, 그는 정부에 마블 운송을 위해 해군 측에 거대한 군함을 요청했는데, 여기에는 두 가지 의도가 있었다. 우선 무거운 대리석 조각들을 운송하기 위한 현실적 이유 때문이었다. 다음으로는 영국의 군 사력을 아테네의 시민들에게 과시하면서 영국이 이 위대한 문 화유산을 보호할 능력이 있으며, 군함을 동원함으로써 자신들이 그만큼 그리스의 유산을 대하는 데 주의를 기울이고 있음을 보 여 주기 위한 것이었다.[160]

엘긴이 획득한 파르테논 마블을 수송하는 데 해군의 도움을 청한 것에서 주목해야 할 점은 엘긴이 스스로 이것을 공무라고 여겼으며, 그가 해군 자원을 이용할 권리를 행사하는 것에 대해 그 누구도 이의를 제기하거나 의문을 품지 않았다는 점이다.[161] 실제로 이 문화재들은 수년에 걸쳐 동인도회사의 상선과 해군 군함을 이용해 영국으로 옮겨졌다. 이는 19세기 초부터 역사적 가치를 지닌 유물의 획득이 군사력과 국가적 위신을 보여 주는 정치적 역할을 한다는 것에 대한 공감대가 영국 지배 계급에 정 착되었음을 보여 준다. 17개의 상자를 싣고 가던 엘긴의 개인 범선이 키테라섬 Cythera(그리스 펠로폰네소스 남동부의 섬) 근해에 서 침몰하자, 넬슨 제독은 안전한 운반을 위해 수송선을 수배해 주었다. 영국 해군의 상징인 넬슨의 지원은 엘긴의 수집품을 안전하게 영국으로 운반하는 것을 국가가 보장해 준 것이라고 볼 수 있다. 실제로 엘긴뿐만 아니라 여러 수집가가 정부에 요청하여 해군 군함을 유물 운송 수단으로 사용했고, 해군 측도 인적·물적 지원을 제공하는 데에 자발적이고 적극적인 태도를 보였다.* 이 중 엘긴 마블의 운송은 대규모 문화재 운반에 영국 해군이 개입한 최초의 사례로 기록되었다.

19세기 유물 수집 열풍의 이유, 예술인가 정치인가

1811년, 유럽의 건축가와 예술가로 이루어진 국제적 고전문화연구협회 '그리스의 친구들Friends of Greece'이 결성되었다. 이 협회 소속의 영국 건축가 찰스 코커렐Charles R. Cockerell, 1788~1863 과 존 포스터John Foster, 1786~1846, 그리고 프러시아와 덴마크 귀족의 대리인으로 이루어진 팀은 같은 해에 아이기나섬Aegina의 아파이아 신전Temple of Aphaea에서 대량의 대리석 조각들을 발견했다.[163] 파르테논 마블과 같은 가치를 갖는다고 평가받은 이 조각들은 1812년에 경매에 붙여지게 되었다. 영국 정부는 이 대리석 유물들을 구매하고자 계획하고, 이것을 자킨토스섬Zakynthos으로부터 영국이 점령하고 있는 안전한 식민지인 몰타섬으로 수송하기 위해 미리 군함을 파견했다. 영국의 딜레탕티회는 이 조각

---

* 여기에는 해군 제독이나 함장도 옛것 애호가인 경우가 많았기 때문이었다. 당시 고고학 연구는 완전히 전문화되지 않았고, 상류 계층의 고급 취미(취향)였기 때문에 다양한 직업·직위를 가진 수집가들이 존재했으며, 이 중에는 군인도 상당수 포함되어 있었다.[162]

들을 '영국'이 획득해야 한다고 정부를 설득했다. 영국박물관의 고전부Department of Antiquities 관장도 이 경매에 적극적으로 참여했고, 후에 조지 4세George IV, 1768~1830, 재위 1820~1830로 즉위할 왕세자가 6천 파운드(약 882만 원)에 구매하기로 결정했으나 경매에서 실패하였다. 이에 안타까웠던 영국 측 인사들은 부적절한 방법을 써서라도 몰타섬 밖으로 그 유물들이 반출되지 않도록 허가를 내 주면 안 된다고 말하기까지 했다.[164]

여기서 주목해야 할 점은 구입 주체가 개인임에도 불구하고,• 영국인이 사들이는 것을 국가적 차원의 일로 확대하여 다른 나라가 아닌 '영국'이 구매해야 한다고 강조한 점과, 세계시민주의적 성격을 지닌 '그리스의 친구들'이 발견한 유적지의 유물들에 대한 구입 경쟁이 국가적 대결 구도의 성격을 보인다는 점이다. 이는 당시 영국 측 관계자들이 아이기나섬의 고전 시대 유물을 소유함으로써 영국이 고전문화에 대한 고급 취향을 가지고 있다는 것을 과시하고 싶었음을 보여 준다. 영국은 국가의 문화적 수준을 과시하는 데 있어 유물의 유용한 역할과 그것을 소유한다는 행위가 내포하고 있는 상징적 가치를 인식하고 있었다.

터키 서쪽의 산악 지대에 있는 리키아Lycia(오늘날 터키 남동 해안의 안탈리아와 물라에 해당하는 고대 그리스 도시)의 그리스 시대 유적 발굴 또한 문화재 수집을 위해 영국 정부 및 군대가 대대적으로 지원한 사례로 볼 수 있다. 고대 그리스 시대의 리키

• 왕족이지만 영국은 프랑스처럼 왕족의 컬렉션이 공적 전시의 대상으로 전환되지 않았기 때문에 개인적 컬렉션의 성격이 더 강했다.

아 왕국의 문화는 당시 서유럽에 잘 알려지지 않았다. 그러다가 1838년 영국인 찰스 펠로우즈Charles Fellows, 1799~1860가 크산토스 강Xanthus 주변을 여행하면서 리키아의 수도 크산토스 유적을 발견하게 된다. 그는 자신이 발견한 유적에 대해 설명한 책『소아시아 여행기*Journal Written During an Excursion in Asia Minor*』•를 출판했고, 이는 당시 영국박물관의 고전부 관장으로 있던 에드워드 호킨스Edward Hawkins, 1780~1867의 관심을 끌었다.[166] 곧바로 호킨스를 비롯한 영국박물관의 이사들은 크산토스 유적을 발굴하기 위한 정부 지원을 요청했고, 외무부와 콘스탄티노플의 대사는 발굴 조사를 위한 칙허장을 약속해 주었다. 그 다음으로 중요한 사항은 안전한 호송이었다. 이번에도 역시 해군본부는 동지중해 지역을 담당하는 함대사령관에게 획득한 유물들의 이전과 영국으로의 호송을 명령했다. 다음의 서신은 영국박물관과 정부의 공조 관계를 잘 보여 준다.

> 저는 파머스턴 자작님Viscount of Palmeston으로부터 당신[외무부 관료]이 영국박물관의 이사들을 잘 알아야 한다고 지시받았습니다. 그리고 자작님은 콘스탄티노플 주재 영국 대사에게 당신이 3월 18일 편지에 언급한 유물들에 대한 허가장을 오토만 제국 정부에 신청하라고 할 것입니다. 이후 그 결과를 로버트 제독에게 알려주십시오.[167]

• 펠로우즈는 이 여행기에 삽입된 크산토스 유적의 스케치를 직접 그려 넣었다.[165]

MARBLE TOMB AT XANTHUS.

John Murray London, 1839.

찰스 펠로우즈가 『소아시아 여행기』에서 직접 스케치한 크산토스 유적 그림

이처럼 영국박물관–정부–해군은 발굴하고 획득한 유물을 수송하기 위해서 긴밀하게 연락을 주고받았다. 영국박물관은 해군 관료까지 미리 수배해 놓는 등 크산토스 유적을 가져오기 위한 만반의 준비를 했지만, 끝내 오스만 튀르크 제국의 칙허장을 받아 내지 못함으로써 1839년의 이 시도는 실패로 끝났다.[168] 이집트 총독 무함마드 알리와 오스만 튀르크 제국의 갈등으로 팔레스타인 지역을 포함한 소아시아 지역이 군사적 긴장감이 팽배한 상황이어서 유적 발굴을 위한 허가가 쉽게 나지 않았기 때문이다. 이집트에서 프랑스군이 물러나고 새롭게 권력을 잡은 무함마드 알리는 이집트 총독에 머무르지 않고 팔레스타인 지역까지 세력권을 넓히고 있었다. 이에 영국은 서남아시아 지역의 세력 균형을 위해 오스만 튀르크 제국과 손을 잡았다. 무함마드 알리는 프랑스와 손을 잡고 있었기 때문에 영국으로서는 알리의 세력이 서남아시아에서 확장되는 것은 곧 프랑스가 서남아시아 지역에 대한 영향력을 장악하는 것과 같은 의미였다. 결국 영국이 이집트와 오스만 튀르크 제국의 세력 다툼에 관여하여 무함마드 알리를 이집트로 몰아내면서 1841년에 서남아시아 위기가 일단락된다. 이후 영국은 크산토스 유적을 얻기 위한 활동을 재개했다.

하지만 시간이 지체되면서 프랑스, 오스트리아 그리고 프러시아까지 크산토스 유적 발굴에 적극적인 관심을 보였다. 그 결과 영국 외무부와 해군은 공식적으로 군사 작전의 형태를 취하여 이전보다 더 크게 발굴 작업에 착수한다.* 영국의 도움을 받은 오스만 제국은 우호의 표시로 마침내 영국에게 크산토스 발굴의 허가장을 내주게 된다. 펠로우즈의 발굴팀은 정부로부터 지원반은 약 20명의 해군 상륙 부대와 함께 1841년부터 1842년까지 겨울 동안 발굴과 기록, 무너진 유적들을 재구성하는 작업을 수행했다. 이렇게 획득한 유물은 지중해 함대사령관이 편성한 해병대에 의해 영국으로 수송되었다.[170] 영국 정부가 이 정도로 공을 들인 리키아의 크산토스 유적은 현재 영국박물관 15실인 '아테네와 리키아Room 15 : Athene and Lycia'와 17실 '네레이드 제전Room 17 : Nereid Monument' 관에 전시되어 있다. 리키아의 발굴 사례는 영국의 입장에서는 정부와 해군이 협업하여 이룬 하나의 예술적·학문적 쾌거로서 이후 발굴 작업의 기준이 되었다.■

영국이 리키아 왕국의 크산토스 유적 조각품들을 소장하게 된 것은 당시 신고전주의 양식이 유행하고, 고전 시대 양식이 예술 양식의 최고봉으로 인식되던 영국에 매우 중요한 의미를 가졌다. 1840년대는 그리스·로마 시대 문명뿐 아니라 이미 고대 이집트 문명이 상당 부분 발굴되고, 상형문자도 해독(1822)된 상태였다. 하지만 빙켈만 같은 전문가를 비롯한 당시 대부분의 옛것 애호가들은 고대 그리스의 예술을 그 어떤 문화권의 예술보다 우월한 것으로 여겼다. 이러한 인식에는 역사의 흐름을 다양성의 공존이 아닌 단 하나로 보고, 그 진화의 정점에 유럽 문

• 펠로우즈는 망설이고 시간을 지체할수록 영국이 유물을 획득하기 어려워진다고 정부에 경고했다.[169]

■ 발굴과 연구 부분을 맡은 펠로우즈는 발굴지에서 주거지를 짓는 것, 날씨, 필요한 장비 등에 대해 해군으로부터 조언을 얻었다. 해군 또한 원활한 발굴 작업과 수송을 위해 땅에 박혀 있거나 땅속에 있는 조각이나 구조물들을 떼어 내거나 이동시키는 데 있어 이전 작업에서 나타난 문제점들, 그리고 정박 조건, 낯선 기후 등이나 선원들의 건강까지도 연구했다.[171]

영국박물관이 소장하고 있는 17실의 네레이드 제전

화의 기원이라 여겨지는 그리스 문명이 있다는 것을 전제한 단선적 문화론이 깔려 있었다.

유럽의 문화론, 그리스가 가장 위대한 문명이다

18세기 유럽 상류 계층의 고대 그리스 시대의 예술적 성취에 대한 찬미는 이처럼 단순히 예술적 취향에서 머물지 않고, 그러한 고급 취향을 향유하고 지식을 체계화하는 민족의 문명이 얼마나 발전하고 진보했는지를 상징하는 것으로 확대되었다. 19세기에 엘긴 백작의 파르테논 마블 약탈과 고대 그리스 도시 유적들에서의 발굴 경쟁은 고대 그리스가 갖는 상징적 의미가 정치적으로 승화되어 제국의 이미지를 형성하는 데 이용되는 모습을 잘 보여 주고 있다. 미술사가 캐럴 던컨Carol Duncan은 이에 대해 다음과 같이 설명하고 있다.

> 이 모든 과정 속에서 고급 미술의 개념은 재고再考되었다. 그것은 진귀한 예술적 달성이라기보다 모든 사회의 필수적 구성 요소 즉, 민족정신의 유기적 표현으로 여겨지게 되었다. 하지만 진화론적 접근법과 연관된 언어와 고대의 조각상과 본격 르네상스 미술을 최상으로 치는 관습은 오랫동안 유지되었다.[172]

이러한 예술적 관점은 미술관의 전시 방식에도 그대로 적용되어 문명의 진화를 보여 주는 방식으로 미술품이 전시되는 등 시대별 미술 양식의 우열 관계를 명백히 보여 주었다. 또한 이전의 혼란스러웠던 분류 체계를 더 합리적인 것으로 대체하고자 하는 이른바 진보적이고 계몽적인 서구적 사유의 결과물이었다. 이러한 18세기의 예술 인식은 이후 등장하는 제국주의 시대의 열강에게 유용한 이데올로기를 제공해 주었다. 19세기 유럽 국가들의 대부분의 공공 박물관들은 역사 발전 양상의 다양성을 인정하지 않고 서구의 역사 발전 방향을 유일한 기준으로 설정하는 단선론적 인식을 받아들였다. 던컨은 이러한 박물관(혹은 미술관)에서 이루어지는 개념화의 모습을 일종의 "의례ritual"로 보았다. 박물관을 새로운 연극적 무대로 설정하고 관람자가 새로운 의례적 정체성을 받아들이고 그 의례적 역할을 수행하도록 하는 공간으로 규정했다.[173] 다시 말해, 관람객은 박물관이 정해 놓은 의식의 흐름을 따라감으로써 상류 계층에 의해 규정된 문화를 공유하고, 그것을 통해 자신도 엘리트의 일원이 되어 상류 사회의 문화를 소유하는 것과 같은 경험을 하게 된다는 것이다. 이러한 의례 과정은 19세기 중후반에 이르러 유럽 밖으로의 팽창이 본격화되고 열강들 간 경쟁이 치열해지면서 박물관의 당연한 속성으로 자리 잡았다. 서구인에게 박물관과 미술관은 서구의 미적 기준을 바탕으로 문명·민족·계급을 구분할 수 있는 장소이자, 더 나아가 문화적 우월성을 느끼는 장소로 변모하게 된다.

이러한 예술론을 기반으로 그리스 아테네의 핵심적 유적이라고 할 수 있는 파르테논 신전의 조각뿐 아니라 그동안 알려지지 않은 고대 그리스 시대의 리키아 왕국과 크산토스의 이오니아식 조각품까지 손에 넣은 영국은 대표적인 그리스 예술 양식을 시대·지역별로 소장·전시하고 있다는 자부심을 갖게 되었다. 서구 열강들이 오스만 튀르크 제국에 대항한 그리스의 독립운동에 끼어들었을 때 행위의 정당성을 위해 내세운 가장 중요한 논리가 그리스가 무슬림의 지배하에 있는 기독교 국가일 뿐 아니라 유럽 문명의 요람이라는 것은, 당시 유럽 사회가 고대 그리스 문명을 얼마나 중요하게 인식하고 있었는지를 잘 보여 주고 있다.[174]

영국에서 고전주의가 갖는 이러한 특별한 위상은 영국성 Englishness의 중요한 특징 중 하나로 언급되는 엘리트주의에 기초하고 있다. 영국은 신분 사회에 기초한 여느 사회와 마찬가지로 출신 배경과 연줄에 의거하여 국가에 필요한 인재를 선발했다. 여기에 영국 특유의 퍼블릭 스쿨public school—옥스브리지•—고급 공무원, 고위 장교 선발로 이어지는 출세의 전형적 코스는 영국의 엘리트 사회를 더 견고히 만든 특수한 요소였다.[175] 특히 대학 시험도 아닌 행정 기관의 실무진을 뽑는 공무원 시험에서도 그리스어와 라틴어 같은 고전 시험이 매우 중요한 비중을 차지하고 있었다는 것은, 고전 교육에 기초한 인문주의 전통을 중요시 여기는 풍조가 만연해 있는 영국의 사회 분위기를 보여 주고 있다.

따라서 이러한 교육 과정과 출세 코스를 밟지 않은 사람은 진정한 상류 계층으로 인정받기 힘들었고,■ 고전 교육을 통해 재생산된 엘리트 계층이 영국의 예술적 취향과 문화의 기준을 만들었다. 고전 교육에 기초한 학벌과 연줄에 의한 영국 사회의 견고한 상류 사회의 관계망은 지금까지 살펴본 것처럼, 개인·외교

• 옥스퍼드대학과 케임브리지대학의 줄임말

관·정부 기관·해군으로 촘촘하게 연결된 협력 관계를 통해 문화재의 발굴과 수송을 가능하게 한 중요한 원동력이었다. 이들이 협력하여 해외의 문화재 발굴에 적극적으로 참여한 것은 제국주의적 경쟁 이전에 고대 그리스 문화의 우월성과 그것의 후계자는 자신들이라고 여기는 문화적 공감대가 이미 형성되어 있었기 때문이었다.

18세기에 유럽 상류층과 지식인들 사이에서 신고전주의 양식이 최고의 미적 기준이라는 공감대가 형성된 것처럼, 19세기 식민지(동양)에서의 고고학적 활동으로 얻은 결과물에 대한 인식과 그것을 연구한 결과에 대한 오리엔탈리즘적 해석도 당시 서구 지식인들 사이에 나타난 공통된 성향이었다. 특히 오리엔탈리즘이 갖는 이중성은 영국의 유물 수집에서 매우 중요한 특징이라고 볼 수 있다. 유럽인은 자신들이 미개하다고 여겼던 아시아와 아프리카 고대 문명을 처음으로 접했을 때 잠시 혼란에 빠진다. 그들을 지배하기 위해 '문명 대 야만 / 서양 대 동양'이라는 차별적 이분법을 적용했지만, 실재 동양의 뛰어난 문명이 서양의 주장을 뒷받침해 주지 않기 때문이었다. 하지만 서구 열강들은 적극적으로 이러한 혼란을 극복했다. 바로 동양의 문명을 소유하고 그것을 자신들의 문화로 길들이는 것으로, 약탈한 문화재를 연구하고 전시하며 제국의 성과로 선전하는 것이 바로

■ 레이어드가 아시리아 발굴에 적극적이었던 것도 당시 사회적 분위기에서 별다른 배경과 학벌이 없었던 그가 상류사회로 진출할 유일한 방법이라고 생각했기 때문이었다.

그것이었다. 이 과정을 통해 동양의 과거는 위대하지만 현재는 미개하며, 그것을 관리할 수 있는 자격은 서양뿐이라는 결론에 도달하게 된다. 그리고 이 과정의 궁극적 목표는 서양의 문화로 포섭된 동양 문화를 서양 문명의 위계질서에서 고대 그리스 문명보다 하위에 두는 것이었다.

유럽은 '야만적 원주민'으로부터 유물을 '구제'했는가

18세기 말에 이미 프랑스의 한 귀족은 이집트에 관한 옛것 연구 운동은 이집트를 식민화하기 위한 하나의 논거라고 주장했다.[176] 이는 옛것 연구라는 활동이 19세기에 이르면 제국주의적 정책에 봉사하는 정치적 성격으로 바뀌고 있음을 보여 준다. 프랑스의 선장 베르니낙 생–모르E. de Verninac Saint-Maur는 자신의 이집트 여행기에서 다음과 같이 제국주의적 발상을 언급한다.

> 나일강의 범람과 터키인의 야만적 무관심으로부터 오벨리스크를 구해 낸snatch 프랑스는 [그 기념물에 대한] 권리를 얻었다. 이는 유럽 학자 덕분으로, 모든 고대의 유물은 이들에게 속해 있다. 왜냐하면 유럽의 지식인만이 고대의 유물을 어떻게 감상하는지 알고 있기 때문이다. 고대 문화는 자연적 권리에 의해 그것의 열매를 재배하고 수확할 수 있는 자에게 속한 정원이다.[177]

합법적 권리를 주장하는 이러한 담론은 매우 강력한 힘을 발휘해서 고고학 경쟁의 승패를 떠나 어떤 유럽 국가든 '야만적 원주민'으로부터 유물들을 '구제'하는 것이 가장 중요하다고 강조했다.[178] 그 결과 유럽 열강들은 서로 고대 문명이 남긴 유물을 차지하기 위해 치열한 경쟁을 벌이면서도 자신들이 그것을 소유하고 보존할 권리가 있다는 믿음에 대해서는 한 치의 의심도 품지 않았다. 이러한 믿음의 근저에는 해당 지역에 거주하는 원주민(혹은 국가)에 대한 유럽인의 문화적 우월성이 확고하게 자리 잡고 있었기 때문이다. 파르테논 마블을 차지하기 위한 경쟁에서 엘긴에게 패한 프랑스의 슈아죌–구피에Choiseul-Gouffier, 1752~1817는 영국에 "질투의 아픔"을 느꼈지만 "이 훌륭한 작품[파르테논 마블]을 터키인의 야만성으로부터 구해 내고, 대중에게 공개를 허락할 계몽된, 박식한 감정가에 의해 보존하게 된 것"을 예술을 사랑하는 모두가 기뻐해야 한다고 말했다.[179]

이렇듯 19세기의 유물 수집과 그것의 연구와 활용이 학문의 영역에서 개개인의 학술 활동의 차원이 아닌 일종의 민관 협력의 방식으로 이루어지고, 연구의 방향성이 당시 영제국의 식민지 정책과 유럽 우월주의의 개념과 동일선상에 있었다. 따라서 고대의 유물들을 발굴하고 연구하는 학문으로 자리 잡은 고고학 또한 당시 특수한 사회적 분위기의 영향을 받지 않을 수 없었다. 고고학은 19세기를 거치면서 기존의 개별적 탐험과 발굴 활동에서 벗어나 정부가 세운 재외在外 학교foreign school, 국립 박물관, 대학, 공공 학술 단체 등 구체적 목표와 탄탄한 재원을 갖춘 중심 기관의 지휘를 받는 더 큰 규모의 고고학 탐사로 대체되었다. 이는 앞에서 설명한 두 가지 사례에 의해 분명하게 드러난다. 앞서 크산토스 유적을 탐사한 펠로우즈는 이에 관한 책을 자비로 출판했고,[180] 이 책에 관심을 가진 영국박물관에 의해 이후 크산토스 유적에 대한 영국의 대대적인 발굴이 진행되었다. 반면 20세기 초 중앙아시아 탐험에 이르면, 아우렐 스타인은 개인 자격이 아닌 영국—인도 정청의 지원금을 받고 실크로드 유적을 발굴했다. 따라서 이 탐험의 결과물을 담은 책도 자비가 아닌 정부의 지원금을 받고 출판되었다.[181]

이러한 상황을 종합해 보면 해외에서 이루어지는 거의 모든 고고학 활동이 20세기에 들어서면 상당 부분 정부나 공공 기관의 기획이나 의도에 따라 이루어졌음을 추측할 수 있다. 그 결과 영제국의 영향력이 미치는 지역에서의 고고학 활동은 국가의 정치적 목적과 지배의 필요에 따라 행해졌다. 특히 고고학이 점차 과학적인 방법론으로 무장한 학문의 모습을 갖추어 감에 따라 제국의 정책과 지배의 정당성을 보다 객관적으로 증명하는 수단으로 활용되었다. 문화재 수집은 이제 문화와 예술의 영역이 아니라 정치와 외교의 영역이 되었다. 따라서 영국은 거대한 유물을 획득하고 영국으로 옮기기 위해 자국의 외교력과 해군력을 아낌없이 제공했던 것이다.

제2부

오늘날 세계는 문화재 약탈을
어떻게 바라보는가

지금까지 우리는 문화재 약탈의 역사를 19세기 서구 열강들의 식민지 확장과 제국주의 정책과의 인과관계 속에서 살펴보았다. 또한 제국의 팽창과 문화재 수집 열풍의 상호관계 속에서 고고학이라는 학문이 비약적으로 발전할 수 있었음을 구체적인 역사적 사례를 통해 확인할 수 있었다. 고고학은 오늘날 객관적이고 과학적인 연구방법론을 가진 하나의 학문 분과로 자리 잡았다. 하지만 지금까지의 논의에서 유추할 수 있듯이, 유물 수집 과정에서 성립된 고고학의 역사가 유럽의 제국주의 팽창의 역사와 그 궤를 같이했다는 점은 고고학이 온전히 가치중립적인 학문으로 평가받지 못하는 원인이 되고 있다. 지난 20~30년 동안 고고학사에서 나타난 수정주의적 연구는 고고학의 역사적 배경에 대한 그러한 비판적 시각에 기초하고 있다. 고고학자 클레어 라이온스Claire L. Lyons는 고고학으로 인류의 식민지 팽창의 역사를 살펴본 저서 『식민주의의 고고학The Archaeology of Colonialism』의 서론에서 "식민주의적 사고방식colonialist mentalities은 고고학과 관련한 지식 형성에 중요한 요소 중 하나"라는 점이 학자들 사이에서 일반적으로 수용되고 있음을 언급하며, 고고학사가 가진 제국주의적 색채를 지적했다.[182] 앞서 살펴보았듯이, 문화재 약탈이 열강들 간의 경쟁 속에서 가속화되고, 또 그렇게 획득한 문화재를 「티푸의 호랑이」나 『금강경』처럼 제국의 상징으로 과시했다는 점은 영국과 같은 열강들이 고고학이라는 학문을 매개로 문화재에 제국주의적 색채를 입히려 했음을 명료하게 보여 준다.

그렇다면 20세기에 들어서 문화재에 대한 인식은 어떻게 변화했을까? 문화재에 대한 서구의 인식은 이제 19세기와는 사뭇 다른 양상으로 바뀌어 갔다. 이 변화의 중심에 있었던 것이 바로 국제법이다. 유럽의 주요 국가들은 공동으로 문화재의 개념을 법적으로 정의하고 그것을 보호하는 쪽으로 태도를 바꾸었다. 문화재를 보호하고자 하는 인식은 아주 멀게는 고대 로마 시대부터 가깝게는 19세기부터 존재해 왔다. 그러나 이러한 변환의 가장 직접적 원인은 20세기 전반기에 일어난 세계사의 결정적 사건인 두 차례의 세계대전에 있다. 19세기 초의 나폴레옹 전쟁 이후 거의 100년 만에 유럽 열강들 사이에 벌어진 대대적인 전면전은, 여러 측면에서 유럽의 사회와 문화를 파괴함과 동시에 변화를 가져온 분기점이었다. 이 중 전쟁으로 파괴된 문화재의 참상은 문화재에 대한 유럽인의 인식에도 큰 변화를 가져왔다.

하지만 문화재 파괴에 대한 위기감과 그에 따른 문화재 보호주의가 유럽 이외의 지역, 즉 대부분 유럽의 식민지이거나 그 영향력하에 있었던 아시아와 아프리카의 문화재에도 적용되었을까? 유럽의 문화재 보호에 대한 인식에는 함정이 있었다. 바로 문화에 대한 유럽 우월주의와 여전히 강력한 힘을 발휘하고 있는 제국주의 이데올로기다. 두 요소는 유럽 국가들의 주도하에 만들어진 문화재 보호를 위한 국제법에도 영향을 미쳐, 보편적이고 공명정대해야 한다고 여겨지는 법의 영역에 제국주의적 색채를 덧씌웠고, 그 결과 제국의 식민지들은 자신들의 문화재에 대해 정당한 소유권을 주장할 수 없었다.

1. 문화재 보호를 위한 근대적 노력, 국제법

　　문화재 취득 과정의 합법성 여부를 가리는 것은 반환을 요구하는 원산국이나 현 문화재 보유국 모두에게 가장 기본적이면서도 중요한 쟁점이다. 취득의 합법성이 바로 정당한 소유권의 근거가 되기 때문이다. 따라서 과거 식민지였던 원산국들의 반환 요구에 대해 영국박물관이 한결같이 합법적 취득에 의한 정당한 소유권을 주장해 온 반면, 반환을 요구하는 원산국들은 영국의 취득이 무력에 의한 약탈과 불법 반출이라며 그 합법성을 인정하지 않고 있다. 영국박물관에 있는 대부분의 중요 문화재들은 18세기 후반에서 20세기 중반에 이르기까지 영국이 제국을 확장하는 과정에서 세계 각지로부터 수집한 것들이다.* 이 시기 영국으로 유입된 문화재 취득의 합법성 문제에서 가장 핵심은 원산국의 주권이 박탈된 상태에서 이루어진 문화재의 이동이 과연 합법적인가, 불법적인가에 있다. 하지만 이 쟁점에 대한 법적 기준이 존재하지 않기 때문에 현재의 법체계에서는 판단하기가 어렵다. 당시에는 소유권이 불분명하거나 소유자가 존재하지 않는 유물에 대한 소유권은 발견자에게 있다고 여겼기 때문이다.

더 근본적인 문제는 동서고금을 막론하고 '패전국의 재산은 당연히 승전국의 전리품'이라는 인식에 있다.

국제법 탄생의 역사적 배경

문화재 보호와 관련된 법의 역사를 살펴보면 그 기원이 로마 시대까지 거슬러 올라가지만, 반환에 유리한 법적 조치가 강제적 효력을 갖고 광범위하게 시행된 역사적 사례는 찾아보기 힘들다. 대부분의 문화권에서 그렇듯 유럽에서도 전쟁 시 패전국의 재산을 몰수하거나 약탈하는 행위가 사실상 용인되어 왔기 때문이다. 특히 유럽 법체계의 기초가 되는 로마법에 따르면 적의 재산은 승리자의 것이었고, 이후 전시 약탈의 정당성이 관습화되었다.▪ 중세에는 무분별한 약탈을 막기 위해 전쟁에 따르는 약탈을 '정당한' 전쟁에서만으로 한정하고자 하는 시도가 있었지

• 그 이전에도 그랜드 투어를 떠난 영국 상류층 인사들이 유럽 각지에서 수집한 물건을 대량 유입했고, 프랑스혁명 이후에 왕족과 일부 귀족이 몰락하면서 그들이 소장했던 물건이 무더기로 시장에 나와 영국으로 유입되기도 했다. 하지만 이때 들여온 것들 중 대다수는 회화나 조각 같은 미술품이었고, 일부 고고학적 유물들 즉, 동전이나 메달, 소품 등은 현재 문제시 되고 있는 국가의 정체성을 상징할 만한 중요한 것들이 아니다. '문화재' 성립의 중요한 역할을 하는 고고학이라는 학문 자체도 19세기 중반이 지나서야 형태를 갖추기 시작했기 때문에, 그 이전에 영국으로 유입된 예술품과 현재 반환 논쟁의 중심에 있는 유물은 다른 성격을 지닌다고 할 수 있다.

▪ 기원전 1세기 로마공화정 시대에 키케로Marcus Tullius Cicero, 기원전 106~43가 시칠리아의 예술품과 역사적 유물들을 수탈한 총독 베레스Gaius Verres를 문화재 절도로 기소하여 승소해 반환한 최초의 사례가 있다. 그러나 이러한 인식이 이후 일반적인 것으로 확장되지는 못했다.[183]

만 잘 지켜지지 않았고, 오히려 약탈은 승자의 고유한 권리라는 주장이 주류를 이루었다. 그러나 르네상스 시대에 이르러서는 예술 작품에 중요한 가치를 부여하기 시작했다. 그 결과 1553년에는 전쟁 약탈품에서 예술이나 문학 작품은 제외되어야 한다는 국제 협약 조항까지 나타났다.

17세기에 이르면 그러한 인식이 이론만으로 끝나는 것이 아니라 평화 조약에 문화재 반환에 관한 내용이 포함되어 실행되는 경우도 간혹 있었다.[184] 네덜란드의 법학자 휴고 그로티우스 Hugo Grotius, 1583~1645가 1625년에 출간한 『전쟁과 평화의 법*De Jure Belli ac Pacis*』은 근대 국제법에 큰 영향을 끼친 책으로, 그는 이 책에서 전쟁 시 상대의 예술적 건축물과 미술 작품을 파괴하는 행위는 "적을 약화시키지도, 아군에게 유리하지도 않은 무익한 행위"이기 때문에 그러한 행위를 해서는 안 된다고 주장했다.[185] 그러나 이는 극히 예외적인 것으로, 여전히 승자의 약탈 행위를 관행적으로 용인하는 상황이 지속되었다. 계몽주의 시대였던 18세기에도 여전히 약탈 관행이 지속되었으나, 유럽 지식인들 사이에서는 예술품과 뛰어난 건축물들을 여타 사유 재산이나 물건과는 구분해야 한다는 인식이 광범위하게 확산되었다.

유럽 국가들이 문화재 약탈 문제에 경각심을 가지게 된 것은 나폴레옹 시대를 겪으면서부터다. 나폴레옹의 이집트 원정을 시작으로 프랑스는 체계적인 방식으로 대규모의 예술품을 유럽 각국에서 약탈했다. 나폴레옹의 침략과 이에 수반된 대규모의 예술품 손실은 유럽 국가들이 민족의식을 고취하고, 동시에 자국의 문화재를 보호해야 한다는 인식을 갖게 한 계기가 되었다.*

이 시기를 거치면서 유럽 국가들은 자국의 예술품을 민족 정체성을 고양시키는 국가의 자산으로 보기 시작했던 것이다. 역사적으로 전쟁은 언제나 '우리'와 '그들'을 구분하는 계기이자 과정이었다. 유럽 국가들 또한 자기들끼리의 전쟁을 통해 자국의 문화재가 파괴되고 약탈되는 상황을 겪으면서 자국과 타국을 명확히 나누고, 국가에 대한 보다 더 강한 소속감을 느끼게 되었다. 이는 반대로 말하면 자신들이 벌인 식민지 침략 전쟁에서 타국의 문화재를 약탈하는 것에서는 어떠한 죄책감이나 경각심을 갖지 않았다는 것을 의미한다.

나폴레옹의 패배 이후 체결된 1815년 빈 회의Congress of Vienna의 합의 사항에는 전쟁 시 약탈당한 물건의 조건 없는 반환이라는 국제법 조항이 포함되었다. 이런 의미에서 이 해는 민족의 문화유산, 더 나아가 세계 문화유산이라는 개념이 처음 등장한 중요한 해라고 볼 수 있다.[187] 승전국이 패전국의 미술품이나 보물을 약탈해도 된다는 그동안의 관례는 워털루 전쟁을 승리로 이끈 영국의 웰링턴 공작Arthur Wellesley, 1st Duke of Wellington, 1769~1852이 "문명국가들civilized nations" 사이에서 약탈은 안 된다고 선언함

• 하지만 한편으로는 앞으로 벌어질 서구 열강들의 식민지 약탈의 좋은 본보기가 되었다. 나폴레옹의 "새로운 로마" 건설 계획은, 특히 영국의 고전주의 양식에 의한 새로운 런던 건설 계획에 많은 영향을 미쳤다. 의회가 1816년 엘긴 경의 파르테논 마블의 구입을 승인한 것도, 19세기 초 영국과 프랑스 사이의 군사적 대립 관계라는 당대의 정치적 현실과 무관하지 않다.[186]

• 학계에서는 일반적으로 나폴레옹 전쟁으로 촉발된 1815년의 유럽 협조 체제의 탄생을 국제법 역사의 하나의 중요한 기점으로 평가하고 있다. 또 다른 기준은 제1차 세계대전으로 발족한 국제연맹League of Nations으로 보기도 한다.[188]

으로써,[189] 20세기에 히틀러가 등장할 때까지 유럽 국가들 사이에서는 예술품을 일반 재산과 구분하는 인식이 확산되었다.

그럼에도 불구하고 오늘날 반환 문제가 등장하게 된 것은, 19세기의 문화재 반환에 관한 인식이 어디까지나 "문명국가들 civilized nations"인 유럽 국가들 간의 합의에 불과했기 때문이다. 대표적 사례로 1801년 영국이 가져간 로제타석을 들 수 있다. 로제타석은 나폴레옹의 이집트 원정 시 프랑스군에 의해 취득되었지만, 프랑스가 나일 전투(1789)에서 패배하면서 영국군의 손에 들어갔다. 1801년, 프랑스군은 알렉산드리아 조약 체결에 의해 로제타석을 승전국의 전리품으로 영국에 넘겨주어야 했다. 빈 협약의 취지대로라면 로제타석은 원산국인 이집트에 반환되었어야 했지만, 해당 조약은 이른바 '문명국'들 사이에서만 존중되었기 때문에 유럽 외의 대륙에서는 승자의 약탈이 여전히 합법적 행위로 인정되었다. 이 때문에 영국은 현재의 관점에서 약탈은 불법이지만, 당시 관례에 따르면 전리품 획득은 합법적이었다는 점을 강조한다. 영국이 그 나라들을 침략하여 약탈한 것은 역사적 사실이지만, 그 행위가 '불법'은 아니라는 논리다.

국제법학자 폴라린 쉴론Folarin Shyllon은 식민지 시대에 비유럽 지역에서 국외로 반출된 문화재 분실 유형을 네 가지로 분류했다.

1) 외세(서구나 이슬람 문명권)의 침략과 그로 인한 부과물, 세금으로 낸 것
2) 외교적 목적으로 호의를 표시하기 위해 선물 및 기증하여 반출된 것

3) 전쟁이나 군사 작전의 결과 완전한 약탈로 반출된 것*

4) 학자들이 학문적 연구를 이유로 반출한 것[190]

이 네 가지 유형 중 원산국인 식민지에서 자발적으로 반출한 것은 2)번 외교적 목적으로 반출된 선물용 문화재라고 볼 수 있다. 이 두 번째 유형을 제외한 나머지 항목은 각기 다른 상황으로 구분되어 있지만, 반출된 상황이 기본적으로 강제나 강요에 의한 것이고, 피식민자의 입장에서는 약탈이다. 이러한 방식의 약탈이 빈 협약으로 금지되지 않았던 것은 계몽주의 시대에 성장한 이성과 진보에 대한 믿음이 전 인류에게 적용된 것은 아니었기 때문이다. 철학자 G. W. F. 헤겔의 말을 예로 들어보자. 그는 『역사철학강의*Vorlesungen über die Philosophie der Geschichte*』(1837)에서 "아프리카는 역사적으로 고립되어 왔으며 … 어린아이들의 땅이다. … 아프리카인의 의식 수준은 매우 낮아서 신이나 법과 같은 추상적 사고를 할 수 없다. 그들에게는 객관적이고 초월적 존재를 통한 자아 인식 능력을 기대할 수 없다"[191]라고 말했다. 이성과 논리의 최전선에 있던 독일관념론의 대표 철학자인 헤겔도 이런 비논리적인 주장을 했던 것처럼, 19세기 말과 20세기 초의 유럽인은 아프리카인에게 역사와 이성이 없다고 믿었다. 이러한 시대적 인식에 기초한 빈 협약의 문화재 보호 조약은 유럽 국가들 사이에서만 실행되는 한계를 지닌 배타적 조약에 그칠 수밖에 없었다.

---

* 나이지리아의 베닌 문화재 약탈이 이 '완전한 약탈'의 전형적 사례다.

19세기에 들어 산업화의 성공과 함께 국력이 비약적으로 성장한 서유럽 국가들은 식민지를 확장해 나갔고, 단순하게 물리적인 영토 소유를 넘어 식민지 지배를 이론적으로 정당화하고자 했다. 이 과정에서 문화재 수집과 전시는 제국의 지배를 정당화함과 동시에 제국의 위상을 과시하는 상징적 기재로 활용되었다. 앞 장에서 분석한 인도, 이집트, 메소포타미아 지역에서 문화재를 수집하여 제국의 수도에 전시하는 행위는 바로 이러한 효과를 노린 것이었다. 나아가 이러한 전시는 과시의 효과를 넘어 식민지의 문명을 유럽의 문명과 비교하여 전 인류의 문화를 하나의 위계질서에 편입시키려는 목적을 갖고 있다. 앞서 아시리아 문화재 수집의 사례에서 고대 아시리아 문명의 위대함을 인정하면서도, 아시리아의 예술을 결국 유럽 문명의 원류라고 여겨지는 고대 그리스·로마의 예술보다 하위에 위치시킨 것에서 제국의 의도가 잘 드러난다고 할 수 있다.

여기서 짚고 넘어갈 것은 문화에 대한 인식을 넘어 19세기 문화재 보호와 관련한 국제법 체계 또한 이와 유사한 담론으로 형성되었다는 점이다. 국제법학자 아나 브르돌리야크는 비유럽 세계 문명에 대한 평가와 그에 따른 분류 기준이 하나의 "과학"으로 보편화·이론화되면서 비유럽 세계의 권리가 국제법에 불평등하게 반영되었다고 주장한다.[192] 브르돌리야크는 19세기의 국제법에서 말하는 보편성이란 비유럽을 배제한 보편성이라는 점에서 모순이며, 이러한 모순은 열강의 영토와 자원에 대한 소유욕에서 비롯되었다고 본다. 문화재 획득이 소유와 지배라는 식민 행위를 정당화하는 이론에 필수적이었기 때문에, 문화재 보호법은 유럽 내에서만 보편적이었던 것이었다. 그렇다면 1945년 이후 공정하고 포괄적인 법 적용의 원칙이 반영된 국제 협약이 나타나기 이전인 19세기 말에서 20세기 초의 국제법은 어떤 원리로 작동하고 있었을까.

유럽 중심적 문명론과 문명국만을 위한 국제법

19세기 국제법 체계는 크게 실증주의positivism와 문명론이라는 두 개념에 근거하고 있었다. 이 중 실증주의는 과학의 원리인 합리성과 이성을 반영하는 법체계로 빅토리아 시대 말기에 식민지 지배의 틀을 형성하는 데 기여했다. 하지만 이 시기에 실증주의적 법체계는 권리의 보편적 적용이 아닌 식민지를 배제하는 배타성, 즉 비보편주의를 표방하고 있었다.* 이때 실증주의 법학자들의 법 적용 대상에 대한 이분법적 범주화의 기준이 바로 문명론이었다. 현 국제법 체계에서 '문명'이라는 개념은 사문화死文化되었지만, 여전히 국제사법재판소International Court of Justice 규정 제38조 1항에 "문명국에 의하여 승인된 법의 일반 원칙"이라는 표현으로 남아 있다. 이 문구는 20세기 초에 국제사법재판소의 전신이라고 할 수 있는 상설국제사법재판소Permanent Court of International Justice의 문구를 그대로 가져온 것이다.[194]

이를 보면 19세기 국제법 체계에서 본격화된 문명의 개념이

---

* 19세기에 주류 국제법학이 자연법에서 실증주의로 전환되면서 국제법의 적용 범위가 축소되었다.[193]

20세기에도 여전히 법적 효력을 지니고 있었음을 알 수 있다. 문명국이 무엇인지에 대한 정의나 그 실체가 명확히 적시된 것은 아니었지만, 근대 국제법학자의 법 개념에 문명국이라는 기준이 명백히 존재하고 있었던 것이다. 그 기준에 따라 국제법의 적용 범위는 문명국에 한정되었으며, 반대로 비문명국으로 분류되는 국가에게는 국제법이 적용되지 않았다. 그 결과 문명국이 비문명국과 교류할 때 국제법을 준수할 의무가 없었으며, 비문명국은 국제법상 권리를 주장할 수 없었다.[195] 유럽은 식민지에서의 문화재 약탈 행위를 법의 체계에서가 아닌 "국제적 도덕성international morality"의 영역으로 한정시키면서 유럽 국가들끼리 지켜지는 국제법의 영역과 구별하였던 것이다.[196]

당시 국제법의 이러한 성격은 문화재 관련법에도 그대로 적용되어 서구의 문화재 보호를 우선시하는 국제 협약이 제2차 세계대전 때까지 계속되었다. 근대 유럽의 '문명'이라는 개념이 비유럽 세계와의 조우와 식민지 팽창의 경험으로부터 확장되고 강화되어 온 만큼, 문명과 비문명의 분류 작업은 대개 유럽과 비유럽 세계라는 기준에서 행해졌다. 당시 국제법 학계는 유럽 주권국가 간의 관계와, 유럽과 비유럽 국가 간 관계로 법 적용 체계를 분류하였고, 이 기준에 따라 문명과 미개·야만을 구분하는 틀을 구상하였다. 이러한 문명론의 구상은 국제법 적용 대상을 한정하는 "문명 기준standard of civilization"을 정착시키는 데 중요한 역할을 했다.[197] 유럽의 진화론적 역사 발전론에 따라 문명화된 국가와 여전히 야만적이고 원시적 상태를 벗어나지 못한 국가를 구분하는 이른바 문명론은 근대 국제법에서 매우 중요한 위치를 차지하고 있었다.

야만과 문명을 구분하는 이러한 서구식 문명론의 확립에는 19세기에 성장한 고고학과 인류학도 중요한 역할을 했다. 인류학자들은 아메리카 대륙이나 오스트레일리아, 태평양 군도 등 원시적 생활방식을 유지하고 있는 원주민의 문화를 역사와 예술이 아닌 민족학의 범주로 분류하였다. 이러한 학문적 분류에 따른 문명론은 이들을 유럽 국제법 체계에서 배제하고 이들 문화재가 법의 보호를 받지 못하도록 하는 데 기여했다. 특히 고고학자들은 의도적으로 아프리카 문명을 문명화되지 않고 원시적인 것으로 규정했다. 영국과 프랑스 같은 열강이 아프리카를 점령하면서 나타난 식민주의 고고학은 아프리카 원주민들이 문화적으로 정체되어 있고 외부의 자극, 즉 유럽의 영향력 없이는 발전할 수 없는 집단으로 만들어 지배자와 피지배자의 상하 구조를 기정사실로 만들었다.

이처럼 유럽의 기준으로 특정 민족의 문명을 예술과 예술이 아닌 것으로 구분하는 문제는 오늘날 프랑스의 케 브랑리 박물관 논쟁에서 여전히 계속되고 있다. 프랑스는 케 브랑리 박물관을 '원시예술 primitive arts'을 주제로 한 박물관으로 만들어, 그곳에 아프리카·오세아니아·아메리카·아시아 대륙에서 수집된 다양한 오브제들을 따로 모아 전시함으로써 많은 논란을 불러일으켰다.[198] '원시'라는 용어가 전혀 가치중립적인 것이 아니며 문명과 야만의 기준으로 문화재를 다루는 것과 마찬가지라고 비판하는 쪽과, 여러 대륙에서 수집된 원시예술의 예술성과 문화적 가치를 전시하는 것이라는 박물관 옹호자 간의 논쟁이 현재까지 이

위는 케 브랑리 박물관의 아프리카 전시실 전경이고, 아래는 케 브랑리 박물관에 전시된 이스터섬의 모아이 석상이다. 아프리카 부족의 예술은 루브르 박물관에 전시된 그리스 조각과 다를까? 문명과 원시의 기준은 누가 결정하는가?

어지고 있다. 이른바 인류의 위대한 역사와 문명을 전시한다는 기치를 내세운 루브르에 전시된 유물들과는 다른 장소에서 다른 방식으로 전시되는 양상이 논란의 쟁점이 되고 있다. 즉, 루브르의 그리스 조각은 역사와 문명이고, 케 브랑리 박물관의 아프리카 작품은 원시적 예술인가 하는 비판에 직면한 것이다.

20세기 초에 국제법의 문명론 논리와 서구 열강의 정치적 필요에 따른 국제법의 비보편적 성격이 명확히 드러난 사례는 제1차 세계대전이 종결되고 성립된 국제연맹이 제정한 「국제연맹 규약Covenant of the League of Nations」(1919)에서였다. 특히 이 규약의 22번 조항에는 제1차 대전 이후 행해진 승전국의 식민지 배분에 따른 식민 모국과 위임통치국, 식민지 사이의 구분이 명확히 드러나 있다. 이 조항은 "문명화된 신성한 의무를 지닌 민족들"과 "근대 사회의 어려운 여건으로 아직 스스로 행동할 수 없는 민족들"을 구분하고 있다.[199] 여기서 문명국은 영국·프랑스·미국 등을 포함한 승전국들이었고, 비문명국은 자발적으로 권리를 행사할 수 없는 패전국이나 식민지 그리고 제1차 세계대전 이후 새로이 등장했지만 승전국의 관리감독을 받는 위임통치국이었다.

이러한 문명화 사명의 논리가 20세기에도 지속되었던 이유는 제국과 식민지라는 국제 체제의 상하 관계가 존속되고 있었기 때문이다. 서구 열강이 식민 지배를 실행하는 것은 군사력의 우위만으로도 가능하지만, 그 행위를 정당화하고 유지하기 위해서는 더 상위의 구체적 근거가 필요했다. 문명과 비문명을 나누는 문명론은 식민지가 열등한 국가라는 것을 규정함으로써 제국의 지배와 보호를 받아야 함을 정당화했고, 이를 기반으로 한 국제법 개념은 서구의 지배 체제를 강화하는 데 일조했다. 여기서 비문명국인 피식민국가는 국민의 발전 정도, 영토의 지리적 상태, 경제적 여건 등에 따라 또다시 세부적으로 분류되었다. 가장 상위 단계에 있는 것은 이전 오스만 튀르크 제국에 속한 나라(민족)들이었고, 다음은 중앙아프리카, 마지막은 남·서 아프리카와 서태평양 군도 등으로 특히 이들 지역은 "문명의 중심에서 가장 떨어져 있는their remoteness from the centres of civilization" 단계로 규정되었다.[200]

「국제연맹규약」에서 문화재 보호법과 관련해 또 한 가지 주목해야 할 부분이 있다. 「국제연맹규약」에 따라 비문명국이 보유하고 있는 각종 자원과 이들과의 무역 기회가 국제연맹 회원국들에게 동일하게 주어졌다는 점이다. 그 자원에는 고고학 유적에 대한 발굴 권한도 포함되어 있었다. 표면적으로는 국제 사회에 동일한 기회를 주는 것처럼 보이지만, 실상은 식민지와 다름없는 상태에 있었던 위임통치국을 배제한 승전국만의 권리였다. 20세기 이래로 세계 각국의 고고학 연구가 서구 학자에 의해 주도되어 왔던 것은 이러한 국제법적 승인이 있었기에 가능했던 것이었다.

이 시기에 서남아시아와 아프리카 지역의 고고학 유적지에서 서구의 대학 발굴팀이 단체로 작업할 수 있었던 것은 「국제연맹규약」이 뒷받침되었기 때문이었다. 그리고 이 과정에서 해당 지역의 문화재들이 서구 세계로 무분별하게 반출되었다. 국제연맹이 고고학 발굴과 연구에 대해 서구 국가에 동등한 권한을 보장했던 근거는 이들 지역이 이른바 '문명의 요람'이고, 이러한 중요한 물질적 유산을 보호하고 연구하는 것이 인류의 의무라는 것이었다.[201] 제1차 세계대전의 결과로 성립된 국제 체제에서 인류의 의무를 실행할 수 있었던 주체는 오직 서구의 승전국뿐이었다.* 제2차 세계대전이 종결되면서 성립된 범세계적 국제기구인 유엔 산하의 유네스코에 의해 포괄적이고 공평한 국제 협약이 등장하기 전까지 국제법계에서의 문화재 반환 논의에는 여전히 19세기식 차별 논리인 문명화된 국가와 미개한 국가를 나누는 유럽 중심적 문명론이 뿌리 깊게 자리 잡고 있었다.

제2차 세계대전 이전의 문화재 보호를 위한 법적 노력과 한계

전간기戰間期의 문화재 보호법은 이처럼 국력의 정도와 전쟁의 승패에 따라 좌지우지되고 있었다. 제1차 세계대전의 전후 협상 조약이었던 1919년의 「베르사유 조약Treaty of Versailles」과 「생제르맹 조약Treaty of Saint-Germain-en-Laye」에서 독일과 오스트리아가 약탈한 문화재, 예술품, 문서 등을 반환하라는 조항이 "배상reparation" 부분의 특별 조항으로 명시되었다. 그러나 이 조항이 반환해야 하는 물품으로 규정한 것은 두 국가가 제1차 세계대전 중 유럽 내에서 약탈한 것으로 한정되었다. 1919년 「파리평화 조약Paris Peace Conference」의 결과물인 문화재 반환과 보호에 관한 조항은 비유럽 세계의 문화재 반환에는 전혀 적용되지 않는 것이었다.[203]

한편 국제연맹 산하의 국제박물관국International Museum Office, Office

---

* 아시아에 속해 있는 일본도 제1차 세계대전의 승전국들 중 하나였다. 그러나 1919년 파리평화회의에 따른 강화 조약에서 일본이 자국의 평등권을 확보하기 위해 제시한 '인종평등 조약'이 서구 열강에 의해 거부당했던 사례를 보면 유럽과 아시아, 인종에 따른 차별 의식이 국제 연맹에서 공공연히 존재했음을 알 수 있다.[202]

international des musée, OIM은 고고학 유적지와 문화재 보호를 성문화하고, 문화재의 불법 반출을 금지하기 위한 노력의 일환으로 관련 법규를 논의하기 시작했다. 1920년대에 국제박물관국은 평시 문화재 보호를 위한 통합적인 법안을 만드는 작업에 착수하였으나, 1939년에 발발한 제2차 세계대전 때문에 중단할 수밖에 없었다. 특정 사안에 대한 국제 협약은 국제박물관국처럼 국제적으로 승인된 기관일지라도 일방적으로 입법할 수 없고, 회원국들 간의 의견 조율과 최종 승인까지 거쳐야 하기 때문에 단시간 내에 완성될 수 없었다.

이 과정에서 1932년에는 국제연맹위원회에서 승인된 「역사기념물과 예술 작품 보호에 관한 결의안The Resolution concerning the Protection of Historical Monuments and Works of Art」이 발표되었다. 하지만 이 결의안에는 시장국에 유리한 문화국제주의적 주장이 담긴 내용이 포함되어 있어, 약탈 행위를 강력히 제재하는 데 한계가 있다는 점이 지적되었다. 이 결의안에 따르면, 인류의 문화유산과 그 보존은 문명의 수호자인 회원국 모두에게 그 책임이 있었다.[204] 이는 해당 문화재의 원산국이 주장할 수 있는 소유권을 제한하고, 이를 인류 공동의 소유로 규정하여 서구 열강의 문화재 반출과 소유를 정당화하려는 의도를 내포하고 있었다.

이듬해에는 보다 강력한 제재와 문화재 반환에 관한 강한 의지가 담긴 국제박물관국의 개정 결의안이 등장했지만, 영국·미국과 같은 강대국의 반대로 원산국에서의 문화재 반출을 강제적으로 금지할 수 있는 국제법은 여전히 입법화되지 못했다. 따라서 다시 논의된 1936년의 문화재 보호법을 위한 초안은 열강의 심기를 건드리는 문화재 반환보다, 문화재 보호에 초점이 맞춰졌다. 그나마 논의된 반환 조건 또한 1936년 이전의 사건에는 소급 적용되지 않도록 되어 있기 때문에 법적 효용성에 한계를 가질 수밖에 없었다.

이집트·인도·중국과 같은 대표적인 원산국은 영국박물관과 같은 서구의 대형 국립 박물관에게 문화재의 철저한 출처 확인, 출처가 불확실한 문화재의 반입 금지와 같은 구체적 방안을 촉구했다. 하지만 서구의 대형 박물관은 자신들이 지킬 수 없는 강제적 협약보다 구속력이 없는 자기 규제 방식을 선호했다. 또한 국제연맹 회원국의 수가 증가함에도 불구하고 관련 법안을 논의하는 국제법 학자들이 거의 유럽 출신이었기 때문에, 법의 적용 범위가 점차 축소될 수밖에 없었다.[205]

제2차 세계대전 이후 약탈문화재 반환 규정 첫 등장

제2차 세계대전이 발발하기 전까지 서구 열강의 해외 문화재 수집은 정당한 구매나 양도 혹은 증여와 같은 방식이 아닌, 대부분 원소유주(국)의 의사나 인지가 부재한 상태에서 이루어졌다. 이러한 서구의 문화재 약탈은 자신들끼리의 경쟁에 따른 제약을 제외하고는, 어떠한 법적·도덕적 제재도 받지 않았다. 오히려 법의 영역에 일종의 문명화 사명과 같은 도덕적 원리를 결합시키면서 더 무분별하게 이루어졌다. 하지만 제2차 세계대전의 발발과 종결은 이러한 양상에 중요한 전환점을 가져왔다. 전후 혼란을 재정비하는 과정에서 문화재의 보호와 불법 반출된 문화재의 반환을 규정하는 최초의 범세계적 국제 협약이 등장했기 때문이다.

특히 역사에서 유례를 찾아보기 힘든 독일 히틀러 정권의 무자비하고 조직적인 문화재 약탈과 참혹한 세계대전의 경험으로 인해 국제 사회는 문화재 보호와 반환에 관한 포괄적 국제법의 필요성을 느끼게 되었다. 제2차 세계대전 시 독일 나치정권은 유럽 내 교전국의 예술품을 대규모로 약탈했고, 이는 나폴레옹 시대 이후 자국 문화재에 대한 물리적 피해나 약탈을 당해 보지 않은 유럽 국가들에 있어 전환점이 될 만한 충격적인 사건이었다. 이러한 경험은 20세기에 정립된 문화재 약탈에 대한 제재 및 처벌에 관한 법률 제정에 지대한 영향을 미쳤다. 1943년의 「런던 선언The 1943 Declaration of London」은 이러한 국제 사회의 의지가 반영된 것으로, 특히 나치에 의한 약탈품 반환을 겨냥한 것이었다. 여기서 출범한 기념물·미술품·기록물 전담반Monuments, Fine Arts and Archives(이하 MFAA)은 미국을 중심으로 박물관과 문화재 관련 전문가들로 구성된 연합군의 특수 부대로, 약탈당하고 손상된 문화재를 구출하고 원주인에게 돌려주는 작전을 수행했다.[206]

하지만 MFAA의 활동은 제2차 세계대전 시 독일에 의해 약탈당한 문화재에 한정되었다는 점에서 여기서 다루는 문화재들과 성격이 다르다. 즉, 제국주의 시대에 반출된 비유럽 세계의 문화재는 MFAA의 구출 대상이 아니었다. 서구 국가들은 자신들이 약탈한 비서구 세계의 문화재는 돌려주지 않으면서 약탈당한 자신들의 문화재를 되찾는 데에는 적극적이었다. 이들의 활

MFAA가 발견한 나치의 약탈 미술품들. 나치는 오스트리아 알타우세 소금 광산에 고가의
미술 작품을 숨겨 놓았다. 이 안에는 얀 반에이크의 「겐트 제단화」와 미켈란젤로의 「성모
자상」과 같은 명화도 포함되어 있었다.

동은 서구의 대중들에게 문화재 약탈의 비도덕성과 반환의 당위성을 일깨워 줌으로써 이후 문화재 반환을 지지하는 측에 긍정적인 역사적 사례를 제시해 주었다는 데에 의의가 있다고 할 수 있다. 하지만 그 깨달음도 궁극적으로 피해국에 대한 사죄와 자기 성찰의 결과가 아니었다는 점은 현실 정치와 외교를 좌우하는 냉혹한 힘의 불균형을 보여 준다. 만약 나치의 문화재 약탈 사태가 일어나지 않았다면 문화재 약탈의 심각성을 서구 스스로가 깨닫는 데 더 많은 시간이 걸렸을 것이라는 합리적 추측(?)은 "역사에 만약은 없다"라는 말의 무게만큼이나 묵직하고 씁쓸한 여운을 남긴다.

진정한 의미의 범세계적이고 포괄적인 문화재 보호에 관한 국제법은 제2차 세계대전이 종결되고, 전후 처리가 어느 정도 이루지는 1950년대가 되어서야 등장했다. 오늘날 발효 중인 국제법은 바로 이 이후에 체결된 것들이다. 하지만 이 국제법의 존재에도 불구하고 문화재 반환 문제가 여전히 국제 갈등의 한 축을 차지하고 있는 현실은 이 법에도 상당한 한계점이 있다는 것을 방증한다. 다음 장에서는 영국이 문화재 반환을 거부하면서 내세우는 법적 근거를 통해 현 국제법 체계의 한계점을 짚어 보고, 제2차 세계대전 이후 진행된 실제 반환 요청 사례들을 통해 영국이 원산국의 반환 요구에 어떻게 대응하고 있는지를 구체적으로 살펴보도록 하겠다.

2. 영국은 왜 않는가

제2차 세계대전 종결 이전에도 문화재 반환에 대한 요구는 있어 왔다. 또한 앞서 살펴보았듯이, 약탈된 문화재의 원소유주 반환을 위한 국제법도 이미 존재하고 있었다. 하지만 전시뿐 아니라 평시에도 포괄적으로 적용되는 통합적 국제 협약이 부재했을 뿐 아니라 국제 사회에서 서구 열강이 독점적 권력을 행사하는 상황이 이어졌다. 게다가 20세기 전반기는 세계대전을 두 차례나 치렀던 혼란기였기 때문에 기존 국제법에 내재된 편향적 근거가 수정되지 못했다. 20세기에도 변하지 않은 19세기식 관점의 국제법 덕분에 식민지나 비유럽 국가들의 문화재는 여전히 법의 보호를 받지 못했다. 국가들 간의 동등한 국제적 지위를 전제로 한 문화재 반환 논쟁은 제2차 세계대전이 끝나고 식민지였거나 위임통치하에 있었던 국가들이 차례로 독립하는 1950년대 이후에야 비로소 본격적으로 시작되었다. 이제 제국의 시대는 공식적으로 종결되었고, 무력으로 타국의 재산과 문화재를 약탈하는 시대는 끝이 났다.

영국박물관을 가득 채우고 있는 약탈 문화재는 이 새로운 국

어떤 위치를 차지하게 되었을까? 독립국이 된 과거
들은 문화재 문제에 대해 어떠한 행보를 보이고 있을
리고 제국의 시대 이후 가장 제국적이었던 영국은 문화재
환 문제에 어떻게 대응하고, 어떤 태도를 취하고 있을까?

과거 제국주의 노선을 걸으며 많은 식민지를 소유했던 서구
열강은 이제 전쟁의 승자이자 문명의 수호자가 아닌 문화재 약
탈의 가해자로서 원산국이 제기하는 강력한 반환 요구에 직면하
게 되었다. 영국 또한 대표적 약탈 사례인 엘긴 마블 반환 문제
를 포함해 다양한 문화재 반환 논쟁의 중심에 놓였다. 영국의 국
립 박물관인 영국박물관이 세계적인 박물관 중 하나로 손꼽히는
이유는 역사·문화적 가치가 높은 해외 문화재를 많이 보유하고
있기 때문이다. 이는 영국이 19세기부터 20세기 초까지 제국의
힘이 미치는 세계 곳곳에서 엄청난 양의 문화재를 수집한 결과
였다. 게다가 수집 방식이 대부분 원산국과의 합의가 없는 상황
에서 전쟁을 수반한 약탈과 불법적 반출로 이루어졌기 때문에,
제2차 세계대전 이후 독립한 과거 식민지들이 이를 문제 삼아
영국에 문화재 반환을 강력히 요구하고 나섰다. 반면 영국은 원
산국의 반환 요구에 대해 지속적으로 반환 불가라는 단호한 입
장을 고수하면서 외교적 갈등을 야기하고 있다.

영국의 이러한 태도를 주목해야 하는 배경이 있다. 영국의
반환 불가 입장이 유독 강경하기 때문이다. 물론 영국과 비슷
한 문제에 봉착한 프랑스나 미국과 같은 국가도 과거 식민지였
던 국가들의 반환 요구에 모두 동의하는 것은 아니다. 하지만 점
차 원산국과 협상하는 태도를 보인다는 점에서 영국과는 확실

히 다르다. 프랑스는 자국의 공공 문화유산에 대해 '양도 불가성 inalienability'과 '시효 제약 없음 imprescriptibility' 원칙을 고수해 왔지만, 국제적으로 벌어지는 반환 운동과 시대의 요구를 반영해 문화재 반환에 대한 입장을 조금씩 수정해 나가고 있다. 2010년 마오리족 Maori 유해 반환과 한국의 외규장각 도서 반환이 그 대표적인 사례다.[207] 미국의 주요 박물관인 메트로폴리탄 박물관, 보스턴 박물관, 폴 게티 박물관, 프린스턴대학 박물관은 협상을 통해 2006년과 2007년에 이탈리아에 각각 21점, 13점, 40점, 8점의 문화재 반환을 결정했다. 미국의 에머리대학은 2003년에 람세스 1세 Ramses I, 재위 기원전 1292~1290의 미라를 도덕적 의무 차원에서 자발적으로 이집트에 반환했다.[208]

반면 영국은 일관되게 강경한 입장을 유지하며 자국의 해외 문화재 반환을 거부하고 있다. 영국이 문화재 반환을 거부하는, 그것도 강경하게 거부할 수 있는 근거는 크게 두 가지로 나눌 수 있다. 하나는 국제법과 영국 국내법의 원칙에 따른다는 법적 근거이고, 다른 하나는 문화재는 인류 공동의 소유라는 전제를 바탕으로 한 문화국제주의 이론이다.

이번 장에서는 이러한 영국의 입장을 알아보기 위해 그들이 내세우는 법률적 근거와 이론적 근거를 살펴봄과 동시에, 실제 다양한 반환 사례 요청에서 영국이 어떻게 대응하고 있는지 주목할 것이다. 여기서 영국의 대응 방식과 태도가 어떠한지 종합적으로 추출해 내는 작업은 매우 중요하다. 문화재 반환 문제의 본질을 명확히 이해하고 오늘날 갈등의 쟁점을 분석하여 문제 해결에 보탬이 되고자 하는 것이 이 책의 목적이라면, 약탈 문화재 반환 요청에 대한 영국의 태도를 아는 것은 약탈의 역사를 아는 것만큼이나 중요하기 때문이다. 따라서 그리스, 나이지리아, 가나, 이란, 이집트, 스리랑카와 같은 국가들의 문화재 반환 요청에 대한 영국 정부와 영국박물관의 대응 방식을 구체적으로 알아볼 것이다.

여기서 분석하게 될 구체적 사례들은 영국 외무부의 문서를 통해 재구성된 것이다.* 영국의 대응 방식의 근거로 살펴볼 이 외무부 자료들은 영국의 국립문서보관소에 보관되어 있는 것으로, 대개 1970년대에서 1980년대의 것이다. 더 최신의 자료를 제시하면 좋겠지만, 국가 정보 보호 절차에 따라 외무부 문서들은 작성된 시점에서 25년에서 30년이 지난 후에야 공개할 수 있다. 때문에 이 자료들은 차이가 있지만, 대개 2000년대 중후반에 일반에 공개되었다.

1) 영국이 반환을 거부하는 법률적 근거

국제법은 영국이 문화재 반환을 거부할 때 사용하는 강력한 무기 중 하나다. 이것이 왜 반환 거부를 위한 방패로 사용되는지 이해하기 위해서는 이 국제법의 내용과 성격을 파악할 필요가 있다.

---

* 문화재 반환 관련 주제로 분류되어 있는 이 문서들은 국가별로 또다시 분류되어 있다. 최종 분류된 개별 파일 안에는 대체로 외부의 공식 반환 요청 문서와 이에 대한 영국 정부의 대응 문건, 그리고 해당 문화재에 대한 자료들로 구성되어 있다.

따라서 영국이 국제법을 어떻게 활용하는지에 대한 구체적인 예를 살펴보기 전에, 그 법의 성립 배경과 성격을 우선 살펴보자.

제2차 세계대전 종결 전까지 문화재 보호와 반환에 관한 국제법은 당시 서구 중심의 국제 체제에 영향을 받아 비서구 국가들의 문화적 권리가 배제된 채 실행되었다. 반면 오늘날 국가 간 문화재 문제를 관장하는 국제법은 그 제정 배경도, 목표도 과거와 크게 다르다. 현재 국제법상 시행되고 있는 문화재 보호 관련 조약은 크게 세 가지로, 1954년 제정된 최초의 포괄적인 문화재 보호법령인「헤이그 협약」, 1970년 제정된「문화재 불법 반·출입 및 소유권 이전 금지와 예방 수단에 관한 협약Convention on the Means of Prohibiting and Preventing the Illicit Import, Export and Transfer of Ownership of Cultural Property(이하 1970 유네스코 협약)」,• 그리고 1995년에 제정된「1995 UNIDROIT 협약」이 있다.

문화재 보호 관련 국제 협약들

우선 1954년의「헤이그 협약」은 19세기 말에서 20세기 초에 논의된 전쟁 시 문화재 보호와 관련된 규정을 제2차 세계대전 이후 종합적으로 다룬 최초의 포괄적 국제법이다. 앞장에서 살펴본 것처럼 제1차 세계대전을 거치면서 전시·평시에 대한 문화재 보호와 반출 제한에 관한 국제 협약과 관련법 초안이 작성되어 왔

• 「1970 유네스코 협약」은 제2차 세계대전 이후 급증한 문화재의 불법적 도굴, 밀매, 반출 등의 국제 거래를 규제하는 것을 목적으로 제정되었다.

다. 그러나 영국, 프랑스, 미국과 같은 몇몇 강대국의 이해관계와 문명론에 따른 차별적 법체계가 서구와 비서구를 구분하지 않고 포괄적으로 적용되는 국제법 제정에 걸림돌이 되어 왔다. 게다가 실질적이고 포괄적인 법 제정을 위한 노력이 제2차 세계대전이라는 역사적 비극을 겪으면서 그 흐름이 끊기고 말았다.

제2차 세계대전 이후 유엔으로 개편된 국제 사회는 전쟁의 상흔을 봉합하고 평화적 세계 질서를 구축하고자 하는 노력의 일환으로, 교육·과학·문화의 영역에서 세계 평화와 인류 발전을 증진시키기 위한 목적으로 1946년 유엔 산하의 국제기구인 유네스코를 창설했다. 이후 문화재와 관련한 국제법은 유네스코의 주도로 입안되었다. 유네스코는 양차 대전을 겪으며 경험했던 기존의 전시 문화재 보호법의 한계와 비현실적 요소를 개선하고 새 시대에 걸맞은 전시 문화재 법을 제정하고자 했다. 이에 유엔 사무총장은 1949년에 공식 회의를 열어 회원국의 의견을 수집하고 전문가의 연구와 초안 수정 과정을 거쳐 1954년 최종적인 국제 협약을 발표했다. 이 국제 협약이 바로 「헤이그 협약」이다. 이 협약은 제국주의 시대가 종결된 후 국제 사회에서 통용되는 문화재 보호에 관한 법적 기준을 처음으로 성문화한 것으로, 문화재 역사에서 중요한 의미를 지니고 있다.

한편 「헤이그 협약」은 전시 문화재 보호법이기 때문에 평시의 문화재 보호에 대해서는 효력이 없다. 따라서 평시에도 국제 사회에 적용될 수 있는 보다 광범위한 문화재 보호법에 대한 필요성이 지속적으로 제기되었다. 게다가 전시가 아니어도 문화재가 국가 차원에서 보호받지 못하는 사태가 벌어지면서 그 필요성이 더욱 높아졌다. 1950년대에 새로 독립한 국가들이 내정 불안과 경제 불황을 겪으면서 중앙의 보호와 통제를 받지 못한 문화재가 대규모로 불법 거래되었고, 암암리에 서구 세계로 반출되는 사태가 벌어졌다. 이러한 문제는 특히 정치적 소요가 끊이지 않았던 1960년대 아프리카 국가에서 가장 심각하게 나타났다. 일례로 한 나이지리아 일간지는 "예술적 가치를 지닌 나이지리아의 조각품과 역사적 유물이 [국외로] 사라지고 있는 문제가 점점 심각해지고 있다"며 자국의 상황을 개탄했다.[209]

하지만 또 한편에서는 1960년대에 경제 성장기를 맞은 국가들이 문화재를 국가 통합의 상징으로 중요시 여기면서 본격적으로 자국의 문화재를 보호하고, 과거 약탈된 문화재를 반환받기 위해 노력하기 시작했다. 그 결과 유엔 경제사회이사회를 중심으로 문화재 반환 요구가 보다 적극적으로 대두되었다.[210] 이러한 일련의 경험과 노력을 거쳐 마침내 1970년 11월 14일, 유네스코 제16차 총회에서 평시 문화재 보호와 불법 거래를 금지하는 「1970 유네스코 협약」이 체결되기에 이르렀다.

「1970 유네스코 협약」은 문화재의 불법적 이동(혹은 매매)의 제재에 관한 국제적 기본 틀을 만든 국제법이다.* 하지만 이 협약 또한 「헤이그 협약」과 마찬가지로 제도적 한계를 지니고 있었다. 당시 80개국이 넘는 국가가 참여했으나, 강제력이 없는 국제법의 특

---

* 법률적 정책 수단의 채택이라는 면에서 사법private law적 측면보다 국제공법 international law 및 행정 규제administrative control를 중심으로 문제에 접근했다는 점에 의의가 있다.[211]

성상 가입하지 않은 국가에게는 이 협약을 적용하여 제재를 가하거나 처벌할 수 없기 때문이었다. 문화재 반환 협상에서 가장 중요한 역할을 담당하는 시장국 중 이 협약에 가입한 나라는 미국, 캐나다 등 소수였다. 따라서 이 협약으로 반환이라는 해결책에 도달할 수 있는 것인지에 대한 실효성 문제가 제기될 수밖에 없었다.

「1970 유네스코 협약」의 한계점을 설명하기 위해서 협약의 몇 가지 주요 내용을 살펴볼 필요가 있다. 우선 협약 제1조에서는 "고고학, 선사학, 역사학, 문학, 예술 또는 과학적으로 중요하므로 종교적 또는 세속적 근거에서 각국에 의하여 특별히 지정된 재산으로 다음의 범주에 속하는 재산을 의미한다"라고 문화재의 정의를 기술하고 있다.[212] 여기에 따르면 이 협약에서 보호와 제재의 대상이 되는 문화재는 "각국에 의하여 특별히 지정된" 문화재로 그 범위가 축소된다. 제7조를 보면 "도난 문화재가 그 기관의 물품 목록에 속해 있음이 문서로 기록되어 있을 경우 그 반입을 금지한다"라고 규정하여, 실질적으로 법 적용 대상을 매우 좁히는 결과를 낳고 있다.[213] 이 때문에 이 조항들은 「1970 유네스코 협약」의 주요 문제점으로 지적되고 있다. 등록되지 않았거나 국가의 소유가 아닌 개인의 소유일 경우 국가의 반환 의지가 없으면 해당 문화재는 보호를 받을 수 있는 법적 근거가 없기 때문이다.

협약 제3조는 "협약의 당사국이 이 협약상 규정을 위반하여 문화재를 반입, 반출 또는 소유권을 양도함은 불법이다"라고 규정하고 있다.[214] 그러나 군사적 침략과 약탈과 같은 특수한 조건을 제외하고는, 불법적 이동을 판단하는 기준을 구체적으로 명시하지 않고 각 체약국이 각자 채택한 규정에 따르도록 하고 있다.[215] 이 협약에 근거해서는 문화재 이동의 불법성을 공정하게 혹은 객관적으로 판단하는 것이 불가능하고, 협약 당사국의 국내법 입법 조치가 「1970 유네스코 협약」과 연계되어야 불법 이동에 대한 제재와 금지라는 실질적 목표에 이를 수 있다.[216] 이렇듯 구체성이 결여된 조항이 자의적 해석을 가능하게 한다는 점, 각 국가의 국내법적 조치가 필수적으로 동반되어야 한다는 점은 「1970 유네스코 협약」의 가장 큰 한계로 지적되고 있다.

이러한 「1970 유네스코 협약」의 법리적 한계와 법 실행의 실효성 부족을 개선하기 위해 1995년에 만들어진 것이 바로 「1995 UNIDROIT 협약」이다. 유네스코는 기존의 문화재 보호를 위한 국제 협약의 사법적私法的 취약점을 보완하기 위해 정부 간 기구인 UNIDROIT에 문화재 반환 및 회복을 위한 사법적 효력이 있는 협약에 관한 연구를 요청하였다. 이에 따라 UNIDROIT는 오랜 국제적 합의 도출의 과정을 거쳐 마침내 1995년에 「1995 UNIDROIT 협약」을 채택했다. 이 협약은 이전 협약의 한계점인 국내법과 국제 협약의 사법 체계 간 조화를 추구하였을 뿐 아니라 문화재를 국가의 정체성과 연결 짓는 개념인 문화민족주의적 시각을 성문화하여 보다 진일보한 국제법 체계를 갖춘 것으로 평가받고 있다.[217] 앞서 「1970 유네스코 협약」 제3조의 문제로 제기되었던 등록된 문화재만을 대상으로 하는 점을 개선하기 위해 1995년의 협약은 국가가 아닌 개인이 소장하고 있는 문화재 역시 법적 구제를 받을 수 있도록 하였다. 또한 불법적 발굴은 물론 합법적 발굴을 통해 발견된 물건이라도 원소재지 국가의 법률에 따라 해당 문화재를 소유하는 것이 불법이라면 "도난"당한 것과 동일하게 취급함을 명시하고 있다.

각 국가의 국내 입법의 문제로 대두된 문화재 불법 이동에 관한 제재의 실효성 문제도 「1995 UNIDROIT 협약」의 '자기집행성self-executing' 성격으로 상당 부분 개선되었다. 국제 조약의 '자기집행성自己執行性'이란 어떠한 국가가 이 협약을 비준하게 되면 협약상의 규정이 해당 국가 내의 실질사법實質私法과 같은 효력을 가짐을 의미한다.[218] 다시 말해, 별도로 국내법을 제정하지 않고도 「1995 UNIDROIT 협약」을 채택하는 것만으로도 불법 이동 문화재에 대한 반환 청구를 바로 할 수 있음을 의미한다.

국제 협약의 한계와 영국의 대응

이렇듯 문화재 반환과 불법 이동에 관한 규제를 다루는 국제 협약은 지속적으로 개선되어 왔다. 하지만 이 협약이 내포하고 있는 근본적인 한계 때문에 반환 문제 대부분이 실질적으로 법률상 논의조차 되지 않고 있다. 바로 이 지점 때문에 영국의 문화재 반환 거부의 논리를 분석하는 데 있어 국제법의 한계를 살펴보는 것이 선행되어야 하는 것이다. 이후에 구체적으로 검토할 영국의 국내법적 근거나 이론적 근거들은 갈등 당사자 양측이 법리적 근거나 구체적 논리를 통해 서로 논의할 여지라도 열려 있는 부분이다. 그러나 국제법은 다르다. 협약 발효의 요건이 애초에 법률적으로 검토될 여지조차 주지 않기 때문에, 원산국 입장에서는 반환 협상을 위한 법률적 논의를 시작할 수조차 없는 상황인 것이다. 반환을 거부하는 영국에게 있어 국제법의 이러한 특성은 반환을 둘러싼 갈등을 손쉽게 정리할 수 있는 가장 기본적인 수단이 되고 있다. 그 근본적 한계란 무엇일까? 대체 국제법의 어떤 측면이 영국에게 그토록 강력한 무기가 되는 것일까?

유네스코 국제 협약을 실행하는 데 있어 가장 큰 걸림돌로 작용하는 협약 발효의 조건은 크게 두 가지로 요약할 수 있다. 첫째, 이 국제 협약은 그것을 비준하고 시행하는 국가들 사이에서만 효력이 발생하기 때문에, 해당 협약을 각 국가들이 채택하고 정식 비준하지 않으면 아무런 소용이 없다. 사실 문화재 반환을 성사시키기 위해서는 반환 요청을 받은 현 소유국인 시장국의 의지와 협력이 가장 중요하다. 하지만 영국, 독일, 미국, 일본 등의 시장국은 「1995 UNIDROIT 협약」에 현재까지 가입하지 않았다. 「1970 유네스코 협약」은 현재까지 131개국이 채택하고 있는 점과 비교할 때,[219] 「1995 UNIDROIT 협약」에 가입한 국가는 37개국*밖에 되지 않는다. 이는 이 협약이 세계적으로 규범력을 인정받지 못하고 있다는 것을 보여 준다.

두 번째 제약 조건은 한 국가가 국제 협약을 채택했다 하더라도 법이 제정된 그 해부터 효력이 발효되기 때문에 그 이전에 일어난 사건에 대해서는 소급 적용되지 않는다는 것이다. 국제적인 관심을 받고 있는 문화재 약탈 문제의 대부분이 19세기에

• 37개국 중 단순 서명한 국가를 빼면 그나마도 수가 더 줄어든다. 프랑스가 발안 첫 해에 이 협약에 가입만 하고 시행을 위해 입법화하지 않은 대표적 국가다.[220]

서 20세기 초인 제국주의 시대에 벌어진 것임을 감안하면, 결국 이 사안은 모두 국제 협약의 적용 대상이 될 수 없다는 결론에 이른다.

국가 ＼ 주요 협약	1954 헤이그 협약	1970 유네스코 협약	1995 UNIDROIT 협약
영국	X	2002	X
네덜란드	1958	2009	X
벨기에	1960	2003	X
프랑스	1957	1997	X
미국	2008	1983	X
스위스	1962	2004	X

[표 1] 문화재 시장국의 국제 협약 비준 현황

이러한 국제법의 구속력 한계와 소급력 부재는 국제 협약을 채택하지 않고 있는 영국의 입장에 큰 영향을 미치고 있음이 분명하다. 영국은 국제 협약의 채택 여부를 통해 자국의 문화재 반환에 대한 입장을 분명히 보여 주고 있다. 위의 [표 1]에서 보는 바와 같이 영국은 「1970 유네스코 협약」을 제외하고는 유네스코의 국제 조약에 가입하지 않았다. 다른 여타 시장국과 비교해 보아도 영국의 입장은 명확해 보인다. 한 예로, 1954년 「헤이그 협약」은 별도의 의정서를 통해 '원상회복'을 위한 '이행 조치'에 관한 간섭 조항을 다루고 있다. 하지만 영국과 미국은 이 같은 조항이 포함된 협약에 서명할 수 없다는 성명까지 발표하면서 반환에 좀 더 강한 압력을 가하는 조항이 담긴 협약에 가입하는 것을 거부했다.[221] 결국 영국과 미국이 「헤이그 협약」에 가입하지 않은 반면, 프랑스는 1957년에 협약 및 의정서를 모두 채택했다. 거부하던 미국도 늦기는 했지만 2008년에 이 협약을 채택했다. 따라서 주요 서구 국가들 중 영국만이 유일하게 「헤이그 협약」을 비준하지 않고 있으며, 이는 문화재 반환에 대한 영국 정부의 거부감을 확실히 보여 주는 증거라고 볼 수 있다.*

이처럼 영국은 세 가지 협약 중 「1970 유네스코 협약」 하나만 비준한 상태이고, 보다 구속력이 강한 「1995 UNIDROIT 협약」은 아예 비준조차 하지 않았기 때문에, 약탈의 역사와 관련된 영국의 문화재 반환 문제를 국제법적 기준에 따라 해결하는 것은 거의 불가능한 일이다. 영국박물관에 있는 대부분의 중요 문화재들은 18세기 후반부터 20세기 중반에 이르기까지 영국이 제국 확장을 하는 과정에서 세계 각지로부터 수집된 것들이다. 즉, 소급 불가의 원칙과 조약국 사이에서만 협약이 유효한 한계로 인해 1970년 이전에 영국에 유입된 해외 문화재에 대해 현재의 법체계에서는 시비를 가릴 수 없게 된 것이다. 이는 여기서 다루고 있는 영국의 문화재 약탈 시기에 획득된 문화재의 반환 문제가 국제법의 영역이 아닌 국가 간 외교 접촉이나 학계·민간의 이론적 영역에서 논의될 수밖에 없는 근본적 이유다.

---

* 하지만 헤이그 협약을 채택한 75개국 중 별도의 의정서까지 채택한 국가는 12개국에 불과하다. 이를 볼 때, 반환이 실질적으로 이행될 수 있는 법률에 대한 문화재 보유국들의 거부감이 크다는 것을 알 수 있다.[222]

국제법으로도 돌려받지 못한 유물들

설사 이러한 제한 조건이 해결되었다 할지라도, 국제법의 영역에서 원산국이 문화재를 반환받기 어려운 이유는 짧게는 수십년에서 길게는 백 년도 더 된 과거 사건에서 문화재 획득의 불법성을 증명하는 것이 매우 어렵다는 데 있다. 영국은 스리랑카의 반환 요청에 대해 이러한 점을 강조하며 반환 거부의 논리를 펼쳤다. 스리랑카는 19세기 영국의 지배를 받는 동안 왕실의 귀중한 문서들과 동상, 상아 작품과 같은 중요한 문화재들을 빼앗겼다. 스리랑카는 독립 후 비공식적 로비가 아닌 영국 정부와의 공식 양자 협상을 통해 특정 유물의 반환을 요구한 첫 번째 국가였다.[223] 하지만 1980년 6월에 시작된 반환 협상은 다음 해에 외교부와 영국박물관의 통지를 받은 영국 정부가 반환 거부 의사를 밝힘으로써 실패로 끝났다. 이 과정에서 영국은 유물 취득 과정이 합법적이었다는 것을 내세우며 당시 유물의 취득이 부당한 약탈이라는 증거가 없다고 주장했다. 이러한 영국의 입장은 1981년 1월 14일에 당시 영국박물관 관장이었던 데이비드 윌슨David M. Wilson이 외무부에 보낸 서신에서 구체적으로 확인할 수 있다.

> [스리랑카 측이 제시한 반환 대상 목록을 열거한 후] 이 모든 유물은 합법적으로 입수되었다. 타라 조각상Tara sculpture은 로버트 브라우닉 경이 1830년에 [영국]박물관에 기증한 것이다. 이 유물이 '전쟁의 약탈품'으로 취득되었다는 어떠한 증거도 없으며, 로버트 브라우닉 경과 그의 장교단의 아마추어적 고고학 조사에 의해 획득된 것 이외에 다른 수단에 의해 유물을

얻었다는 어떠한 근거도 없다. 브라운릭 경이 실론의 총독으로 8년간 부임해 있던 기간은 군사 활동 이외에 [유물 수집에 대한] 그의 관심을 충족시킬 충분한 기회가 주어졌을 것이다. [224]

영국박물관의 반환 불가 결정을 외무부는 그대로 받아들였고, 스리랑카는 문화재를 반환받지 못했다.

설사 영국의 문화재 획득 과정이 약탈이었다는 점이 명백하다 해도 여전히 문제가 남는다. 영국에 문화재를 빼앗긴 국가들은 약탈의 불법성과 비도덕성을 비판하며 반환을 요구하고 있다. 하지만 영국은 오늘날의 관점에서 약탈은 불법이지만, 당시 관례에서 전리품 획득은 합법적이라는 점을 강조하고 있다. 당시의 국제법 체계상 그것이 합법이었고 관습적으로 이루어진 것이라면, 시대별 법의 효력을 인정하는 시제법의 원칙에 따라 오늘날에 약탈 행위를 불법이라고 처벌할 수 없는 것이 일반적이기 때문이다.

영국이 행한 문화재 약탈의 대표적 예는 에티오피아 막달라Magdala 요새 약탈*과 나이지리아의 베닌 브론즈Benin Bronze

---

* 영국군은 1868년 에티오피아의 막달라 요새 전투의 승리로 테워드로스 2세 황제Emperor Tewodros, 1818~1868, 재위 1855~1868가 이곳에 모아 놓은 수많은 왕실의 보물과 중요한 책과 문서, 필사본을 약탈했다. 이 물건들은 영국군에 의해 그 자리에서 경매에 붙여 팔려 나갔다. 팔린 유물은 영국으로 반입되어 영국박물관(문서들은 후에 영국도서관으로 이관), 사우스켄싱턴 박물관(오늘날 빅토리아-앨버트 박물관) 및 그 밖의 다른 영국 내 기관들뿐 아니라 프랑스와 독일로도 팔려 나가 뿔뿔이 흩어졌다. [225]

약탈[•]에서도 찾아볼 수 있다. 영국은 이 국가들의 반환 요구에 대해 과거 침략하여 약탈한 것은 역사적 사실이지만, 그 행위가 '불법'은 아니라고 주장했다. 이는 전쟁의 승자가 전리품을 획득하는 것이 당시의 기준에서는 정당하다는 논리다. 나이지리아는 1977년에 개최될 제2차 범아프리카 문화 예술 축제를 위해 영국박물관에 과거 영국이 약탈한 베닌 문화재 중 하나인 15세기 상아 가면을 대여해 달라고 요청했다.

하지만 영국박물관은 이 상아 가면이 매우 상하기 쉬운 상태에 있으며, 현재 습도와 온도를 세심하게 적용하여 관리하고 있기 때문에 외부로 이동할 수 없다는 이유를 내세우며 대여를 거절했다. 당시 영국박물관이 상아 가면 대여 거부의 구체적 근거와 관련 정보를 정리하여 작성한 내부 문건을 보면 승리자의 정당성을 주장하는 항목이 등장한다.

> 유럽 국가들이 소유하고 있는 대부분의 베닌 컬렉션과 마찬가지로, 이 가면도 1897년 베닌의 오바^{Oba} 왕이 무장하지 않은 자국의 관리를 살해했다는 이유를 들어 벌인 베닌 왕국에 대한 영국의 징벌적 전쟁에서 획득되었다. 영국박물관은 그 중 일부를 1910년에 구입하였다.[227]

• 영국은 오늘날 나이지리아 영토에 속해 있는 베닌 왕국과의 통상 협약이 뜻대로 되지 않고 베닌 왕의 반격을 받자 1897년 보복성 공격으로 1천200명의 해군을 파견해 베닌을 점령하고 왕국과 도시를 불태웠다. 이때 왕국의 역사를 동판에 새긴 베닌 브론즈를 비롯해 왕실의 중요 보물을 거의 약탈했다.[226]

영국박물관에 전시되어 있는 베닌 브론즈

15세기에 제작된 베닌 왕국의 상아 가면,
현재 영국박물관에 전시되어 있다.

이 한 문장을 통해 영국은 세 가지 정당성을 주장하고 있다. 첫째, 영국 이외에도 많은 유럽 국가가 베닌 문화재를 소유하고 있음을 주지시키면서 영국에만 문제를 제기하는 것은 부당하다는 점을 은연중에 드러내고 있다.* 둘째, 베닌 왕국에 대한 침략 전쟁이 무차별한 것이 아니며, 오바 왕이 먼저 비무장한 영국인을 살해했기 때문에 그에 대한 조치로 전쟁이 벌어졌음을 명시하고 있다. 셋째, 영국박물관이 현재 소유하고 있는 베닌 문화재의 일부는 당시 구입한 것임을 강조하면서 영국의 합법적 소유를 주장하고 있다.

영국이 이렇게 당시 법에 따라 약탈의 합법성과 취득의 정당성을 동시에 주장하고 있다는 점은, 19세기의 약탈이 20세기에는 불법이라는 것을 국제법의 영역에서 법리적으로 다툴 수 없다는 점을 효과적으로 이용하고 있음을 보여 준다. 뉴질랜드의 경우도 1983년에 영국으로부터 마오리족의 타라나키 패널 Taranaki panels을 반환받기 위해 영국의 취득이 불법적이라고 주장하며 법정 다툼을 벌였지만, 결국 획득 과정의 불법성을 재판부

---

* 다른 유럽 국가와 비교하며 문화재 약탈이 영국만의 문제가 아니라는 식의 불만은 다른 사례에서도 종종 등장한다. 여기에서 영국에게만 비난이 쏟아지는 것은 부당하며, 다른 나라도 해당 컬렉션 중 일부를 가지고 있는데 왜 영국에게만 반환을 요구하느냐는 불편한 심기를 드러낸다. 가장 대표적인 문화재 갈등 사례인 파르테논 마블에 대한 영국의 권리를 주장하는 1982년의 외무부 문서의 한 항목은 이러한 영국의 입장을 잘 보여 주고 있다. "비록 [영국이 소유한] 엘긴 마블이 [그리스에] 남아 있는 파르테논의 조각들 중 반이 넘지만, 상당한 양이 신전과 아크로폴리스 박물관에 남아 있고, 파리의 루브르와 바티칸을 포함한 세계 5개국의 박물관에 [마블이] 보존되어 있다."[228]

에 증명하지 못해 패소했다.[229]

하지만 국제법학자인 마이클 리파스Michael J. Reppas II는 문화재 반환은 원소유국과 그 국민에게 있어 불편한 과거사에 대한 "심리적 승리psychological victory"라고 말한다.[230] 이는 문화재 반환이 단순히 법적 측면에서 정당한 소유자로의 이전이 아닌, 한 국가나 민족의 역사와 정체성이 담겨 있는 물건을 돌려받음으로써 과거의 상처를 씻어 내는 일종의 의식과도 같다는 것을 의미한다. 이는 리파스 한 사람만의 견해가 아니다. 국제법학계의 큰 흐름에서도 문화재 시장국가들이 합법/불법의 구분을 떠나 과거사에 대한 성찰과 반성이라는 윤리적 차원에서 이 문제에 접근해야 한다는 의견이 힘을 얻고 있다. 실효성과 강제력을 가진 국제법이 존재하지 않는 상황은 이렇듯 국제법학자들이 법 이외의 영역에서 해법을 찾아야만 하는 상황을 만든 것이다.

문화재 반환을 어렵게 만드는 영국박물관법

제국주의 시대와는 달리 특수한 상황을 제외하고 원하는 것을 갖거나 빼앗기 위해 국가 간 무력 충돌이 일어나는 경우가 드문 현 국제 체제에서, 법은 문제의 실질적 해결을 위해 매우 중요한 수단이 된다. 반면 문화재 반환 여부를 논의할 때, 문화국제주의나 문화민족주의와 같은 담론은 강제력이나 구속력이 전혀 없는 이론적 논의에 불과하고 가치 판단의 문제이기 때문에 한쪽의 옳고 그름을 쉽게 결정할 수 없다. 따라서 반환을 요구하는 측이나 반환을 거부하는 측에서 내세우는 이념적 관점은 양자 간의 상호협력 없이는 합의점을 찾기가 어렵다. 유네스코의 국제법들 또한 이미 언급한 것처럼 강제력을 가진 법으로서 별다른 효력을 발휘하지 못하고 있다. 그 결과 반환을 원하는 원산국이 반환을 강제할 법적 근거를 찾지 못하고 있으며, 국제법의 실효성 문제는 반환을 원하는 원산국에 상당히 불리하게 작용하고 있다.

이처럼 문화재 관련 국제법의 실효성이 충분하지 않기 때문에 각 국가들은 국내법에 의거해 관련 소송을 처리하고 있으며, 이러한 상황은 필연적으로 현재 문화재를 보유하고 있는 국가에 유리하게 작용한다. 국내법이라는 것이 당연히 자국의 안전과 이익을 우선시하기 때문이다. 영국 또한 대부분 자국의 법에 따라 문화재 관련 문제에 대처하고 있다. 국제법은 애초에 논의 대상이 아닌 경우가 대부분이기 때문이다.

여기서 적용되는 영국의 대표적 국내법이 「영국박물관법British Museum Act」(1963)이다. 「영국박물관법」은 1753년 영국박물관의 설립과 함께 제정된 영국의 대표적인 문화재 보호법이다. 이후 수많은 개정 작업을 거쳐 1963년에 현재의 「영국박물관법」에 이르렀다. 영국은 이 법률을 통해 소모적 논쟁을 피하면서 반환 불가의 입장을 명백히 보여 주고 있다. 사실상 국제법적 제약이 제 몫을 다하지 못하는 상황에서 「영국박물관법」은 영국이 실질적으로 문화재 반환을 거부할 수 있는 가장 강력한 수단이 되었다. 「영국박물관법」과 비슷한 목적과 역할을 가진 영국의 다른 국내법들*이 존재한다. 하지만 「영국박물관법」을 중점적으로 살펴보는 이유는 영국이 반환 요구를 받는 문화재들 중 상당수가 영국박물관에 전시 혹은 보존되어 있고, 「영국박물관법」이 영국 내 반환 소송에서 가장 핵심적인 법적 근거로 제시되기 때문이다.

「영국박물관법」이 규제하고자 하는 핵심 사항은 역사적·예술적·학술적 가치가 있는 물건의 반출 가능성에 있다. 그리고 반환 요청을 받고 있는 대부분의 유물은 이 법에 의해 반출 불가 판정이 내려져 왔다. 이는 몇몇 조항의 특정 조건에 기인하고 있기 때문에, 그 조항의 분석을 통해 영국의 의도를 보다 분명히 파악할 수 있다.

우선 박물관이 소유한 유물들의 관리와 처분, 이동에 관한 결정권은 「영국박물관법」에 따라 박물관을 운영하는 25명의 이사들Trustees에게 주어진다. 「영국박물관법」은 이사들의 역할과 권한, 그 권한 행사에 수반되는 조건을 명시하고 있는데, 법조항 제3항의 4절을 보면 5항이나 9항에 제시된 경우를 제외하고는 이사들이 소장 컬렉션들을 처분할 수 없다고 명시되어 있다.[231] 따라서 제5항과 제9항에는 유물의 이동을 가능하게 하는 조건들이 제시되어 있고, 이는 어떠한 조건을 충족시키면 반환이나 대여가 가능하다는 것을 의미한다. 그러나 제5항을 자세히 살펴보면 몇몇 경우를 제외하고는 사실상 유물의 이동이 거의 불가능하다는 것을 알 수 있다.

• 「영국박물관법」 이외에도 「수출규제법Export Control Act」(2002)에 제시된 "문화적 중요성을 지닌 유물의 수출 규제Export Controls on Objects of Cultural Interest(이하 수출 규제)", 「박물관미술관법Museums and Gallery Act」(1992) 등이 영국 내 문화재의 보존과 이동을 규제하고 있다.

5. 유물의 처분Disposal of objects

(1) 영국박물관 이사회는 다음의 경우 박물관 소유 컬렉션의 일부를 판매·교환·인도할 수 있으며, 혹은 처분할 수 있다.

    (a) 유물이 복제품일 경우, 혹은

    (b) 1850년 이후에 만들어진 것으로 추정되는 유물과, 유물의 상당 부분이 사진의 사본이거나 사진술과 유사한 방식으로 제작된 인쇄물일 경우, 혹은

    (c) 이사회가 어떠한 유물이 박물관의 컬렉션으로 계속 소장하기에 부적합unfit하다고 판단한 경우와 학생들의 이익을 손상시키지 않는 경우 유물을 처분할 수 있다.

이사회가 기부나 유산의 형태로 취득한 유물의 경우, 위의 부속절에 의해 권한이 발생하더라도, 그 유물과 함께 제시된 조건을 충족시키지 못할 시에는 그 권한을 행사할 수 없다.

(2) 이사회는 유물이 훼손되거나 물리적·생물학적 손상이 발생하여 그 소장 가치를 잃었을 때 유물을 폐기하거나 처분할 수 있다.

(3) 6항(혹은 「박물관미술관법 1992」의 6항)에 의해 부여된 권한으로. 이사회에 수익이 발생한 경우 그 수익은 반드시 박물관의 추가 유물 매입을 위한 용도로 사용되어야 한다.●

제5항 1절에 따르면, 영국박물관의 이사회가 팔거나 교환하거나 무상으로 주거나 처분할 수 있는 경우는 매우 한정되어 있다. 동일한 물건이 있는 경우, 1850년 이후에 만들어지고 사진 촬영에 의한 사본으로 구성된 인쇄물일 경우, 그리고 이사회 결정에 따라 어떠한 물건이 박물관에 보존하기에 "부적합unfit"하다고 여겨질 경우라는 조건에 부합하는 경우는 거의 없기 때문에

● 「영국박물관법」 제5항

사실상 반환하거나 반출할 수 있는 물건은 매우 한정될 수밖에 없다.

첫 번째 조건에 의해 에티오피아에 동일한 사본을 반환한 사례가 있지만, 두 번째 조건의 주요 요소인 "1850년 이후"의 유물은 사실상 역사적·문화적 가치가 덜한 문화재인 경우가 많기 때문에 반환의 대상에 이른바 중요 문화재가 포함되는 것이 거의 불가능하다. 쉽게 말해, 오래되고 역사적으로 중요한 유물은 반출할 수 없다는 뜻이다.

가장 논란이 되는 것이 "부적합"이라는 단어가 들어간 세 번째 조건이다. 이 조항을 잘 이용하면 이사회의 승인에 따라 유물의 반출이 가능하지만, "부적합"이라는 조건이 명확하게 제시되어 있지 않기 때문에 이 단어를 어떻게 적용하고 해석하느냐에 따라 결과가 달라질 수 있다. 또한 "부적합"의 여부를 누가 결정하느냐 하는 것도 문제가 될 수 있고, 그 결정의 적합성 여부를 검증할 절차에 관한 법적 근거 또한 명시되어 있지 않다는 점도 문제다. 이 세부 조항에 따라 실제로 제5항 1절에 의거하여 문화재 반환이 이행된 사례는 없으며, 따라서 반환 문제 해결에 거의 도움이 되지 못하고 있다.• 유물의 이전에 대한 내용을 담고 있는 제9항■ 또한 "other Museum"이라는 모호한 표현으로 국

• 「국가유산법National Heritage Act」(1983)에도 비슷한 성격의 조항이 있다. "unsuitable for retention in their collection" in Section 6, Subsection (3)(b)

■ 「영국박물관법」 9항. "Any movable property vested in the Trustees of either Museum may be transferred by them to the Trustee of the **other Museum**,"

외 이동의 가능성을 명시적으로 적시하고 있지 않다. 해석하기에 따라 "other"를 국내의 다른 박물관이라는 뜻으로 한정할 수 있기 때문이다.

"유물의 대여"에 대한 내용을 제시하는 제4항도 마찬가지다.

4. 유물의 대여 Lending of Objects

영국박물관 이사회는 공공 전시의 목적으로 (영국이나 여타 장소에) 박물관 컬렉션의 일부를 대여할 수 있다.

이사회는 유물의 대여 여부 및 그 시기와 조건을 결정할 때, 학생과 방문객의 이익, 그 유물의 상태와 희귀성의 정도, 그리고 발생할 수 있는 위험성을 고려해야 한다.•

위 조항에는 공공 전시를 위해 컬렉션의 대여가 "영국 혹은 그 밖의 곳the United Kingdom or elsewhere"에 가능하다는 희망적인 내용이 들어 있다. 이 조항에 따르면 이사회의 자유 재량권에 의해 '영구 임대'와 같은 방식의 반환이 가능할 수 있으나, 대부분의 상원의원이 법안의 요점을 재검토하는 제2독회讀會, second reading에서 반대해 왔다. 게다가 이들 중 많은 수가 영국박물관의 전·현직 이사들이기 때문에 상원과 현직 정부 관계자들의 동의가 없는 한 반환을 결정하는 것이 어렵다.[232]

이처럼 현실적으로는 영국박물관이 정치적으로 완전히 독립된 기관이 아님에도 불구하고, 영국은 제4항을 근거로 박물관 이사회의 자율성과 독립성을 강조하고 있다. 따라서 이 조항은

• 「영국박물관법」 제4항

영국 정부가 반환 요청에 대한 공식적 입장을 밝히고 싶지 않거나, 적극적인 대응을 피하거나, 논의를 원천적으로 봉쇄하기 위한 근거로 활용된다. 이를 가장 잘 보여 주는 것이 1974년 이란의 키루스 실린더Cyrus Cylinder 반환 요청 사례였다.

영국박물관법으로 유물을 반환하지 않는 사례들

키루스 실린더 문제는 정부나 국립 박물관이 주체가 되어 영국박물관 측에 공식적으로 반환을 요구한 경우가 아니었다. 영국에 키루스 실린더 반환을 요청한 것은 영국이란협회British Iran Society였다. 1974년 1월 15일, 아일랜드이란협회Irish Iran Society의 회장인 프랭크 로더릭 오코너Frank Roderic O'Connor는 영국 문화 관련 부서나 영국박물관도 아닌 당시 영국의 수상이었던 에드워드 히스Edward Heath에게 직접 반환을 요청하는 서한을 보냈다. 오코너에 따르면, 영국이란협회의 회장인 피터 애그뉴Peter Agnew 남작이 영국에 키루스 실린더 반환에 관한 청원을 제출해야 한다고 제안했고, 협회는 만장일치로 이 안을 통과시켰다.[233] 따라서 오코너 이전에 이미 애그뉴를 비롯한 몇몇 회원들이 수상에게 키루스 실린더의 반환을 요청하는 편지를 보냈다. •

여기서 주목해야할 점은 오코너의 서한이 영국의 「영국박물

___

• 이 서한은 키루스 실린더와 관련한 문서들이 흩어져 있는 FCO 13/7211, '원소유국 문화재 반환에 대한 요청Requests for Return of Antiquities to Country of Origin'에는 포함되어 있지 않았다.

고대 페르시아 제국의 유물인 키루스 실린더. 고대 페르시아 왕국의 키루스 대왕Cyrus the Great , 기원전 600 혹은 기원전 576~530, 재위 기원전 559~530이 발표한 칙령이 새겨져 있는 원통형 문서로, 기원전 539년에 전쟁 승자의 관행이었던 피정복민의 학살과 정복지 파괴와 약탈 대신 제국 내 여러 민족의 종교의 자유를 허락하고 포로를 각자의 본국으로 귀환시키며 정복지 주민들의 생계를 약속한다는, 당시로서는 획기적인 내용이 담겨 있다.

관법」이라는 방어 수단을 예견하고 미리 차단하려 했다는 점이다. 오코너는 이 요청에 대해 영국박물관 직원들이 이 "온당한 제안"을 저지하기 위해 부단하게 노력하고 있다는 점을 지적했다. 또한 그는 히스에게 페르시아의 문화유산인 키루스 실린더가 "인류애적 표시로서" 원산국으로 되돌아가야 하며, 어떠한 "법률만능주의나 궤변"에 의해 수상의 결정이 방해받아서는 안 된다는 점을 강조했다.[234] 오코너의 두 번의 서신에 대한 외무부의 반응은 다음과 같았다.

> 1월 15일에 수상에게 보낸 당신의 편지를 우리[외무부]가 전달받았습니다.
> 우리는 영국박물관에 있는 유물을 원산국으로 반환할 수 있도록 하는 어떠한 행동도 할 수 없습니다. 영국박물관은 하나의 독립적인 기관이며, 박물관 이사회는 영국박물관법의 조항에 따라 특정한 제한 조건을 제외하고는 박물관 컬렉션의 어떠한 유물도 임의로 처분할 수 없도록 되어 있습니다.[235]

> 수상께서 제게, 당신이 3월 21일에 보낸 이란으로의 키루스 실린더 반환에 관한 서신에 답변을 부탁하셨고, 이 사안은 자신이 개입할 수 있는 일이 아니라는 점에 유감을 표시하셨습니다.
> 영국박물관은 하나의 독립적인 기관이며, 박물관이 소유한 유물에 대한 방출 여부는 지난 2월 4일 답변서에 인용된 영국박물관법 5항에 제시된 조건에 따르고 있습니다. 우리는 [이에 대해] 실린더가 그 제한된 항목으로 분리될 수 없다는 것을

확인한 박물관과 논의하였습니다.[236]

오코너가 히스에게 반환 요청을 하면서 "법률만능주의나 궤변"에 의해 수상이 방해받지 않아야 한다는 점을 강조했지만, 영국은「영국박물관법」제5항과 영국박물관의 독립성을 반복해서 주장하고 있었다. 모든 반환 요청국에게 가장 큰 걸림돌인「영국박물관법」은 "법률만능주의"를 그대로 보여 주고 있으며, 영국박물관이 독립된 기관이고 따라서 영국 정부가 관여할 수 없다는 논리는 원산국 입장에서 보면 한마디로 말도 안 되는 "궤변"이었다.

이사회와「영국박물관법」에 관한 논란이 계속되자, 영국박물관이 소장한 유물의 이동이나 처분에 관한 이사회의 권한을 강화하도록 하는「영국박물관법」개정이 2009년에 의회에서 논의되었다. 이는 기존의「영국박물관법」에 적시된 이사회의 권한만으로는 영국박물관의 컬렉션을 유출하거나 처분하기에는 역부족이었기 때문이었다. 즉, 이사회의 권한을 강화하고자 하는 의도는 영국박물관의 유물을 반환하거나 대여하는 것을 좀 더 용이하게 하기 위한 시도였다. 당시 노동당 의원이었던 앤드류 디스모어Andrew Dismore는 이 개정에 찬성한 대표 인물로, 그는 법 개정 문제와 가장 직접적으로 연관되어 있는 것이 바로 엘긴 마블 반환 문제라고 보았다. 이 문제가 2009년 당시 의회에서 부각된 것도 아크로폴리스 언덕의 새 박물관 개장을 앞두고 반환에 대한 그리스의 국민적 요구가 커졌기 때문일 것이다.

디스모어는 그리스 민족의 문화적 뿌리인 파르테논 마블이 원래 있던 장소로 돌아와야 한다는 그리스 측의 요구에 적극 공감하고 있었다. 그는 영국박물관이 파르테논 마블을 위한 최적의 보존 장소라는 근거에 대해 1930년대에 일어난 파르테논 마블 세척 사건*과 아테네의 새 박물관 건립을 언급하며 마블의 재결합을 위해 영국이 법적 잣대가 아닌 도덕적 기준으로 행동해야 한다고 주장했다.[237] 이는 영국 측이 내세우는 문화국제주의적인 보존 논리의 역사적 과오를 인정하고, 새 박물관 건립으로 확보된 그리스의 보존·전시의 안전성에 기반한 새로운 법적 기초를 마련해야 한다는 것을 의미했다. 즉, 기존의 법을 고수하지 말고 도덕성에 기초하여 법안을 수정해야 한다는 것을 호소한 것이었다.

반면 하원의 휴 로버트슨Hugh Robertson 의원은 디스모어의 개정안에 반대하면서, 박물관법에는 이미 유물의 처분이나 이동을 위한 조항이 있기 때문에 법 개정은 필요 없다고 반박했다. 그러면서 그는 영국박물관은 세계에서 유일무이한 가치를 지닌 박물관이며, 무료로 전 세계인에게 개방하고 있기 때문에 관람객을 끌어들이는 중요한 요소인 문화재들을 보존해야 한다고 주장했다.[238] 결국 이 개정법 논의는 국회에서 통과되지 못했다. 많은 국제법학자는 이처럼 반환을 가능하게 할 수 있는 법 개정에 대한 반대와 유네스코 국제 협약에 가입하지 않는 등의 영국 행보를 '제국주의적'이라고 말하며, 영국의 구시대적 태도를 비판하

---

* 1937년 영국박물관 후원자의 의견과 당대의 미적 기준에 따라 파르테논 마블을 더 하얗게 만들기 위해 탄화규소 연마제로 세척한 사건을 말한다. 이 과정에서 파르테논 마블의 일부가 벗겨지는 등 심한 손상을 입었다. 영국박물관은 당시 이 실수를 덮기 위해 관련 문서의 공개를 거부했다.

고 있다. 반환에 극구 반대하는 영국의 모습은 "영국박물관에 있는 제국의 영광을 상기시키는 마지막 흔적을 사수하기 위한 필사적인 노력"[239]이라는 신랄한 비판을 받고 있다.

영국박물관이 주장하는 반환 불가의 법적 근거는 소장 유물의 처분 권한이 박물관 이사회 측에 있으며, 박물관은 독립된 기관이기 때문에 정부가 개입할 수 없다는 것에 있다. 표면상으로는 법에 어긋나는 것은 아니지만, 사실상 박물관법과 그에 따른 이사회의 권한은 모두 의회에서 결정된다. 그렇기 때문에 반환을 요청하는 원산국의 입장에서는 법 개정이라는 근본적인 문제는 해결하지 않고 박물관과 정부가 책임을 서로 떠넘기는 것으로 볼 수밖에 없다.•

따라서 영국의 문화재 반환 문제는 이「영국박물관법」을 개정하지 않고는 어떠한 변화를 기대하기 힘들다. 흥미로운 것은 영국박물관을 제외하고 빅토리아−앨버트 박물관을 포함한 다른 군소 국립 박물관의 소장품 처분에 관해서 오히려「영국박물관법」의 제5항 1절의 (c)가 컬렉션 처분을 위한 필요 이상의 권한을 큐레이터에게 주고 있다고 염려하는 문제가 일부에서 제기되고 있다는 사실이다.[241] 이는 제5항의 조건이 유독 영국박물관

• 영국은 2004년「인체조직법Human Tissue Act」을 제정하여「영국박물관법」에 의해 금지되어 왔던 인간 유해 반환을 허가한 전례가 있다.[240] 이「인체조직법」제정으로 유해 반환이 허가된 오스트레일리아 태즈메이니아 원주민 유해 반환 사례에 대한 자세한 내용은 장예나의 석사 학위 논문인「영국의 인간 유해 수집에서 반환까지: 오스트레일리아 태즈메이니아 원주민 사례」(숙명여자대학교대학원)에서 확인할 수 있다.

에만 엄격히 적용되고 있음을 보여 주는 반증으로 해석될 수 있다. 따라서 「영국박물관법」에 근거해서 사실상 영국박물관 소유의 어떤 중요 문화재도 해외로 반출되거나 반환되는 것이 불가능하다고 볼 수 있다.

문화재의 이동을 제한하는 또 다른 관련 법규는 "수출 규제"에 나타난 조항인데, 해당 조항에 따르면 「영국박물관법」에 비해 더 구체적인 조건으로 영국 내 중요 유물이나 예술품의 반출을 막고 있다. 이 조항은 문화적 중요성을 가지고 있고 제작된지 50년 이상 된 유물의 반출을 금지하고 있다. 이러한 조건에 부합하는 물건을 영국 밖으로 가지고 나가기 위해서는 반출 신청자가 그 물건의 제작자이거나 제작자의 직계 가족일 경우만 가능하다.[242] 또한 예술적 가치를 지녔거나 일정 기준 이상의 금전적 가치를 가진 대상물 중 영국에 50년 이상 있었던 것은 그것이 국가적으로 중요한 유물인지를 판단하기 위해 관련 조사관에게 인계된다.[243] 그 물건이 영국에 역사적·예술적 중요성을 지닌 것으로 판명되면 역시 반출이 일정 기간 금지되며, 소유자에게 구매 제안을 할 수 있다. 물론 소유자는 이를 거부할 권리가 있지만, 또 다시 반출 허가를 받기 위해 재심사를 받고 기다려야 하며, 최종 결정권자인 문화부 장관은 허가증을 거부할 권리가 있다.[244] 이 같은 법조항을 보면, 영국 내에 있는 모든 예술품이나 역사적 유물의 반출과 관련해서는 그 출처나 소유주에 관계없이 모두 영국 정부의 통제를 받으며, 이는 해당 물건의 문화적·지리적 기원과 관계없이 모두 '영국의 문화유산'으로 간주하고 있음을 알 수 있다. 한마디로 역사적으로 중요하고 예술적으로 가치 있는 모든 것은 영국에 자유롭게 들어올 수 있으나, 한 번 들어오면 맘대로 나갈 수 없다는 것을 보여 준다.

영국 국내법의 해석: 반환은 합법인가, 불법인가

다음으로는 영국의 국내법상 문제로 소송에서 패소하여 문화재 반환이 좌절된 대표적 사례를 살펴보고자 한다. 영국박물관은 1939년 나치가 체코슬로바키아를 점령했을 당시 유대인 펠트만Feldmann에게서 약탈한 회화 4점을 구매하여 보유하고 있었는데, 2005년 5월 27일 영국 고등법원은 펠트만의 후손에게 반환해야 하는지에 대한 소송에서 반환 금지 판결을 내린 적이 있다. 이 사례에서 주목해야 하는 것은 문제의 쟁점이 '반환을 할 것인가 말 것인가'가 아니라 영국박물관이 보유 중인 컬렉션을 반출(이전)하는 것이 '합법인가 불법인가'에 있다는 점이다.[245] 이 소송의 사건명은 "영국 법무부장관 대 영국박물관 이사회Her Majesty's Attorney-General v. The Trustees of the British Museum"로, 피고—원고가 박물관과 펠트만의 후손이 아니라 영국 정부와 영국박물관이었다. 당시 영국박물관은 펠트만의 후손으로부터 반환 요청을 받은 후, 약탈품의 반환에 대한 박물관의 도덕적 윤리와 의무 그리고 나치 약탈품을 정당한 소유주에게 돌려주어야 한다는 정부 방침에 따라 반환을 결정했다. 그리고 2000년 6월 의회에 이를 검토하라고 넘긴 것이다.

이제 문제는 반환 여부가 아닌 반환이 법적으로 가능한가로 옮겨졌고, 판결 결과는 앞서 언급된 것처럼 영국박물관의 컬렉션을 반환하는 것은 위법이라는 것이었다. 영국 고등법원이 이 같은 판결을 내린 데에는 두 가지 법적 근거가 있었다. 첫째는, 앞서 살펴본 「영국박물관법」 제3항 4절이다. 이 조항에 따르면 이사회는 제5항이나 제9항이 명시한 조건을 제외하고는 박물관 컬렉션을 처분할 수 없도록 되어 있다. 이 회화들*은 예술적 가치를 지닌 진품이기 때문에 제5항의 적용 대상이 되지 않으며, 국외 반출을 금하는 제9항의 경우도 마찬가지다.■ 따라서 법원은 「영국박물관법」에 위배되기 때문에 "도덕적 의무가 박물관 컬렉션을 보호하는 영국박물관법에 우선시 될 수는 없다"[246]라는 결론을 내린다.

두 번째 근거는 정부 체계와 법의 적용에 대한 영국법의 좀 더 근본적인 태도와 관계가 있다. 영국 법원의 확고한 대전제는 제정법과 일치하지 않는 어떠한 승인이나 요구도 거부한다는 것이다. 사실 영국 법원의 위 판결은 영국이 기존에 승인한 약탈 혹은 불법 반출 문화재 반환에 대한 몇몇 국제 조약에 위반되는 결정이다. 그럼에도 불구하고 법원이 영국박물관의 반환 승인에 위법 판결을 내린 것은 문제의 회화 작품들이 영국박물관법의

---

* 독일 조각공 마르틴 숀가우어Martin Schongauer, 1448?~1491의 제자가 그린 「어린 그리스도와 함께한 성 도로시」(1508)와 18세기 화가 마르틴 요한 슈미트Martin Johann Schmidt, 1718~1801의 「성 엘리자베스와 어린 성 요한의 경배를 받는 성모와 아기 예수」, 18세기 영국 화가 니콜라스 블레이키Nicholas Blakey, ?~1758의 작품 「머큐리와 아폴로가 있는 시적 영감에 관한 우화」, 그리고 16세기 볼로냐의 화가 니콜로 델아바테Nicolò dell'Abate, 1512~1571의 작품 「성※가족」 등 4점이다.
■ 「박물관미술관법」의 제6항과 「수출규제법」의 "수출 규제"에 의해서도 물론 허가 없는 국외 반출이 금지된다.

보호를 받는 소장품이고, 그 「영국박물관법」을 제정한 것이 의회이며, 영국법에 따라 의회가 모든 정부기관 중 가장 상위 기관으로서 법적으로 가장 강력한 권한을 가지기 때문이다.[247] 즉, 의회에 의해 입법 시행된 법령(「영국박물관법」과 같은)에 법원은 이의를 제기할 수 없도록 되어 있다.•

이러한 법원의 판결은 결과적으로 영국 문화재 반환 문제에 매우 부정적인 선례를 남겼다고 볼 수 있다. 특히 영국박물관을 상대로 반환 요청을 하는 국가들에게 있어서는 반환의 가능성에 대해 비관적 사례인 셈이다. 리파스는 영국이 아직도 200년 전의 관습을 토대로 의회의 권한을 사용하여 영국 내 해외 문화재의 반출을 금지하려 한다고 강하게 비판했다. 그는 또한 이 사건의 판결로 인해 영국박물관의 입장으로서는 실리와 도덕성의 문제 두 가지를 모두 챙겼다고 주장했다. 즉, 박물관은 문화재를 그대로 보유할 수 있으면서도, 반환을 옳다고 생각하지만 법적인 문제로 어쩔 수 없이 불가능했다는 정당성까지 확보할 수 있었기 때문이었다.[249]

이러한 법적 문제를 해결하기 위해서는 오직 의회에서 법을 개정하는 길밖에 없다. 사실 나치가 약탈한 예술품에 대해 내려질 수 있는 이러한 부적절한 판결을 피하기 위해 관련법 개정에 대한 요구가 이미 있어 왔고, 2000년부터 영국의 문화미디어체육부가 관련법을 검토 중에 있었지만, 위의 재판이 있었던

• 의회주권의 원칙으로, 의회는 자신이나 자신의 승계자를 구속할 수 없으며, 재판소는 의회가 채택한 제정법의 유효성에 대해 이의를 제기할 수 없음을 가리킨다.[248]

2005년에는 아직 법 개정이나 새로운 법이 시행되지 않았다. 나치 약탈품과 관련된 법은 2009년이 되어서야 「홀로코스트법 Holocaust (Return of Cultural Object) Act」의 제정으로 새 국면을 맞이했다. 하지만 이 시행법이 얼마나 효과적으로 작용할지는 지켜봐야 할 것이다. 왜냐하면 의회는 이 법안을 검토하고 제정할 때 몇 가지 조건들을 달았기 때문이다.

우선 반환해야 하는 약탈품인지에 대한 검토를 해당 위원회가 정하고 반환을 권고하면 장관의 승인이 필요하다. 이 두 가지 조건이 충족되면 영국박물관의 이사회가 해당 유물의 처분 권한을 갖는데, 이 중 어느 단계에서도 합의가 이루어지지 않으면 법안은 발동되지 않는다.[250] 중요한 것은 이 법안의 제4항 7절에 의거해 이 법안의 효력이 2009년 통과된 날짜로부터 10년 후에 만료된다는 것이다.[251] 50년 넘게 완전히 돌아오지 않거나 해결되지 않은 문제에 단 10년의 기한을 정해 놓은 것은, 영국 정부가 반환 문제에 얼마나 적극적이고 진정성을 가지고 임하고 있는지 의구심이 들게 하는 부분이다.

게다가 이 법안을 발의한 디스모어는 다음과 같은 발언을 했다. "이 법은 다른 어떤 미술품이나 문화재를 위한 트로이의 목마가 아니다."[252] 이는 「홀로코스트법」이 오직 나치 시대에 약탈된 문화재에 한정된 것이므로, 다른 반환 요구와는 관계가 없음을 확실히 하고자 하는 의도라고 볼 수 있다. 즉, 「홀로코스트법」을 계기로 영국이 보유하고 있는 해외 문화재의 반환 요청 증가를 사전에 차단하고, 이 법이 다른 문화재의 반환 가능성과는 무관하다는 것을 우회적으로 표현한 것이다.

사실 영국뿐 아니라 프랑스, 미국, 독일 또한 반환에 온전히 협조적인 것은 아니지만 분명한 것은 영국의 국내법 적용 사례만큼 완고한 태도를 취하고 있지는 않다는 점이다. 영국만큼 강경한 입장을 취했던 프랑스도 최근 반환에 대한 국제적 인식의 변화에 발맞춰, 식민지 시대와 같은 문화 소유의 방식을 지양하고 반환에 공감하는 국제 사회의 요구에 응하려는 태도를 보이고 있다. 특히 미국의 박물관은 불법 거래와 매입이라는 불건전한 관행을 개선하기 위해 양심적 반환 또는 협상을 통한 반환을 하는 등의 실질적 노력을 하고 있다. 또한 중남미 국가들과 불법 도굴·매매 금지를 위한 정부 간 조약을 맺는 등 문화재 반환 문제를 해결하기 위해 적극적으로 대응하고 있다.• 그러나 영국 법원이 19세기 제국주의 시대의 약탈품도 아닌 20세기의 나치 약탈품의 반환을 막는 판결을 내린 것을 보면 문화재 반환에 대한 영국의 입장이 더 명확하게 드러난다.

　그렇다면 영국은 문화재 반환 문제와 관련하여 왜 이토록 완강한 태도를 취하고 있을까? 문화재를 반환하지 않음으로써 영국이 정말 얻고자 하는 것은 무엇일까? 그 이유의 일면을 이해하기 위해서는 영국의 법률적 근거를 뒷받침하는 이론인 문화민족주의와 문화국제주의에 대해 살펴볼 필요가 있다.

• 더 많은 반환 사례는 유네스코 홈페이지의 'Return or Restitution Cases(반환 사례)' 항목을 참조하라.

2) 영국이 반환을 거부하는 이론적 근거

일반적으로 문화재 반환 문제에 대한 입장은 문화재를 반환받고자 하는 국가들, 즉 과거 문화재를 빼앗긴 원산국이냐 아니면 문화재를 약탈하여 현재 소유하고 있는 시장국이냐에 따라 크게 두 가지로 선명하게 나뉜다. 바로 문화민족주의와 문화국제주의다.

문화민족주의는 문화재를 특정 국가의 민족 정신과 정체성을 구현하는 상징물로 보고, 부당하게 빼앗긴 유물들이 본래 있었던 원산국으로 돌아가야 한다고 주장하는 입장이다. 주로 과거 식민 지배를 경험한 국가들이 이에 해당한다. 반면 문화국제주의는 문화·역사적 가치를 지닌 문화재는 특정 민족이나 국가에만 속하는 것이 아니라 전 인류가 함께 보호하고 향유해야 한다는 입장이다. 대부분 국제적 박물관을 가지고 있고, 영국·프랑스·독일·미국과 같이 과거 제국주의 정책을 펼쳤던 서구 열강 국가들이 문화국제주의를 지지한다. 이들은 문화재를 곧 인류 공동의 문화유산이라고 정의한다. 따라서 이 인류 공동의 재산은 세계적인 박물관에 전시되어 더 많은 사람에게 볼 기회를 주어야 한다는 것이 문화국제주의의 논리이며, 이를 따르는 대부분의 세계적 박물관들은 원산국의 문화재 반환 요구에 반대하고 있다. 영국박물관도 이 세계적 박물관 중 하나로, 문화국제주의를 내세우며 원산국의 반환 요구에 반대하고 있다.

문화국제주의와 문화민족주의

문화민족주의와 문화국제주의라는 두 가지 관점은 문화재 보호와 관련한 근대 국제법의 성립 과정에서 구체화되었다. 이 중 「헤이그 협약」이 문화국제주의를, 「1970 유네스코 협약」이 문화민족주의를 강조하는 것으로 해석된다. 「헤이그 협약」은 문화국제주의적 관점이 처음으로 명시된 국제법으로 평가받는다. 이러한 관점은 다음의 협약 전문前文 조항을 통해 명시적으로 드러난다.

> 어떤 국민에게 속한 문화재에 대한 손상은 전 인류의 문화유산cultural heritage of all mankind의 훼손을 의미하며, 그러므로 각 민족은 세계 문화에 공헌하여야 한다. 세계 문화의 보존은 세계 각 민족에게 중요한 의미를 가지며, 이러한 유산은 국제적 보호를 받아야 한다.[253]

「헤이그 협약」은 문화재를 특정 국가가 독점적으로 소유하는 것이 아니라 인류 공동의 문화유산으로 보고, 그러한 문화적 가치를 국제적으로 보호해야 한다고 명시함으로써 문화국제주의의 입장을 대변하고 있다고 평가받는다. 또한 이 협약은 전시 혹은 무력 충돌시 문화재 보호를 주요 목적으로 삼고 있고, 해당 문화재의 기원이나 소유권 문제에 대해서는 명확히 언급하지 않기 때문에 문화재의 민족적(국가적) 특수성보다 세계 문화유산이라는 문화재 가치의 보편성을 강조하고 있다.[254]

반면 「1970 유네스코 협약」은 문화민족주의를 대변하는 것으로 평가받는다. "문화재는 문명과 민족 문화national culture의 기본 요소 중 하나를 구성하고, 그 참된 가치는 그것의 기원, 역사 및 전통적 배경its origin, history and traditional setting에 관한 가능한 모든 정보와 관련하여서만 평가될 수 있다는 것을 숙고하며"[255]라는 협약 전문의 내용을 통해, 민족의 특수한 문화적 가치를 인정하고, 문화재의 본래 환경에서 비롯되는 역사적 가치를 중요시하고 있음을 엿볼 수 있다. 그렇다면 문화국제주의와 문화민족주의라는 두 입장을 각기 대변하고 있다고 평가받는 이 국제법들은 해당 관점을 지지하는 국가에게 과연 유리하게 작용하고 있을까.

사실 유네스코가 채택한 위의 세 가지 국제 협약은 앞서 제시된 두 제약으로 인해 반환을 거부하는 문화국제주의적 입장에 매우 유리하게 작용하고 있다. 특히 비소급 적용의 원칙에 의해 영국에 반환 요청이 제기되는 대부분의 문화재에는 유네스코의 주요 세 가지 협약 중 어떤 것도 적용될 수 없다. 즉, 최소한 1954년 이전에 이루어진 문화재 반출에 대해서는 법적 책임을 묻는 것이 불가능하다는 것을 의미한다. 그 결과 문화재 반환 문제를 논의할 때 가장 기본적 사항인 취득 당시의 합법성 문제는 사법적으로 시시비비를 가릴 수 없게 되었고, 당시의 전시 약탈이 정당한 행위인지에 대한 가치 판단 문제가 중요한 쟁점이 되었다.

문화재 반환 문제를 논할 때 대표적인 문화재 약탈의 예로 가장 많이 언급되는 사례가 영국박물관에 소장된 '파르테논 마블'이다. 영국과 그리스 간 파르테논 마블을 놓고 벌어지는 반환 논쟁은 문화재 반환 문제의 상징적 사례로 여겨지는 만큼 영국의 반환 불가론의 논거, 반환 불가 전략의 대표성 등을 모두 담고 있다. 이 사례는 영국이 제국으로 발돋움하던 19세기 초에 일어난 대대적 약탈 사례로 손꼽힌다. 동시에 당시 그리스의 주권이 오스만 튀르크 제국에 있었다는 점에서 '마블의 정당한 소유권은 어디에 있었는가'에서부터 '영국의 이러한 행위를 과연 약탈로 볼 수 있는가'에 대한 보다 근본적인 문제에 이르기까지 문화재 반환 쟁점의 거의 모든 문제가 압축되어 있다.

파르테논 신전의 일부를 영국박물관의 전시품 '엘긴 마블'로 만들어 버린 엘긴은 1801년에 오스만 튀르크 정부의 허가장을 받아 본격적으로 파르테논 신전에서 대리석 조각들을 해체해 영국으로 가져왔다. 그의 명분은 영국 문학과 미술의 발전을 돕고 영국민의 미적 취향을 높이는 데 기여한다는 것이었다. 이후 엘긴 경이 파산하자 이를 사들인 영국 의회는 오스만 측이 내줬다는 허가장을 근거로 파르테논 마블의 취득 합법성을 인정했다. 하지만 그 허가장에는 건물에서 조각 작품을 제거하거나 어떤 방식으로든 손상을 가할 수 있는 권한이 직접적으로 명시되어 있지 않았다.• 더구나 그나마 결정적 근거인 그 허가장의 원본은 없고, 영어 번역본의 사본만이 오늘날 유일한 증거로 남아 있다. 반환을 요구하는 그리스는 이 허가장의 불명확성을 약탈

• 허가 조항은 다음과 같다. 1) 요새의 벽 안으로 자유로이 들어가 그곳의 고대 신전을, 그리고 석고 모형을 제작할 수 있다. 2) 고대의 기초를 찾아내기 위해서 원하는 곳에 비계를 세우거나 땅을 팔 수 있다. 3) 요새의 건물이나 벽과 상관없는 조각상과 명문을 자유로이 분리해 낼 수 있다.[256]

의 증거와 반환 근거로 내세우고 있지만, 영국은 오늘날까지도 원본도 아닌 허가장을 취득의 합법적 증거로 내세우고 있다. 당시의 관습이나 불공평한 조약 그리고 불확실한 허가장 등을 근거로 약탈을 합리화하는 영국의 주장에 대해, 국제법학자인 니콜 클루그Nicole Klug는 "제국주의가 당시의 느슨한 법체계를 통해 약탈의 책임을 면하려고 한다"며 영국의 일관된 제국주의적 태도를 비판했다.[257]

오늘날 이 엘긴 마블 문제는 법적 공방보다는 가치 판단의 문제로 쟁점이 바뀌었다. 즉, 정당한 '소유권'의 문제에서 문화재의 '보존과 보호'의 가치가 더 중요하게 작용하게 되었다. 여기서 나타나는 영국의 입장이 바로 문화국제주의다. 문화국제주의를 지지하는 미국의 대표적 국제법학자인 존 헨리 메리맨은 엘긴 마블 반환 문제에 관한 여러 편의 논문과 책을 내면서 이 문제에 특별한 관심을 표했다. 그는 감정적인 민족주의적 주장보다 문화재의 보존, 예술품의 원상회복 그리고 문화재의 분배라는 세 가지 사항을 우선적으로 고려해야 한다고 주장했다.[258]

문화국제주의의 관점에서는 문화재를 특정 국가의 민족적 속성을 초월한 예술적·고고학적·역사적 관심의 대상이며, 보편적인 인류 문화의 한 부분이라고 본다. 따라서 문화재의 기원지나 현 소재지의 문제, 소유권의 문제, 혹은 국가 주권 차원에서 문화재의 거취를 결정하지 않고 세 가지 원칙—문화재 보존preservation, 문화재 통합성integration, 문화재 분포와 접근성distribution/access—에 따라 문화재의 소재를 결정하는 것이 인류 문화를 위하는 것이라고 보고 있다. 여기서 문화재 보존이란 해당 문화재의 완벽한 보존을 의미하는 것으로, 보존을 위해서라면 원산국이 아닌 더 적합한 장소를 선택해야 한다는 주장의 근거가 된다. 문화재의 통합성 원칙은 문화재의 완전성이 훼손되지 않는 장소를 선택해야 한다는 것이다. 마지막으로 문화재 분포와 접근성은 문화재가 인류 전체의 공동 유산이라는 전제에 따라 세계 각국에 적당한 분포를 고려하여 각 국민의 접근성이 높고, 타민족의 문화적 성취에 이바지할 수 있는 장소를 선택해야 한다는 원칙이다.[259]

메리맨은 「엘긴 마블에 대한 고찰Thinking about the Elgin Marbles」이라는 논문에서 엘긴 마블의 반환 여부는 위의 세 가지 원칙을 고려하여 결정해야 한다고 주장하며, 문화재가 반드시 원산국으로 돌아가야 하는 것은 아니라는 입장을 견지하고 있다.[260] 그가 제시한 세 가지 고려 사항 중 문화국제주의의 핵심 주장과 맞닿아 있는 것이 바로 문화재의 분배에 관한 것이다. 이는 세계인이 타국민의 문화적 업적에 접근할 수 있도록 인류의 문화유산을 적절하게 분배해야 한다는 것을 의미하는 것으로, 한 국가의 독점적 보유보다 문화재의 접근성을 더 강조한다. 이러한 메리맨의 입장은 국가 간 감정적 갈등과 배타적 민족주의 문제로 확대될 수 있는 문화재 반환 문제를 보다 객관적으로 분석하고, 문화민족주의 관점의 이론보다 오늘날의 세계 체제와 국제 관계에 더 적합하다는 평가를 받고 있다.

문화국제주의는 또한 어떠한 문화가 특정 국가나 민족에 속해 있다는 문화민족주의적 주장을 비판한다. 미국의 미술사학자이자 현재 폴 게티 재단의 CEO인 제임스 큐노는 어떠한 유물이 민족 정체성을 구현하거나 상징화한다고 '믿는' 문화민족주의적 주장에 반대하는 대표적 인물 중 한 명이다. 그는 "문화재는 정치적 구성물"이라고 단언한다. 그는 민족의 문화재라는 것은 정치적 의미를 가지고 있으며, 근대 국가들이 고대 문명에 대한 소유권을 주장하면서 정치적으로 자신들이 규정한 문화를 정당화하고 있다고 말한다.[261] 또한 패트릭 기어리Patrick Geary의 『민족의 신화, 그 위험한 유산The Myth of Nations: The Medieval Origins of Europe』 (2003)의 일부를 인용하면서, '민족'이라는 개념은 근대 유럽 역사학이 만들어 낸 일종의 이데올로기적 허구라고 말하며, 그것에 기댄 문화민족주의적 주장이 우리의 세계관과 역사에 대한 이해를 오히려 편협하게 만들고 있다고 주장한다.[262] 큐노에게 있어 민족은 실재하는 것이 아니기 때문에 확인할 수 없고, 따라서 '믿는' 대상일 수밖에 없다.

문화민족주의의 한계 ① 국가의 불안정성과 문화적 단절성

문화재를 원소유국에 돌려주어야 하며 문화재는 그것이 만들어진 역사적·지리적 맥락 속에 존재하는 것이 옳다고 주장하는 문화민족주의는, 전후 식민지 시대의 과거를 청산하고 새로운 국가 체제를 만들어 나가는 국제 분위기 속에서 학계와 일반 대중에게 지지를 받아 왔다. 하지만 반대편에서 문화국제주의가 여전히 강력한 힘을 발휘하고 있는 것은 문화민족주의가 지니는 한계점도 분명하기 때문일 것이다. 바로 불안정한 국가 체제와 문화적 다양성 혹은 단절성이다.

첫째, 불안정한 국가 체제는 특히 아프리카 국가들에서 두드러진다. 1950년대 영국이나 프랑스 같은 식민 모국으로부터 독립을 선언하며 단일한 주권국가로 출범하였지만, 심각한 재정 부족은 부실한 문화재 관리로 이어졌고, 정치적 혼란은 문화재 반환 운동을 지속적으로 전개하는 원동력을 약화시켰다. 선진국의 경제 원조를 받기는 했으나, 부족 간의 갈등과 독재 정부, 쿠데타, 군부 정권이 반복되는 정치적 혼란 때문에 장기적으로 경제 불황을 겪는 것은 물론이고 문화적 영역에 충분히 투자할 수 있는 정치·경제적 환경이 아니었다.

독립 초기에 문화재 유출이 심각했던 나이지리아의 경우에는 1971년에 고유물부 장관인 에크포 이요Ekpo Eyo가 "문화재의 절도범들을 잡지 못한다면, 10년 내로 나이지리아 문화재가 남아나지 않을 것이다"라고 개탄할 정도였다.[263] 1960~1970년대에 아프리카에서 문화재 반출이 절정에 달했던 이유는 사회의 불안정성으로 인한 경제 악화라는 악순환의 고리 속에서 문화재 암시장이 성장했기 때문이었다. 그 결과 나이지리아는 세계 곳곳에 흩어진 자신들의 국보급 문화재인 베닌 문화재를 되찾기 위해 1980년 런던 소더비 경매에서 80만 파운드(약 11억7천600만 원)를 지불하고 5개의 작품 등을 되사야만 했다.[264]

서구 박물관들이 아프리카 국가들의 문화재 보존 능력에 의구심을 제기해 온 것도 이러한 잦은 정권 교체와 내란으로 인한 사회적 불안정성 때문이었다. 따라서 아프리카의 문화유산을 보호하기 위한 방법을 논의하기 위해 열린 1992년 암스테르담 회의에서 몇몇 서구 출신 전문가들은 "아프리카는 먼저 집안 단속부터 해야 한다"며 강하게 비판했다.[265] 나이지리아 정부가 1950년대에 영국박물관으로부터 사들인 20점의 베닌 브론즈가 현재 거의 남아 있지 않는 것으로 알려진 것도 이러한 비판의 근거가 되었다. 베닌 브론즈는 미술품 시장에서 매우 고가로 거래되기 때문에 암암리에 팔려 나간 것으로 추측된다. 또한 1973년에는 영국을 방문한 나이지리아 대통령이 엘리자베스 여왕에게 베닌 브론즈를 복제품 대신 진품으로 기증했다. 대통령이 원래 선물로 제작된 복제품이 마음에 들지 않아 시찰을 이유로 박물관에 직접 가서 작품을 몰래 빼냈다. 이는 문화재 반환을 요구하는 나이지리아 자신뿐 아니라 다른 아프리카 국가들에게도 안 좋은 선례를 남겼다. 즉 반환보다 인류 문화유산의 보존이 중요하다는 유럽 국가의 문화국제주의적 입장을 뒷받침해 주는 사건이었다. 그 결과 19세기 영제국이 세계 곳곳에서 행한 고고학 발굴 작업과 전시·보존이 지배와 문명의 상징이자 문명론의 근거였던 것처럼, 오늘날 서구와 아프리카 국가들의 이러한 차이는 선진국과 개발도상국을 나누는 기준이 될 수밖에 없었다.

두 번째로 반환을 강력히 주장하는 수단으로서 문화민족주의가 가진 한계점은 문화적 다양성 혹은 단절성이라고 볼 수 있다. 사실 큐노의 주장대로 몇몇 국가에서는 현재의 국가 정체성과 과거 문명의 성격이 전혀 연결되지 않는 경우가 있다. 이집트와 메소포타미아 지역에 위치한 대부분의 국가가 현재 이슬람 문화권이라는 것이 그 대표적 예다. 그는 현재 이집트와 고대 파라오 시대의 이집트 사이에 무슨 문화적 연관성을 찾을 수 있느냐고 반문한다.[266] 영국박물관 관장 닐 맥그리거Neil MacGregor 또한 큐노와 같은 선상에 있다. "나는 주요 국가들의 정체성이 사실상 어떤 유물에 의존할 수 있다는 관념을 이해할 수 없습니다."[267] 분명 이들의 주장은 이집트와 같이 과거와 현재 사이의 문화적 차이가 큰 국가들의 경우에 설득력이 있다. 실제로 이집트가 정부 차원에서 영국·프랑스·미국 등을 상대로 강력한 문화재 반환 운동을 펼치고 있지만, 그것이 국민 모두의 공통된 문제의식에서 비롯된 것은 아니라는 점이 이집트 내에서도 문제되고 있다. 이집트 국민의 대부분은 이슬람이고, 이들에게 고대 이집트 문명의 흔적은 자신과 전혀 관계없는 이교도의 우상일 뿐이었다.

제2차 세계대전 이후 이집트는 이전 시대의 아픔을 극복하고 새 국가를 건설하기 위해 근대화 노선을 취하면서 국민 정서를 하나로 통합하고자 했다. 이를 위해 이집트는 국가의 정체성을 '아랍'으로 규정하고, 이슬람 시대 이전의 고대 이집트 문명과는 거리를 두었다.[268] 이러한 정책을 단적으로 보여 주는 것이 1960년대의 아스완댐Aswan High Dam 건설 결정이었다. 근대성과 진보의 이름으로 시작된 이 사업으로 나세르호Lake Nasser 아래에 있는 고대 파라오 시대의 수많은 사원은 수장될 위험에 처했다. 고대 이집트 유적과 경제 발전 사이에서 이슬람 정권은 후자를 택한 것이다. 게다가 이슬람 종교 지도자들이 세속 정치에 강력한 영향력을 행사하면서 현대 이집트의 아랍적 정체성과 고대 문화유산 사이의 골은 더욱 깊어졌다.

이러한 사회 분위기 속에서 이집트 내 파라오 시대의 유적에 관심을 가지고 연구·보존에 힘쓰는 것은 서구식 교육을 받은 일부 엘리트 계층과 친親 서구파 정치인들이며, 이집트 국민의 대다수는 이슬람의 창시자인 무함마드 이전의 과거에 거의 관심이 없었다. 1981년 무슬림 테러 무장 단체인 가마스 알-이슬라미야Gama's al-Islamiyya가 이스라엘과 서구 국가들과 평화 관계를 구축한 안와르 사다트Anwar Sadat, 1918~1981 대통령을 암살하면서 "나는 파라오를 죽였다!"라고 외친 사건은[269] 현재 이집트에서 이슬람 문명과 고대 파라오 문명이 공존하지 못하고 있음을 보여 준다. 고대 문명에 대한 원주민의 이러한 무관심과 반감은 문화국제주의자의 주장을 뒷받침하는 근거로 활용되어 왔다. 즉, 이집트보다 자신들이 고대 이집트를 더 잘 연구할 수 있다고 주장할 수 있게 되었고, 이는 고대 이집트 유물에 대한 권리를 주장하는 것으로까지 이어져 서구 박물관의 문화재 소유 논리에 힘을 실어 주는 결과를 낳았다. 2001년 이슬람 원리주의를 내세운 탈레반 정권이 아프가니스탄의 4~5세기 불교 유적지인 바미얀 석굴사원Buddhas of Bamiyan을 우상 숭배라며 로켓으로 파괴한 사건 또한 이후 문화민족주의자의 주장을 반박하는 가장 강력한 근거로 작용하였다.

앞서 언급된 영국에 가장 먼저 공식적으로 문화재 반환을 요청한 스리랑카의 사례 또한 문화적 단절성이 반환에 불리한 요소로 작용하고 있음을 보여 준다. 영국 외무부는 스리랑카가 반환을 요구한 문화재를 소장하고 있는 왕립 스코틀랜드 박물관Royal Scottish Museum, 피트리버스 박물관Pitt-Rivers Museum과 애슈몰린 박물관의 반환 불가의 근거를 담고 있는 추가 문건을 작성했다. 여기에는 영국이 문화재 반환을 거부할 때 드는 모든 논리―취득의 합법성, 문화국제주의, 보존과 학술 연구―가 담겨 있다.

이 중 왕립 스코틀랜드 박물관은 스리랑카 문화재를 반환할

아스완댐 건설로 수장될 위기에 처했던 람세스 2세 때의 유적지인 아부심벨 신전은
1967년에 유네스코의 지원을 받아 자리를 65미터 위로 옮겼다. 위는 신전을 원래 자리에
서 분리하여 새 자리로 옮기는 장면이고, 아래는 오늘날 아부심벨 신전 모습이다.

수 없는 두 가지 구체적인 근거를 더 제시하고 있다. 왕립 스코틀랜드 박물관은 영국이 해당 문화재를 취득할 당시(1826) 실론은 이미 16세기 중반에 로마가톨릭으로 개종하여 유물이 발견된 기존의 사원은 방치를 넘어 폐허가 된 상태였으며, 실론 사람들에게 잊힌 유적이었다는 점을 지적했다.[270] 즉, 당시 아무도 관심 갖지 않았던 유적을 자신들이 발견했고, 소유권이 없던 유물을 가져왔기 때문에 영국의 소유권은 정당하다는 주장이다. 여기에는 아무도 연구하지 않은 실론 고대 문화의 가치를 영국만이 발견해 냈다는 자부심이 섞여 있다고 볼 수 있다. 무엇보다도 영국이 실론 왕실의 개종을 언급한 것은 스리랑카가 반환을 요구하는 유물과 현재의 스리랑카 사이에는 문화적 연관성이 없다는 것을 암묵적으로 강조하고자 하는 것이다. 과거 문명과 현재 국가의 문화적 단절성에 대한 이 같은 지적은 영국이 수많은 반환 요구에 대처하는 대표적 논리 중 하나다. 이는 영국이 가진 문화국제주의적 논리의 일환으로, 상대국의 역사와 문화에 대한 자의적 해석을 보여 준다.

문화민족주의의 한계 ② 문화재의 원소유주는 누구인가

한편 다양한 문화권이 공존하는 상황도 때로 원소유국에게 불리하게 작용해 왔다. 다양함의 공존은 그만큼 여러 역사적 경험과 종교적 차이 등이 교차하고 있음을 의미한다. 대표적으로 인도의 사례가 그러하다. 인도는 영제국의 정체성을 상징할 정도로 가장 중요한 식민지였으며, 그만큼 많은 유물이 영국을 비롯한 서구 세계로 흘러 들어갔다. 하지만 인도가 대표적으로 반환을 요구하는 몇몇 문화재는 시작도 전에 교착 상태에 빠져 진전되지 않고 있다. 원소유주가 하나는 아니거나 불명확하기 때문이다.

예를 들어 영국이 약탈한 가장 유명한 인도 문화재인 코이누르 다이아몬드의 반환 협상이 본격화되지 못하는 것은 인도뿐 아니라 파키스탄도 이 다이아몬드의 소유권을 주장하며 영국에 반환을 요청했기 때문이다. 즉, 하나의 문화재에 두 국가가 소유권을 주장하고 있는 것이다. 이는 600년 넘게 인도·파키스탄 지역에서 왕조와 지배 국가가 바뀔 때마다 코이누르의 소유자도 바뀌어 온 역사에, 인도와 파키스탄의 역사가 중첩되기 때문이다.

앞서 언급된 키루스 실린더 또한 다수의 원소유주가 존재하는 문화재다. 이 키루스 실린더가 여타 사례와 다른 점은 발굴 당시 역사적 상황으로 인해 생긴 복잡한 소유권 문제에 있다. 그리고 이 문제는 현 소유국인 영국에게 유리하게 작용하고 있다. 다음은 키루스 실린더 반환 문제와 관련하여 영국 외무부가 수상 측에 보낸 서신의 일부다.

> 영국박물관에 따르면, 그 실린더는 오늘날 이란에서 나온 것이 아니라 현재 이라크에 위치한 바빌론에서 나온 것이라는 것을 알아야 합니다. 만약 [영국]박물관이 그 실린더를 반출할 준비가 되어 있다 하더라도, 이 경우에 그것이 이라크로 되돌아가야 한다는 주장이 나올 겁니다. (심지어 아마도, [발견] 당시 그 지역은 오토만 제국의 영토였기 때문에 터키로 가야 한다는 주장

코이누르 다이아몬드. 원래 180캐럿의 다이아몬드였지만, 빅토리아 여왕이 세공을 명한 후에 108.93캐럿으로 줄어들었다. 1902년 에드워드 7세의 대관식 때 알렉산드라 왕비의 왕관에 장식되었으며, 1911년 엘리자베스 2세의 어머니인 메리 왕비의 대관식 관에도 장식되었다. 현재는 영국의 왕실 재산으로, 메리 왕비의 관(사진)에 장식된 채 런던탑에 전시되어 있다. 왕관 정면 가운데에 둥그렇고 큰 보석이 '코이누르 다이아몬드'이다.

도 나올지 모릅니다. 덧붙여 말하자면, 그 발굴도 터키 당국의 허가가 있어 가능했습니다.) 나는 이러한 점을 오코너와 논의해야 한다고 생각하지는 않지만, 이는 박물관이 그 유물을 "원산국"에 반환하는 것에 동의했을 때 발생할 수 있는 어려움을 보여주고 있습니다.[271]

키루스 실린더는 원래 현재의 이란 지역에서 만들어졌지만, 1897년 실린더가 발견된 바빌론은 현재의 이라크였기 때문에 원소유주가 누구인지에 대한 복잡한 문제가 생긴 것이다. 게다가 당시 이라크 지역은 현재의 터키의 전신인 오스만 튀르크 제국의 영토였기 때문에 만일 이 실린더의 반환 문제가 본격화되면 터키까지 소유권자라고 나설 가능성이 있었다.

키루스 실린더에 얽힌 소유권의 문제는 여기서 끝이 아니다. 발견 당시 이 실린더는 4분의 1정도가 떨어져 나간 상태였는데, 약 100년 후에 필라델피아대학 박물관이 소장하고 있던 쐐기문자 파편이 동일한 실린더에서 떨어진 파편이라는 것이 밝혀졌다. 필라델피아대학 박물관은 이 파편을 영국박물관에 보내 주었고, 덕분에 영국박물관은 완전한 실린더의 형태를 갖출 수 있었다. 이러한 사실을 바탕으로 외무부의 서신은 "따라서 엄밀히 따지면, 필라델피아대학 박물관 또한 실린더의 소재에 관심을 가질 수 있다"라고 언급하고 있다.[272] 이란·이라크·터키에 미국까지 더해 키루스 실린더의 소유권을 주장할 수 있다는 이러한 견해는, 결국 누구도 쉽게 소유권을 주장하지 못할 것이기 때문에 현재 실린더를 소유하고 있는 영국에 유리한 상황이라는 의미가 내포되어 있다. 사실, 이란 정부가 정식으로 영국박물관에 반환을 요청하지 않는 것도 이러한 복잡한 소유권 문제를 예상하고 있기 때문이다.

이와 유사한 상황은 앞서 영국의 대표적인 제국주의 약탈과 수집의 예로 분석한 아우렐 스타인의 중앙아시아 컬렉션에서도 찾아 볼 수 있다. 가장 대표적인 돈황 유물을 포함한 중앙아시아 컬렉션은 현재 중국의 영토 안에 있지만, 대부분의 출토 지역이 신장 위구르 자치구에 속해 있을 뿐 아니라, 문화재의 출토지에 따라 당시 역사적 상황에서 중국의 국경선이 다르게 적용되기 때문에 소유권 문제가 복잡해질 수 있는 조건을 갖추고 있다. 따라서 중국도 영국뿐 아니라 여러 나라에 퍼져 있는 소위 '실크로드 문화재'의 반환을 공식적으로 요청하지 않고 있다. 중앙아시아 컬렉션의 반환을 요청하는 주체는 중국 역사학자들과 신장 위구르 자치구, 몇몇 민간 단체로 키루스 실린더의 사례와 유사한 양상을 보인다. 따라서 문화재가 지닌 역사에 대한 광범위한 이해와 그에 따른 반환 정당성에 대한 정교한 이론 구축 없이, 단순히 현재의 국경과 민족을 가르는 경계선에 근거한 반환 요청은 영국의 견고한 법적·이념적 방어막을 무너뜨리는 데 한계가 있을 수밖에 없을 것이다.

문화국제주의의 한계 ① 이기적인 역사 인식과 탈역사성
하지만 문화국제주의의 논리도 문화재 반환을 거부하는 근거로 적용되기에는 결정적인 논리적 허점과 한계가 존재한다. 가장 먼저 주목할 부분은 문화재에 대한 민족주의적 관념에 대해서 영국도 자유롭지 못하다는 점이다. 영국박물관은 이미 그 자체로 영국의 정체성을 상징하는 일종의 거대한 문화재가 되었다. 국회와 국민이 영국박물관을 자랑스러워하고 그것을 자신들의 문화유산으로 인식하는 것은 영국박물관을 국가 혹은 민족 문화와 동일시하는 측면이 있기 때문이다. 그리고 이러한 동일시에는 영국의 문화우월주의가 깔려 있다. 다시 그리스의 파르테논 마블 사례를 살펴보자.

1982년 말, 영국은 유럽연합European Union. EU의 산하 기구인 유럽 의회로부터 "엘긴 마블"에 대한 영국의 권리에 대한 근거를 설명해 달라는 요청을 받고, 이 문화재와 관련한 쟁점에 대한 일종의 개괄적 설명이 담긴 문서를 작성했다. 이 문서의 제목은 "엘긴 마블과 그리스, 엘긴 마블에 대한 영국의 권리에 관한 예비 지식 초안The Elgin Marbles and Greece, Background Note on The United Kingdom's Rights to The Elgin Marbles"으로, 교육과학부가 작성하여 외무부에 제출한 것이다. 총 12개 항목으로 작성된 이 문서는 파르테논 마블의 취득 경위와 더불어 이것을 왜 반환할 수 없는지에 대한 근거가 담겨 있다. 이 중 11번 항목은 영국 문화국제주의 논리의 한계를 보여 주고 있다.

> 11. 영국 정부는 영국에 있는 개별적이고 독립적인 박물관들이 합법적으로 취득한 유물들을 반환할 수 있거나 반환해야 하는 어떠한 근거가 있다는 것을 신뢰하지 않는다. 게다가 영국박물관의 컬렉션을 분산하려 하는 것은 세계의 학문

과 보존, 그리고 지식에 심각한 박해를 가하는 것이 될 것이다.●273

　우선 "영국박물관의 컬렉션을 분산하려 하는 것은 세계의 학문과 보존, 그리고 지식에 심각한 박해를 가하는 것"이라는 내용은 문화재의 보존과 학술적 연구가 일차적 목표여야 한다는 문화국제주의의 순기능에서 벗어나, 영국만이 가장 뛰어난 보존과 연구 장소라는 19세기식 문화우월주의를 엿볼 수 있다. 영국은 영국박물관의 컬렉션 중 극히 일부인 엘긴 컬렉션을 의도적으로 영국박물관 전체로 치환하고 있으며, 이것의 반환이 어떻게 세계의 학문과 지식을 "박해"하는 것인지에 대해서는 어떠한 설명도 하지 않고 있다. 그리고 이러한 논리를 전개하는 대전제에는 영국박물관을 제국, 그리고 영국과 동일선상에 놓는 인식이 있었다.

　1982년 말, 파르테논 마블 문제가 다시금 국제적 관심의 대상으로 떠오르자 영국의 『옵서버*Observer*』지는 영국박물관 관장 데이비드 윌슨과의 특별 인터뷰 기사를 실었다. 이 인터뷰에서 윌슨은 당연히 엘긴 마블을 반환할 수 없다는 주장을 하면서, 파르테논 마블이 그리스 사람들에게 헤아릴 수 없는 상징적 가치를 지니고 있다는 반환 찬성파의 주장에 대해 다음과 같이 말했다. "이 문제는 그러한 것보다 훨씬 더 어려운 문제다. 영국박물

● 엘긴 마블에 대한 문서는 내용에 대한 검토를 위해 영국박물관 관장인 윌슨에게 보내진 후, 일부 수정되었다.

관의 파괴는 내 의견으로는, 파르테논을 폭파시키는 것보다 훨씬 더 나쁜 상황이 될 것이다."[274] 이는 전형적인 문화국제주의적 주장이자 문화재 보존과 지식 전파라는 허울로 포장한 문화우월주의를 여실히 드러낸다. 이는 파르테논 마블의 반환을 영국박물관을 "파괴"하는 것으로 묘사하고, 더 나아가 이러한 상황을 파르테논 신전이 파괴되는 가정과 비교하며 영국박물관이 문화적으로 세계인에게 더 가치 있는 것이라는 다소 과격한 방식으로 반환 거부의 입장을 표명하는 것에서 잘 드러난다. 그리스의 문화유산이 인류 전체의 가치를 대변하는 것이라고 주장하면서도 영국박물관의 문화적 가치를 우위에 두는 것은 문화국제주의의 한계를 여실히 보여 준다.

특히 윌슨의 파르테논 폭파 발언은 본인이 감수한 "엘긴 마블과 그리스, 엘긴 마블에 대한 영국의 권리에 관한 예비 지식 초안"의 항목 중 10번의 "영국은 파르테논을 그리스의 국가적 문화유산일 뿐 아니라 국제적 문화유산의 일부로 생각한다"는 내용과 배치된다.[275] 민족 정체성에 대한 원산국의 논리를 인정하지 않으면서도, 영국박물관에서 보존하는 것이 "세계 공동체를 위해 더 많은 일을 하는 것"이라는 추상적이면서도 상투적인 근거로 대응하는 것은 한계에 부딪힌 영국의 방어적 논리로 해석된다. 영국박물관이 문화재 반환 문제라는 중요한 외교 안건에 있어 거의 최종적인 자문 기관이라는 점에서 볼 때, 그 기관의 수장인 관장의 생각과 발언은 이러한 해석에 힘을 실어 주고 있다.

윌슨은 또한 당시 그리스의 문화부 장관을 지냈던 배우 출신 정치인이었던 멜리나 메르쿠리Melina Mercouri의 파르테논 마블 반환 주장에 대해, "메르쿠리는 영국을 '지명하여' 반식민주의적 감정을 이용하고' 있다"며, 오히려 영국이 과거의 역사 때문에 부당하게 피해를 보고 있다는 의미의 발언을 했다.[276] "만약 어떤 조각품이 그리스 예술 정신을 표상하고 있다고 한다면, 그것은 [루브르에 있는] 밀로의 비너스가 되어야 한다"는 어느 전문가의 말을 인용하며, 메르쿠리가 친親 프랑스 인사이기 때문에* 프랑스가 아닌 영국만을 표적으로 삼고 있다고 강도 높게 비판했다.

윌슨의 이러한 발언은 문화국제주의의 가장 큰 한계로 지적되는 지점, 즉 문화재 문제의 근본적 원인인 역사적 배경을 외면한다는 점을 잘 보여 주고 있다. 현실적으로 제2차 세계대전 이후의 국제 관계에서 이미 한 국가의 영토 안에 있는 물건을 무력이나 강제적 방법을 통해 가져오는 일은 거의 불가능하다. 따라서 국제법의 효력도 기대할 수 없는 현 상황에서 문화재 반환 문제는 사실상 현 소유국의 의지에 달려 있다. 이로 인해 원산국은 여러 가지 근거와 논리를 내세우고 있지만 문제의 근원인 19세기와 20세기 초 영국의 제국주의 정책과 그로 인한 문화재 약탈이라는 역사적 쟁점을 전면에 내세운다.

약탈이 아니라는 영국 측의 이러한 탈역사적 주장은 가나의 아샨티 왕국Ashanti Empire■ 문화재 반환 요청에 대한 영국의 대응

---

* 메르쿠리는 그리스가 군사 독재 정권이었던 시절에 미국으로 망명하여 프랑스에서 배우와 가수로 활동했다. 또한 1960년에 칸 영화제에서 「일요일은 참으세요」로 여우주연상을 수상한 바 있다.

에서 보다 공격적인 형태로 나타났다. 아샨티 왕국은 1670년부터 1902년까지 현재의 가나 남부 지방에 있던 왕국으로, 중앙 집권적인 행정부를 보유한 강력한 영토 국가였다.[277] 16세기 초 유럽인은 노예 무역과 금광 사업을 위해 서아프리카 해안을 주요 전진 기지로 삼고 개척하기 시작했을 때, 아샨티 왕국은 유럽 세력의 영향을 받기 시작했다. 이후 1873~1874년에 시작된 영국과의 네 차례 전쟁 끝에 1902년에 공식적으로 영국에 합병되었다.▲ 이 과정에서 영국은 아샨티 왕국의 왕실 보물을 약탈했고, 그중에는 20센티미터 높이의 황금 두상,● 왕의 검, 황금 가면, 흉갑, 산호 장식품, 각종 금·은 식기와 장식물 등의 귀중한 물건이 포함되어 있었다. 이러한 보물들은 당시 왕국의 수도를 약탈한 군인들에게 황금보화란 가치를 지닌 물질에 불과했지만, 아샨티족에게는 일종의 종교적 신성을 띤 정신적 상징물이었다. 영국군이 승자의 전리품으로 약탈한 아샨티의 보물들은 런던의 박물관으로 보내졌으며, 일부는 선물이나 구매의 대상이 되었다. 가장 눈에 띄는 보물인 황금 두상과 왕의 황금 레갈리아

■ 아샨티 왕국은 현재 가나 공화국의 한 주州로, 1670년부터 1902년까지 현재의 가나 남부 지방에 있던 왕국이다. 영국과 네 차례에 걸친 영국-아샨티 전쟁의 패배로 영국에 합병되었다. 아샨티족은 현재 가나 인구의 44퍼센트를 차지하며, 10개 주 중에서 인구가 가장 많다.

▲ 영국군은 초반 전쟁에서 아샨티 왕국의 수도였던 쿠마시Kumasi를 초토화시켰지만, 이 지역을 바로 식민화하지 않고 철수했다. 처음에는 이 지역을 식민지화할 계획이 없었으나, 1890년대 들어 영국군 기지 건설에 관심을 갖기 시작하면서 완전히 식민지화하기에 이르렀다.[278]

● 이 황금 두상은 이집트를 제외하고 아프리카에서 발견된 황금 작품 중에서 가장 큰 것으로 알려져 있다.

regalia(왕권의 표상, 크고 작은 황금 장식물과 보석 등으로 이루어져 있다)는 현재 런던의 월리스 컬렉션에 소장되어 있다.

1957년 공식적으로 영국에서 독립한 가나는 1974년 8월, 영국이 아샨티 왕국에서 가져가 영국박물관과 월리스 컬렉션에서 소장하고 있는 황금 레갈리아의 반환을 요구했다. 그동안 가나 정부의 공식적인 레갈리아 반환 요청은 없었으나, 아샨티 왕 오툼푸오 오포쿠 와레 2세Otumfuo Opoku Ware II, 1919~1999, 재위 1970~1999 가 영국의 아샨티 침략 100년을 맞아 영국에 황금 레갈리아를 비롯한 아샨티 왕실의 보물들의 반환을 정식 요청한 것이었다. 이때 외무부는 아샨티 왕 초청을 통해 외교적으로 우호적인 태도를 취하면서도 반환 요구에 대항할 근거를 준비하기 위해 영국박물관 측에 자문을 구하였는데, 영국박물관이 보낸 반박 논리가 매우 흥미롭다. 가나가 반환을 요구하고 있는 아샨티 레갈리아 문화재를 영국이 약탈했다는 주장에 대해, 과거 아샨티족 역시 그 유물을 전쟁을 통해 다른 부족으로부터 빼앗은 것이라는 것이다.[279] 아샨티의 문화재들은 애초부터 약탈품이라는 것이 영국박물관 측이 제시한 역사적 근거였다.

즉, 가나도 약탈한 물건이기 때문에 약탈품이라는 이유로 영국에 반환을 요구할 도덕적 권리가 없다고 주장하면서 아샨티 주장의 당위성을 약화시키려는 논리였다. 하지만 이 논리 또한 문제의 근본적인 해결책이 아닌 고육지책에 불과했다. 가나의 수도 아크라에서 영국이 본국 외무부에 보낸 서신에 따르면, 영국박물관이 제시한 이러한 근거에 대해 "자기가 판 함정에 빠질 수 있다"고 우려를 표명했다.[280] 자국의 관료도 논리에 의문을

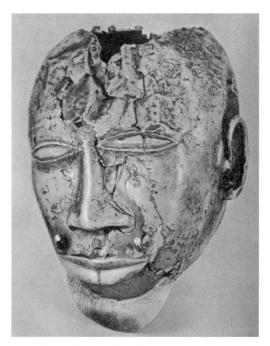

아샨티 왕국의 황금 두상. 현재 영국 런던의 월리스 컬렉션에서
소장하고 있다.

표하고 있는 상황은 영국이 취하고 있는 반박 논리가 한계에 부딪혔음을 의미한다.

일반적으로 극우 세력이나 인종주의 단체들, 그리고 제국의 역사를 옹호하는 일부 학자들을 제외하고는 서구 열강이 주도한 제국주의의 역사는 오늘날 다양한 층위에서 비판받고 있다. 그러므로 그 역사의 피해자로서 박해받던 과거를 문화재 반환을 통해 회복하고자 하는 원산국의 호소는 가장 강력한 무기라고 할 수 있다. 하지만 영국은 해당 쟁점이 가지고 있는 역사적 뿌리는 외면하고 자신들이 문화재를 획득한 한 지점의 사건으로 취득 시 합법성을 주장할 때에만 과거를 언급하는 경향을 보이고 있다. 영국박물관장 윌슨은 여기서 한 발 더 나아가 그리스가 영국을 겨냥하여 식민지 시대의 과거를 이용하고 있다며, 오히려 영국이 식민지-피식민지 구도의 피해자가 되었다는 식의 반박을 펼친다. 이는 또다시 문제의 본질인 영국의 제국주의적 과거와 거리를 두려는 것으로, 현 문화재 반환 문제를 과거와 연결시키지 않으려는 영국의 반환 거부 전략을 읽을 수 있다.

문화국제주의의 한계 ② 문화우월주의

영국의 예외주의도 이러한 영국의 역사 인식에 영향을 미치고 있다. 사회학자 케빈 로빈스Kevin Robins는 역사적 전통과 정체성, 안정과 지속성에 대해 과도하게 우려하는 영국의 모습은 "편협한 섬나라 근성"과 "자기도취적" 반응이라며 신랄한 비판을 가했다. 영국의 역사적 전통과 정체성이라는 것이 제국의 경험에 전적으로 기대고 있다고 보았기 때문이다.[281] 로빈스는 제국은 오랫동안 영국의 문화와 상상력의 핵심이었다고 말하며, 이러한 제국의 결과물은 "편협한 민족주의와 인종주의적 편집증"을 통해 나타난다고 분석했다. 그리고 타자에 대한 이러한 영국의 인식이 영국성을 나타내는 문화유산의 출현을 고찰하는 데 매우 중요한 요소라고 보았다.[282]

제국의 시대를 상징하는 빅토리아 시대에도 영국은 스스로가 경제와 해군력에서 세계 최강이라는 인식에 흡족해함과 동시에, 도덕적·문화적으로도 최고라고 자평하고 있었다. 18세기의 영국은 유럽으로부터 오는 문화적 영감을 받아들였지만, 빅토리아 시대에 이르면 자신들을 문화적 발달의 기준으로 여기게 되었다.[283] 이는 제국이라는 영국의 역사적 경험이 이미 19세기부터 영국의 편협성에 영향을 미치고 있었음을 보여 준다. 따라서 오늘날 문화재 반환을 지지하는 문화민족주의를 비판하고 있는 영국이, 그들이 비판하고 있는 편협한 민족주의에 기초해 문화국제주의를 내세운다는 것은 아이러니한 태도임에 분명하다.

이는 영국박물관 측이 스스로를 세계 박물관으로 규정하고 '세계 보존 및 전시 센터World Conservation and Exhibitions Centre'를 새로 열어 세계 최고 수준의 보존 과학과 연구 시설을 제공하고자 하는 문화국제주의적 가치와 상반된다. 영국은 '세계 문화유산'이라는 가치를 지지하면서도, 영국박물관에 대해서는 원산국의 문화민족주의와 비슷한 논리를 은연중에 표출하고 있음을 보여준다. 따라서 영국은 '영국박물관＝영국의 문화유산'이라는 인식을 해결하지 않고서는 문화국제주의의 태생적 자기모순이라는 한계에 직면할 수밖에 없다.

문화국제주의의 또 다른 한계는 자신들만이 인류의 문화유산을 보호하고 전시할 자격이 있다고 여기는 문화우월주의다. 영국박물관도 유물의 안전한 보존과 더불어 학술적 연구의 필요성을 이유로 반환을 거부하고 있는데, 이는 문화재 보존과 학술 연구 능력, 그리고 그 수준에 대해 원산국에 품고 있는 불신을 보여 준다. 실제로도 원산국이 문화재를 제대로 관리하지 못하는 일이 벌어지면서, 문화민족주의와 문화국제주의 간의 논쟁이 불거지기도 했다. 하지만 이 문제에 있어서는 영국도 그다지 자유롭지 못하다. 영국은 에티오피아 전쟁에서 약탈하여 영국 왕실이 소장하고 있는 에티오피아 왕실의 중요한 기록물을 한 세기가 지나도록 학자들에게 거의 공개하지 않고 있으며, 그 결과 이에 대한 연구가 이루어지지 못하고 있다.[284] 이처럼 영국 또한 관리 부실의 문제로 수많은 비난에 직면하고 있다. 그 대표적 예가 19세기 말에 영국이 약탈한 나이지리아의 문화재인 베닌 브론즈를 영국박물관이 매각한 사건이다.

제2차 세계대전 후, 나이지리아는 독립 국가가 되면서 나이지리아 왕실 기록이자 중요 문화재인 베닌 브론즈의 반환을 영국에 꾸준히 요청했지만, 영국은 유물의 안전한 보존과 학술적 연구의 필요성을 이유로 반환을 거부해 왔다. 하지만 2002년 영국박물관이 1950년대와 1960년대에 30점의 베닌 브론즈 판매를 승인했다는 기록이 공개되면서 영국박물관이 내세우는 문화재 보존이라는 원칙에 따른 반환 불가 입장에 의구심이 제기되었다.ᵉ 나이지리아에 결코 반환할 수 없다는 입장을 고수했던 영국박물관이 베닌 브론즈를 매각해 재정 수익을 올렸다는 점은 윤리적 비난을 피할 수 없는 문제였다. 이 베닌 브론즈 매각 사건은 1977년에 나이지리아가 베닌 상아 가면의 대여를 영국박물관에 요청했을 때 박물관 측이 반대한 것과 상충된다.

당시 영국박물관은 이 상아 가면이 외부 자극에 취약한 상태이고, 습도와 온도를 매우 세심하게 적용하여 관리하고 있기 때문에 현 조건에서 외부로 이동할 수 없다는 이유를 내세우며 대여를 거절했다.ᵉ 당시 영국박물관은 여러 근거를 내세웠지만 사실 영국이 대여하지 않은 결정적 이유는 대여의 방식으로 베닌 문화재가 나이지리아에 가게 되면 다시 영국으로 돌아오지 못할 위험이 존재하기 때문이었다. 이처럼 동일한 문화재에 대한 매각과 대여 거부라는 일련의 결정은 문화재를 대하는 영국의 태도가, 문화국제주의가 주장하는 것처럼 오로지 학문적 목적에만 기반하지 않는 영국의 이중적 태도를 여실히 보여 주고 있다. 결국 영국박물관이 제대로 된 연구 없이 무작위로 매각함으로써 하나의 흐름을 가진 일련의 패널의 학문적·역사적·예술적 가

• 영국박물관은 2002년에도 현금을 조달하기 위해 30점의 베닌 브론즈를 민간 수집가들에게 팔았다. 이는 박물관 소장품 처분에 대한 영국의 일관되지 못한 태도를 보여 준다.[285]

▪ 당시 영국박물관이 상아 가면 대여 거부의 구체적 근거와 관련 정보를 적은 내부 문건 중 첫 번째 항목의 내용은 다음과 같다. "1. 나이지리아는 제2차 범아프리카 문화 예술 축제의 상징물로 상아 가면의 대여를 요청하였으나, 영국박물관은 그 가면이 상하기 쉬운 상태에 있기 때문에 대여에 동의할 수 없다. 가면 표면에는 갈라진 틈과 균열이 있기 때문에 보존 전문가에 의해 세심히 관리되어야 한다."[286]

치를 훼손했다는 점은 자신들이 보존과 연구에 있어서 전문성을 갖추고 있어 반환이 불가능하다는 주장의 정당성을 약화시키고 있는 것이다.

게다가 이 사실이 공개된 2002년 당시는 나이지리아 의회에서 영국에 브론즈의 반환을 공식 요청하자는 결의안이 통과되고, 그리스에서는 2004년 아테네 올림픽을 앞두고 엘긴 마블에 대하여 더욱 거세게 반환 요구를 하던 때여서 영국으로서는 매우 난감한 상황이었다. 이에 대해 영국박물관 측은 당시 브론즈 처분은 부당하거나 큰 규모로 이루어진 것이 아니었고, 그 의도도 "올바른honourable" 것이었다고 해명했다.[287] 그리고 이 문제가 "브론즈나 엘긴 마블 같은 유물에 대한 [영국박물관의] 양도할 수 없는 소유권에 대한 주장에 어떤 영향도 미치지 않을 것"이라고 못을 박으며,[288] 과거의 이 사건이 불러올 파장에 대한 강한 경계심을 드러냈다. 즉, 양도 불가성에 대한 자신들의 입장은 확고하며, 당시의 처분은 박물관 규정에 따른 것이기 때문에 반환 요청국에 유리한 근거가 될 수 없고, 이 사건이 여타의 반환 문제에 적용될 수 없다는 점을 분명히 함으로써 반환 요구의 도미노 현상을 막고자 한 발언이었다.

이 사건이 일어난 같은 해에 이른바 '세계 5대 박물관'으로 여기는 런던의 영국박물관, 파리의 루브르 박물관, 베를린의 신 박물관Neues Museum Berlin, 뉴욕의 메트로폴리탄 박물관, 상트페테르부르크의 에르미타주 박물관이 포함된 18개의 세계적 대형 박물관들이 「인류 보편 박물관의 중요성과 가치Declaration on the Importance and Value of Universal Museums」라는 공동 선언문을 발표했다

영국 런던에 있는 영국박물관. 이곳은 과연 인류 보편의 가치를 추구하고 있는가?

는 것은 의미심장하다. 이 선언문의 요점은 문화국제주의와 동일하다. 즉, 위대한 문화재는 인류 공동의 것이고, 전 인류를 위해 세계적 박물관에서 공유되어야 한다는 것이다.[289] 이 선언은 시기적으로 2002년에 일어난 일련의 반환 요청국에 유리한 사건들과 분위기에 대한 일종의 차단막으로 해석된다. 따라서 전 인류를 위한다는 그럴싸한 이유를 붙이기는 했지만 결국 반환 요구를 사전에 차단하기 위한 서구 박물관들의 '담합'이라는 비판을 면치 못했다.

또한 유럽의 학계나 박물관에 의해서만 그 가치를 평가받고 연구되어야 한다는 이 공동 선언문의 암묵적 주장은 비유럽 세계의 입장에서는 유럽 중심적 문화사에 편향된 보편성을 강요받는 것과 마찬가지다. 게다가 대형 박물관이 세계 각지에서 수집한 문화재를 대중에게 모두 공개하는 것이 아니기 때문에 전시 관람의 보편성이 보장되는 것도 아니라는 점에서 문화국제주의 논리의 모순이 발견된다.[290] 가장 확실한 예로 우리나라의 외규장각 도서도 반환되기 전에 프랑스 국립 도서관이 이를 전시하지 않고 있었으며, 학술적 연구는 물론이고 보관조차 제대로 되지 않았다는 것이 실사를 통해 밝혀졌다.[291] 오늘날 영국을 비롯한 대부분의 시장국이 반환을 거부하면서 내세우고 있는 더 나은 환경에서의 문화재 보존과 학술 연구를 위해 최적의 장소라는 주장은 기술의 발달과 국제적 연구 환경의 등장으로 인해 점점 그 설득력을 잃고 있다.

21세기까지 계속되는 과거 열강의 시대착오적인 주장에 비추어 보면, 19세기 초 영국에서 있었던 그리스와 이집트의 유적을 보존할 것인가 가져와야 할 것인가에 대한 논쟁이 더 '근대적'으로 보일 정도다. 유럽 열강이 해외 유물을 본격적으로 자국에 들여오던 19세기 초, 원래 장소에서의 문화재의 보존과 서구 박물관에서의 전시라는 두 입장은 이미 논의되었다. 1821년 프랑스는 이집트 나일강 기슭의 하토르 신전Temple of Hathor에 있는 덴데라 황도대Dendera zodiac를 정과 톱, 폭약으로 3피트(약 92센티미터) 두께의 벽을 잘라내 취득했다. 프랑스 수집가인 세바스티앵 루이 소니에Sébastien Louis Saulnier는 프랑스가 천궁도를 가져간 것은 영국이 원래 프랑스가 먼저 취득했던 로제타석을 차지하고, 멤논Memnon의 두상*과 필레섬Philae의 오벨리스크를 가져간 것에 대한 보상이라고 주장했다.[292] 또한 소니에는 이 위대한 유산에 무관심하고 심지어 그것을 파괴하기까지 한 이집트인과, 경쟁자인 영국으로부터 이 유물을 지키고자 하는 열망에서 덴데라 천궁도를 가져왔다고 주장했다.

하지만 당시 기준으로도 하나의 완성된 건축물인 신전의 벽화를 통째로 잘라 파내 오는 작업은 동시대의 일부 지식인의 시각에서도 "야만적barbarous"으로 비춰졌다. 영국과 프러시아의 일부 수집가들은 소니에의 이러한 무분별한 채취 작업을 비판했다. 하지만 당시 유럽인에 의해 이루어진 대부분의 발굴 작업은 새로운 것을 발굴한다기보다 이미 지면에 노출되어 있는 유적지를 파괴하는 행위가 대다수였다. 엘긴의 파르테논 마블과 프랑스의 장 프랑수아 샹폴리옹Jean-François Champollion, 1790~1832의 세티

• 룩소르의 아멘호테프 3세Amenhotep III의 장제전에 있는 거석의 일부

프톨레마이오스 왕조 말기인 기원전 50년경에 제작된 12별자리가 묘사된 황도대. 프랑스가 신전 천장에서 통째로 떼어 갔고, 현재 루브르 박물관에 전시되어 있다. 이집트 정부가 반환받고자 하는 주요 문화재 중 하나다.

1세Seti I, ?~기원전 1279, 재위 기원전 1290~1279 무덤의 오시리스Osiris 벽화 채석 사례가 그 대표적 예다.• 이집트의 상형문자를 해독하는 데 성공한 샹폴리옹도 오시리스 벽화를 파내면서 그것이 무분별하게 채취되어 팔리는 것보다 연구를 위해 보존되어야하기 때문이라고 강조했다.

그러나 본래의 위치에 유물을 보존해야 한다는 주장은 극히 일부에 불과했고, 이 또한 국가 간 경쟁의식의 발로에서, 다른 경쟁 국가를 막아야 한다는 심리에서 나온 것도 있었다. 영국인이 자신들의 파괴 행위에 대해서는 비판하지 않으면서 프랑스의 활동을 비판하는 것은 자신들이 가져올 수도 있었던 것을 빼앗겼다는 의식도 강하게 작용했기 때문이다.

영국의 문화국제주의적 주장의 근저에는 한 번의 반환이 야기할 수 있는 연쇄적 도미노 현상에 대한 현실적 두려움 또한 자리 잡고 있다. 윌슨은 "만약 [파르테논] 마블이 그리스로 돌아간다면, 다른 반환 요구가 홍수처럼 쏟아질 것이다"라는 우려를 드러냈다.293 사실 이러한 우려는 우리가 지금껏 살펴본 외무부 문서 곳곳에서 드러난다. 이론적 차원에서의 문화재 분배와 접근성은 결국 박물관의 존폐를 좌우하는 경쟁력과 그에 따른 관광 자원의 손실이라는 경제적 문제와 직결되어 있다. 하원의원 데이비드 앳킨슨David Atkinson은 엘긴 마블의 반환 요구를 받아들이는 것은 "절대 용인될 수 없는 선례를 남길 것"

• 이러한 무분별한 유적지 파괴에 가까운 문화재 수집 작업은 20세기 들어서도 계속되었으며, 대표적인 사례가 앞서 말한 유럽인의 중앙아시아 유적 약탈이다.

이라고 말했다. 그는 파르테논 마블의 진품은 영국박물관에 보존되어야 하며, 그리스가 복제품을 전시하는 것이 "문명화된 해결책civilized solution"이라고 주장했다.[294] 의회에서 나온 이러한 발언은 영국 문화국제주의자의 편향된 입장을 가장 단적으로 보여 주는 사례다.

게다가 앳킨슨은 엘긴 마블이 반환된다면 영국박물관은 물론이고 프랑스의 루브르나 베를린 박물관도 그들의 중요 소장품을 돌려줘야 할 것이라고 말하며, 이러한 사태는 "유럽 문화의 통일성에 종말"을 가져올 것이라고 말했다.[295] 반환에 반대하며 전 인류를 위한 문화유산의 가치를 표방하는 문화국제주의자임을 자처하는 국회의원이 "유럽 문화의 통일성"이 영국박물관의 유물에 기반하고 있다는 인식을 갖고 있는 것은 모순적인 태도로 보인다. 우선 영국박물관의 주요 컬렉션을 담당하고 있는 아프리카와 서남아시아의 문화재들은 큐노가 파라오 시대의 이집트 문명이 현재 이집트와 아무런 접점이 없다고 주장하는 것만큼이나 "유럽 문화의 통일성"과 관련이 없기 때문이다. 또한 영국 스스로 문화국제주의를 구현하는 보편 박물관이라고 주장하는 영국박물관을 인류 문화가 아닌 "유럽 문화의 통일성"을 구현하는 장소로 표현한 것은 여전히 작용하고 있는 서구 중심주의와 제국주의적 사고를 반영한다고 볼 수 있다.

문화재가 담고 있는 역사는 누구의 것인가

영국은 지금까지 문화재 원산국의 반환 요청을 일관되게 거부해 왔다. 그 근거에는 크게 국제법과 영국 국내법, 그리고 인류의 위대한 문화유산은 한 국가의 전유물이 아니라는 문화국제주의와 영국만이 문화재에 최상의 연구·보존 환경을 제공할 수 있다는 일종의 문화우월주의가 복합적으로 작용했다. 특히 후자의 이론적 근거들은 법 조항 못지않게 영국의 외무부 관련 문건 속에서 다양한 방식으로 반복해서 제시되었다. 문화국제주의를 표방하는 대표적 학자인 영국박물관장 닐 맥그리거의 영국박물관의 순기능(문화재의 보호, 연구, 접근성)에 대한 강조는 식민주의 역사 속에서 발전한 박물관의 역사적 맥락을 무시하고 있다는 비판을 받고 있다.* 이는 영국박물관이 어떻게 성장해 왔는지에 대한 역사적 사실을 무시하고, 영제국의 산물인 파르테논 마블의 약탈사가 생략된 "탈제국주의적 맥락post-imperial context"에서 전시하고자 하는 시도다.[297] 수집 과정과 본래 있던 장소에 대한 통합적 지식의 결여는 스타인의 막고굴 서고 약탈 과정이 20세기 초의 신문과 21세기의 영국박물관 홈페이지에도 설명되지 않는 것과 같은 선상에 있다. 영국은 세계 여론이 문화재를 반환해야 한다는 목소리를 높이는 21세기에도 여전히 제국주의적 수사를 반복하고 있다는 비판에 직면할 수밖에 없다.[298]

종합해 보면, 영국은 문화재 반환 요청을 거부하기 위해 크게 국제법과 「영국박물관법」을 통한 법적 근거와 문화국제주의라는 이론적 근거를 적극적으로 활용하고 있다. 그리고 영국의 이러한

• 또한 영국박물관과 같은 제국주의적 박물관의 유물 전시 방식은 유물의 식민주의적 성격을 가치 중립적인 것으로 녹여 버리기도 한다.[296]

반환 거부 논리를 각각 검토해 보는 과정에서 문화재 반환 문제에 접근하는 기존의 시각이 지닌 강점과 한계점이 드러났다. 영국의 입장을 대변하는 문화국제주의는 대다수의 아프리카 국가들과 같은 신생·독립 국가가 겪었던 국가 구조의 취약성에 따른 허술한 문화재 관리를 지적하면서, 인류 문화유산의 보존이 가장 중요한 가치임을 내세우고 있다. 하지만 그리스와 같이 문화재 보호의 기반을 갖춘 국가의 요청에 대해서는 논리적으로 대응하지 못하고 있으며, 오히려 영국 문화유산으로서 영국박물관의 가치를 훼손해서는 안 된다고 주장해 왔다. 반면 이에 반박하는 원산국의 문화민족주의는 식민지 지배와 문화재 약탈을 경험한 역사를 바탕으로 반환의 정당성을 확보하고 있으며, 문화재는 새 국가의 정체성임을 강조해 왔다. 하지만 준비되지 않은 사회·문화적 기반에 따른 문화재 유출 사태와 일부 원산국에서 나타나는 과거와 현재 사이의 상이한 문화적 양상은 민족주의 이념의 실체에 대한 의구심을 불러일으키는 근거가 되었다.

이처럼 원산국과 시장국, 양 당사자들의 기존 논리로는 문화재 반환 논쟁의 합의점을 찾지 못하고 평행선을 달리고 있다. 양측 모두 정도의 차이는 있으나 문제의 근원과 역사에 대한 비판적이고 포괄적인 이해가 부족하다는 결론에 도달했다. 영국의 시대착오적 문화재 소유 방식과 반환 거부의 근거는 약탈의 역사와 그것이 담고 있는 시대적 특징과 같은 역사적 고찰이 결여되어 있다. 원산국의 문화민족주의적 입장 또한 과거의 아픔에만 함몰되어 현실적인 문제 해결의 수단과 과거에 대한 포괄적이고 비판적인 이해 없이 반환의 당위성만을 주장하는 한계를 보여 왔다. 우리가 멀게는 르네상스 시대부터 오늘날까지의 긴 시간을 달려 온 것은 문화재의 역사를 다각도로 살펴봄으로써 기존 시각을 보완하여 보다 포괄적이고 균형 잡힌 접근법을 찾아보고자 하는 데 그 목표가 있었다.

현재의 국제 체제에서는, 적어도 유엔에 가입된 국가들 사이에서는 이유 없는 무력과 불법이 허용되지 않는다. 그 결과 문화재 문제 또한 국가들 사이의 조약이나 국제법에 의해 기술적으로 해결해야 하는 영역이 되었다. 이러한 상황에서 법의 영역이 아닌 과거의 사건이 문화재 반환에 어떠한 영향을 끼칠 수 있는 것일까? 법적 장치로 과거사 문제를 대신하려고 하는 국가는 문화재의 어떤 가치를 보호하고자 하는 것일까? 그리고 문화재가 담고 있는 역사는 누구의 역사인 것일까?

제3부

21세기 한국은 문화재 약탈을
어떻게 볼 것인가

앞의 질문에 답하기 전에 지금까지의 여정을 되짚어 보자. 우리는 가장 먼저 인류의 물질 유산이 역사적·사회적 가치를 지닌 '문화재'가 되는 과정을 르네상스 시기부터 사회적 변화 양상과 함께 살펴보았다. 근대 이전까지 금전적 가치를 지닌 재화로 인식되었던 문화재는 유럽인의 세계관과 역사에 대한 인식이 변화함에 따라 수집해야 할 대상으로 변모했다. 르네상스 시대부터 본격화된 이러한 변화를 통해 과거의 물질 유물은 역사를 재구성하기 위해 필요한 자료로 중요시되었다. 또한 이 유물이 지닌 역사적 상징성은 지배 계층의 신분과 정치적 권력의 정당성까지 제공하기에 이르렀다. 이러한 과정을 통해 오늘날 반환 논쟁의 대상인 '문화재'가 역사의 흐름과 사회적 가치의 변화에 따라 새롭게 재정의되어 왔다는 점을 살펴보았다.

19세기에 접어들면서 서구에서는 민족주의 의식이 성장했고, 서구 열강이 식민지 팽창 정책을 통해 비유럽 세계에 대한 절대적 우위를 차지하게 되는 이른바 제국주의 시대로 들어섰다. 문화재는 민족 공동체에 대한 열망으로 인해 역사적 경험을 공유하는 국가와 민족을 상징하는 물건으로 그 가치를 인정받았다. 또한 비유럽 세계를 지배하고자 하는 기획에 따라 서양과 동양을 문명과 비문명으로 구분 짓는 역사적 물증으로서의 역할도 하게 되었다. 19세기 이후 이러한 문화재의 역할은 특정 민족의 우수성과 민족의 뿌리를 상징하는 것을 넘어, 타민족의 문화재를 소유한다는 행위를 통해 자국의 군사력과 경제력을 과시하고 더 나아가 정복과 수탈을 필연적으로 수반하는 제국주의 정책을 정당화하는 역할까지 하였다. 이러한 문화재의 제국주의적 역할을 가장 잘 구현해 온 것이 바로 영국박물관이다.

영국이 고대 그리스·로마 문명 유물 이외의 해외 문화재를 본격적으로 수집한 것은 18세기 말 프랑스군의 이집트 원정 이후부터다. 당시 영국이 이집트에 잔류한 프랑스군과의 전쟁에서 승리하면서 영국은 프랑스가 획득한 이집트 유물을 가져갈 수 있었다. 그 결과 영국박물관은 대규모의 이집트 유물을 소장하게 되었고, 영국박물관 최초의 대규모 해외 문화재 컬렉션을 열었다. 영국과 프랑스 사이의 본격적인 문화재 쟁탈전의 서막을 알린 이 사건은 동양으로 가는 지중해의 중요한 지정학적 요충지를 두고 유럽의 두 열강이 힘겨루기를 한 결과였다. 1815년 워털루 전쟁의 승리로, 최종적으로 프랑스를 누른 영국은 가장 먼저 세계 제국으로 발돋움하였다. 19세기부터 영국 학자들이 세계 곳곳에서 발굴과 수집과 같은 고고학적 활동을 적극적으로 펼칠 수 있었던 배경에는 이러한 정치·군사적 힘이 뒷받침되었기 때문이다. 향후 영국의 문화재 수집은 서구 열강들 간의 영토 확장과 시장 확보 경쟁 속에서 이루어졌으며, 그 결과 경쟁 지역에서의 고고학적 활동은 군사적 점령과는 또 다른 의미의 힘의 우위를 상징하게 되었다.

점령한 지역에 대한 고고학 활동과 유물의 획득은 경쟁 관계에 있었던 다른 서구 열강에 대한 우위의 상징이자 식민지에 대한 지배력의 증거였다. 영국은 유럽 문화의 원류로 숭배받는 고대 그리스·로마 문명의 상징성을 전유하기 위해 지중해 지역의 고전 시대 유적 발굴에 열을 올렸고, 이집트와 서남아시아 지역에서는 프랑스와 경쟁하며 학문의 영역에서나마 제국 팽창 야욕을 서로 저지하기 위해 고고학 발굴 업적 성과를 두고 경쟁하기도 했다. 특히 영국의 인도 정복 과정에서 행해진 유물 수집과 전유의 경험은 이후 지속적으로 진화한 영국의 문화재 약탈과 제국주의적 전유의 시작점이라고 볼 수 있다.

인도, 고대 아시리아 지역, 그리고 중앙아시아의 실크로드 유적 등에서 행해진 문화재 수집과 약탈은 영국이 다른 어떤 서구 열강보다도 먼저 이 지역에서의 발굴과 연구의 기회를 선점하였음을 의미한다. 이 지점에서 중요한 것은 발굴권 선점의 의미가 단순히 그 지역의 물질 유산을 소유하는 것에 그치는 것이 아니었다는 것이다. 인도는 동인도회사 탄생 시기부터 독점 무역을 통한 경제적 이득으로 영국의 가장 중요한 식민지로 인식되었다. 또한 서남아시아와 중앙아시아는 인도 방어와 직·간접적으로 연결되어 있으며, 영제국의 아시아 진출을 위한 중요한 교두보였다. 따라서 고고학적 발굴과 약탈, 유물의 수집 행위는 단순히 고대의 위대한 문화유산에 대한 학술적 성과를 넘어, 이 지역에 대한 영국의 경제적·정치적 권리의 획득을 의미했다. 여기서 물질 유물의 수집과 소유는 영제국의 영향력을 국·내외에 가시적으로 보여 주는 상징적 행위였다. 인도에서 중앙아시아에 이르는 영국의 약탈 행위는 영국의 지리적 영향력이 점점 동쪽으로 확장되었다는 것을 의미한다. 고고학 발굴의 지도는 제국의 지도와 일맥상통했던 것이다.

제2차 세계대전 이후 세계 체제가 새롭게 재편되고 기존의 제국은 공식적으로 해체되었지만, 여전히 서구 중심 체제는 적어도 문화재 영역에서만큼은 21세기인 오늘날까지도 다른 형태로 유지되고 있다. 문화재 반환이라는 국제적 문제를 해결하기 위해 만들어진 유네스코의 국제 협약은 상당 부분 문화재를 빼앗긴 원산국의 입장에서 제정되어 성문화되었다. 하지만 한 발 더 들어가면 그 법조항의 효력 조건이 영국과 같은 시장국에 유리하다는 사실을 알게 된다. 법 집행이 가입국에만 효력을 발휘하고, 법 발효 시점을 기준으로 과거로 소급 적용되지 않는 국제 협약의 속성은 원산국의 역사적 경험을 반영하지 못하고 실효성에 심각한 한계를 안고 있다. 그 결과 문화재 반환 문제의 원인은 상당 부분 시장국에 있음에도 불구하고, 가장 어려움을 겪는 주체는 여전히 과거에 문화재를 약탈당한 원산국이 되어 왔다. 원산국은 21세기인 지금도 19세기와 마찬가지로 문화재의 거취 문제를 과거 열강에게 의존할 수밖에 없는 처지에 놓여 있는 것이다.

영국의 문화재 수집은 정치적 약탈이다

이처럼 국제 협약이 강제성과 실효성을 갖지 못하는 상황에서 사실상 반환 여부는 온전히 영국과 같은 현 소유국의 의지에 달려 있다. 제2차 세계대전 이후의 현실 정치에서는 19세기처럼 무력으로 타국의 물건을 가져오는 것은 거의 불가능하기 때문에, 합법적 절차를 통해 반환받거나 상대의 도덕성과 호의에 기대는 수밖에 없다. 19세기에 도난당한 후 프랑스 국립 도서관에 보관되어 있던 멕시코의 마야 시대 코덱스^{Mayan Codex} 문화재가 한 멕시코 변호사의 절도로 다시 멕시코로 돌아간 사건이 있었다. 이에 프랑스가 멕시코 정부에 반환을 요구하였으나, 멕시코 정부는 이를 거절했다.[299]

마야 코덱스 절도 사건은 문화재 이전이 불가능한 현대 국제 체제에서 '절도'라는 전근대적 방식으로 문화재가 원산국으로 돌아간 매우 흥미로운 사례다. 그러나 이러한 사례는 극히 드문 경우이며, 사실 법치 질서를 위해서 벌어져서는 안 되는 일이다. 그럼에도 불구하고 이렇게라도 하지 않으면 대부분의 반환 문제는 해결될 기미가 보이지 않는다는 목소리가 나올 정도로 시장국의 반환 거부 의지는 강력하다. 특히 영국의 경우 앞서 분석한 다양한 반환 요청에 관한 대응 사례에서 볼 수 있듯이, 취득의 합법성과 국내법을 근거로 모든 반환 요청에 한결같이 완고한 태도로 대응하고 있다. 오히려 영국은 1981년 파리에서 개최된 유네스코의 정부간위원회^{UNESCO Intergovernmental Committee}에서 "광범위한 문화재 컬렉션을 보유하고 있는 이전 식민지 시대의 열강 중 하나로서 개발도상국의 [문화재 반환] 요청의 주요한 표적이 되고 있다"고 말하며, 오히려 자신들이 현재 피해자인 것처럼 반응하고 있다.[300]

결론적으로 영국의 문화재 수집은 특정한 정치적 목적을 지닌 약탈이었다. 영국이 주장하는 문화재 반환 거부 논리들은 법적 정당성과 문화국제주의라는 외피를 쓰고 있으나, 구체적 사례들을 통해 살펴본바 논리가 편향적이고 제국의 역사에 대한 비판적 인식과 식민지에 대한 도덕적 책임 의식이 결여된 근거임을 확인할 수 있었다.

　오늘날 국제 체제와 국제법의 성격상 19세기부터 20세기 초에 약탈된 문화재를 둘러싼 갈등이 법적으로 해결되기란 매우 어렵다. 국제 협약 입법 기관인 유네스코 또한 이 현실을 잘 인식하고 있기 때문에 1980년부터 사법 기관의 틀을 벗어나 당사자 간 대화와 협상을 통해서만 문제를 해결할 수 있는 유네스코 정부간위원회를 운영하고 있다. 이 단체는 주로 식민지 지배나 군사 점령 상황에서 빼앗긴 문화재 문제를 다루기 위해 신설되었다. 이 위원회의 존재는 그만큼 제국주의 시대의 문화재 반환 문제가 기존의 법 체계에서는 해결되지 못하고 있음을 보여 주는 것이라고 할 수 있다.

　이렇듯 영국처럼 문화재 약탈국의 문화재 반환 거부와 이 문제를 대하는 그들의 '19세기식' 태도에 대한 비판이 제기되고 있다. 그러나 한편으로는 새로운 시대를 맞아 민족주의적 감정이나 이데올로기의 문제를 떠나 문화재 반환 문제를 다른 방식으로 접근해야 하며, 문화재에 관한 인식 자체를 새롭게 바꾸어야 한다는 목소리도 힘을 얻고 있다. 겉으로는 문화국제주의의 입장과 같은 질문이지만, 그것과 다른 의미에서 그들은 이렇게 질문한다.

"문화재는 반드시 반환해야 하는가?"

"과연 문화재는 특정한 국가나 민족을 상징하는가?"

문화재가 상징하는 '민족'은 이제 신화일 뿐인가

문화재와 박물관의 다양한 가능성을 모색하고자 하는 움직임은 민족성이라는 보이지 않는 불확실한 속성을 지닌 문화재의 가치를 비판적으로 바라보고자 하는, 지난 30년간 고고학계에 나타난 수정주의적 관점과 일맥상통한다. 소비에트연방과 구동구권의 해체나 중국의 신장 위구르 자치구, 영국의 아일랜드, 스페인의 바스크 등에서 나타나는 민족 분리 운동은 집단적 문화 정체성이 기존의 민족이나 국가를 벗어나 다양하게 발현되는 국제 정세를 여실히 보여 준다. 그 결과 민족주의와 민족성을 연구하는 많은 학자는 경계가 명확하고 비교적 동질적인 집단이라고 규정되는 국민국가의 개념에 의구심을 품게 되었다.[301] 단일한 민족성에 근거한 국가로 이루어진 세계는 이제 근대적 환상에 불과하다고 생각한 것이다.

과거의 문화와 그 문화권에 살았던 사람들을 고고학적으로 규명하는 작업은 경계가 명확한 동질적인 문화적 실체가 과거의 민족 집단, 부족 또는 인종과 연관된다는 가설에 상당 부분 기초해 왔다. 새로이 등장한 과정주의 고고학과 후기과정주의 고고학을 따르는 학자들은 이 가설을 강하게 비판했다. 이들은 결론적으로 민족이라는 범주는 고정되어 있는 것이 아닌 사회적 상호작용의 과정에서 재생산되고 변형되는 것으로 파악했다. 이는 고고학적 문화를 민족 집단과 직접 연관시키는 것이 불가능하다는 점과, 경계가 명확하고 동질적인 민족적·문화적 실체가 정말 존재하는가에 대한 의구심에서 나왔다.

특정 민족과 문화를 일대일로 대응시키는 것에 의구심을 품고 있는 고고학계의 이러한 움직임은 '문화재는 민족의 정체성을 상징하는 유물이기 때문에 반환되어야 한다'는 문화민족주의적 관점과 충돌한다. 따라서 비록 고고학계 전체가 민족과 문화의 관계를 비판적으로 바라보는 과정주의─후기과정주의 고고학을 지지하지는 않더라도 이러한 입장은 반환을 요구하는 원산국에 불리한 요소로 작용할 수 있다. 민족이 허상이라면 지금까지 논의해 온 영국의 문화재 반환 문제에서 자국의 문화재를 반환받고자 하는 원소유국의 민족주의는 어떠한 의미도 갖지 못하기 때문이다.

여기서 우리는 패트릭 기어리의 논의에서 해결의 실마리를 찾을 수 있다. 기어리는 그의 저서 『민족의 신화, 그 위험한 유산 The Myth of Nations: The Medieval Origins of Europe』에서 과거의 민족적 정체성은 오늘날의 민족적 정체성과 매우 다르며, 단일한 민족국가라는 실체는 만들어진 신화라고 주장했다. 이러한 그의 견해는 제임스 큐노와 같은 문화국제주의자의 문화재 반환 거부의 근거로 사용되기도 했다. 하지만 큐노는 민족성의 허상을 지적하기 위해 기어리의 연구를 선택적으로 인용했다. 기어리는 민족이란 분명 만들어진 개념이며, 오늘날 여러 국가가 과거의 문화재와 현재의 민족(혹은 국가)을 연결시키는 것처럼 과거와 현재의 집단은 결코 같지 않다고 이야기한다. 그러나 그는 그것이 "상상된 것"이지만 존재하지 않는 것은 아니라고 말한다.

> 하지만 이와 동시에 이 공동체들이 어떤 의미에서든 "상상된
> 것"이라는 이유로 그것을 버리거나 사소한 것으로 여겨야 한
> 다거나, 아니면 "어떻든 상상된 것"이라는 것이 "공상적"인
> 것이나 "중요하지 않은" 것의 동의어라고 말하는 것은 어리석
> 은 짓이다. … 둘째, 비록 이 공동체들이 어떤 의미에서는 상
> 상된 것이었지만, 그것은 대단히 실질적이며 매우 강력한 것
> 이었다.302

기어리는 유럽 민족의 역사는 "아직 끝나지 않았다"라고 말하
며, 민족 탄생은 "과거의 과정이면서 동시에 현재와 미래의 과
정"이라고 주장한다.303 그는 '민족'이라는 것이 만들어진 것은
맞지만, 그것은 엄연히 존재하고 있으며, 그 민족 형성의 역사가
오늘날까지 이어지는 유럽의 역사를 만들어 낸 것이라 보고 있
다. 따라서 민족을 아예 의미 없는 것으로 규정하고 문화재가 민
족성을 담아내고 있다는 것을 부정하고 있는 큐노는 대부분의
문화국제주의자의 한계인 문제의 역사성을 명백히 간과하고 있
음을 보여 준다.

고고학적 이론의 문제는 "민족은 만들어진 개념이다"라는
명제를 학문적으로 증명해 줄 수 있으나, 그 증명이 문화재를
둘러싼 오랜 역사적 갈등을 전부 설명해 줄 수 있음을 의미하
는 것은 아니다. 기어리는 다음과 같이 말했다. "클로비스의
세례로 인해 탄생된 프랑크인은 샤를마뉴 시대의 프랑크인과

다르며, 장 르펜이 정치 운동에 동원하기를 희망하는 프랑스인의 프랑크인과도 다르다."[304] 이처럼 현재의 민족 집단이 이전 집단과는 완전히 다르더라도, 현재의 민족 집단이 과거와 현재를 연결하는 것을 통해 공동체를 구성하고 새로운 역사를 만들어 나가려고 하는 것은 현실의 일이며, 역사 속에서 계속 이루어진 과정이라는 것이다. 따라서 영국과 같은 문화국제주의를 표방하는 국가가 민족과 민족성의 불확실성을 이유로 문화재 반환을 거부하는 것은 자신들의 역사도 부정하는 것과 마찬가지다.

한국은 '실크로드 문화재'를 반환할 것인가

민족은 여전히 문화재의 가치를 판단하는 데 가장 중요한 요소다. 민족 정체성과 밀접한 관련이 있는 문화재 반환 문제는 어떠한 시각에서 접근해야 하며, 어떠한 해결책을 제시할 수 있을까? 문화재를 발굴하는 학문인 고고학은 그 역사 자체가 문화재 약탈의 역사라고 평해도 과언이 아닐 정도로 문화재 반환 문제와 밀접하게 연관되어 있다. 따라서 필자는 고고학사를 비판적으로 분석하는 수정주의적 시각을 견지해 왔다. 이를 바탕으로 문화재 탄생의 역사와 강대국의 문화재 약탈의 역사를 일방적으로 옹호하거나 비난하는 것이 아닌, 시대의 흐름 속에서 행위의 당위성, 그 목적과 결과를 파악하는 작업을 선행했다. 그래야만 기존의 반환 논의에서 빠져 있던 역사적 이해를 통해 문화재 갈등의 새로운 국면을 시작할 수 있기 때문이다.

반환을 둘러싼 여러 조건은 지금까지 살펴본 것처럼 현실적으로 시장국에 유리한 상황이다. 반면 문화국제주의의 합리성, 민족이라는 실체와 개념에 대한 비판적 시각과 같은 이론적 성과는 모두 원산국에 불리하게 작용하는 요소들이다. 원산국이 문화재를 통해 통일된 국가 정체성을 확보하는 과정은 상징적 차원에서의 정치적 정당성을 구축하고 민족의 역사를 시각적으로 재현한다는 점에서 긍정적 측면도 있다. 그렇지만 때로는 국가 내에서 민족적 다원주의를 억압하는 부정적 측면도 존재한다. 서구의 고고학 방법론이 북아프리카와 인도에서처럼 독립운동을 조직하고 민족주의를 고양하는 데 중요한 역할을 담당하는 경우도 있지만, 북인도의 아요디아Ayodhya 유적에 대한 무슬림과 힌두교도의 분쟁에서처럼 국가의 존속을 위협하는 민족적·종교적 적대감을 자극하는 원인이 되는 경우도 있었기 때문이다.•305

　결국 문화재 반환 문제는 공식적인 절차와 법적 소유권의 개념이 아닌 상호 이해를 통한 양보와 협력을 통해서만 가능하다는 점을 인정해야만 한다. 나는 이 책을 통해 문화재 반환을 위한 유의미한 교두보가 될 근거를 제시하고자 했다. 영국과 같은 과거 열강이 제시하는 반환 거부의 근거들이 자기중심적이고 제국주의적 논리에 함몰된 역사적 인식에서 비롯된 것이기 때문이

• 인도는 1947년 인도와 파키스탄으로 나라가 분리되면서 인도 내 힌두교도와 이슬람교도 사이에 극심한 종교적 갈등을 겪었다. 인도의 다수당 중 하나인 인도인민당(BJP)은 우파적인 힌두 민족주의 조직으로, 1992년에 이슬람 모스크가 있었던 아요디아 지역에 모스크를 헐고 힌두 사원을 건설했다.

다. 정확한 역사적 사실과 문제 인식의 부재는 비단 시장국이나 문화국제주의 측만의 문제가 아니다.

대중에 잘 알려지지 않았지만 한국도 문화재를 반환해 줘야할 입장에서 예외일 수 없다는 것을 보여 주는 사례가 있다. 앞서 제1부 3장에서 아우렐 스타인의 중앙아시아 약탈과 그로 인해 소위 실크로드 컬렉션이라 불리는 문화재들이 당시 열강의 약탈로 인해 세계 곳곳에 흩어져 있다는 것을 이야기했다. 그렇다면 이 실크로드 컬렉션의 상당 부분을 우리나라의 국립중앙박물관이 소장하고 있다는 사실은 얼마나 알려져 있을까? 국립중앙박물관이 소장하고 있는 실크로드 문화재는 약 1천500여 점에 달하며, 그중 50여 점이 벽화다. 심지어 이 벽화 컬렉션은 세계 최고 수준의 역사적 예술적 가치를 자랑한다.[306]

세계적으로 손꼽히는 이러한 해외 문화재를 우리나라는 어떻게 소장하게 되었을까. 물론 이 문화재는 우리가 과거 영국처럼 중앙아시아 지역을 탐사해서 수집한 것이 아니다. 스타인이 중앙아시아 탐사에 성공하자 독일, 프랑스뿐 아니라 당시 러일 전쟁에서 승리하고 새로운 강국으로 떠오른 일본 또한 이 탐사 경쟁에 뛰어들게 된다. 이 탐험을 주도한 것이 오타니 고즈이大谷光瑞, 1876~1948라는 인물인데, 이 사람의 이름을 따서 당시 수집한 일본의 중앙아시아 수집품을 '오타니 컬렉션'이라고 부른다. 국립중앙박물관의 중앙아시아 컬렉션은 바로 이 오타니 컬렉션의 일부로, 일본이 패전으로 조선에서 철수하면서 총독부 박물관에 남기고 간 것을 대한민국 정부가 인수한 것이다. 따라서 영국박물관이 소장하고 있는 제국주의적 방식으로 수집된 문화재들과 국립중앙박물관의 실크로드 문화재는 성격이 다르다. 우리가 약탈한 것이 아니기 때문이다. 하지만 실크로드 문화재의 국내 소장이 우리 정부의 의지와 관계없을 지라도, 그것이 원소유국의 입장에서는 약탈된 것이며, 돌려받아야 한다고 주장하는 데서 문제가 생긴다. 입수 경로가 어찌됐든 원소유국인 중국 입장에서는 부당하게 반출된 자국의 문화재가 타국에 있고, 따라서 돌려받아야 할 대상임에는 변함이 없다.

2007년, 한 언론사가 이 쟁점에 대해 "투루판 석굴이 용산에게 묻는다"[307]라는 제목의 의미 있는 기사를 내놓았다. 기사는 신장 위구르 자치구에 있는 투르판의 베제클릭 석굴 사원의 벽화들이 열강에 의해 뜯겨 나간 처참한 상태를 묘사하고 있다. 이 중 제 15굴의 뜯겨진 벽화의 일부는 일본의 오타니와 영국의 스타인이 가져갔다. 그 일부가 국립중앙박물관에 소장되어 있다. 서양의 약탈자들은 심지어 다른 사람이 벽화를 떼어 가지 못하도록 진흙으로 덧칠해 놓았다. 중국 정부가 진흙을 벗겨 내려 했지만, 안료까지 지워졌기 때문에 실패했다고 한다.

기사는 현지 취재를 통해 위구르인이 손상된 자신들의 문화재를 보고 울분을 토하고 있으며, 반환 요청이 좌절되면서 더 큰 상처를 입고 있다는 점을 전한다. 사실 중국뿐 아니라 대부분의 원산국의 문화재 반환 요청은 지금까지 살펴본 바와 같이 특정한 경우를 제외하고 대부분 거부당한다. 국제법의 특성상 반환을 거부하면 사실상 상대의 양심과 호의에 기대지 않는 이상은 반환이 불가능하다. 따라서 만약 중국 정부가 정식으로 반환을 요구한다 해도 한국 또한 거기에 응해야 할 법적 의무는 없다.*

위는 투르판의 베제클릭 석굴 사원이고, 아래는 사원 안에 있는 벽화다. 진흙으로 덧칠한
까닭에 안료까지 지워진 모습이다.

하지만 법적으로 문제가 없다고 우리나라의 오타니 컬렉션에 대한 반환 문제가 해결되는 것은 아니다. 국내에서도 오타니 컬렉션의 반환 문제에 대한 의견이 엇갈리고 있다. 박물관과 정부 측은 미온적으로 대처하며 반환 의사를 밝히지 않는 반면, 민간단체와 학계 일각에서는 당연히 돌려줘야 한다는 목소리를 높이고 있다.

하지만 한편으로는 우리가 왜 오타니 컬렉션을 반환해야 하냐는 부정적인 의견도 적지 않다. 중국이 애초에 문화재 관리에 주의를 기울이지 않았고, 문화혁명 때는 자신들이 직접 때려 부쉈으면서 이제 와서 관광 산업이 되니까 돌려달라고 하는 것은 옳지 않다는 것이다. 하지만 이러한 비판에 과연 우리나라도 자유로울 수 있는지에 대해 재고해 볼 필요가 있다. 사실 문화재 반환 문제는 역사·문화·정치·외교·이해 집단 등 여러 요소가 얽힌 복합적인 문제로, 어느 한 쪽의 입장을 완전히 지지하거나 부정하는 것이 어렵다. 더군다나 현실 정치에서 국가 간의 문제인 반환을 도덕과 양심과 같은 가치 판단의 문제만으로 결정하는 것도 반드시 옳지만은 않다.

우리나라의 반환 문제는 영국과 확연히 다르다. 영국은 돌려받아야 할 문화재가 없지만, 우리나라는 문화재 약탈을 당한 피해국으로서 돌려받아야 할 문화재가 수도 없이 많기 때문이다.

• 하지만 실크로드 문화재에 대해서는 아직까지 중국이 정부 차원에서 정식 반환 요청을 한 적은 없다. 반면 학계와 민간 차원에서의 반환 움직임과 여론은 점점 거세지고 있다.

따라서 반환을 찬성하는 측은 문화재를 반환해야 한다는 도덕적·양심적 문제를 차치하고서라도, 반환을 요구하는 우리의 목소리가 국제 사회에서 좀 더 현실적인 설득력을 갖기 위해서 이 문제를 집고 넘어가야 한다고 주장한다.[308] 이탈리아의 예를 들어보자. 이탈리아는 유럽 국가지만 유럽 문명의 원류라는 특성상 소유하고 있는 자국 문화재만큼이나 수많은 불법 반출된 문화재 문제를 안고 있다. 하지만 2000년대에 들어 이탈리아는 세계 유수의 박물관들과의 반환 협상을 성공시키며 문화재 반환 문제에 긍정적인 사례를 남기고 있다.[309]

우리가 이탈리아 사례에서 주목해야 하는 것은 이탈리아가 자신들의 문화재를 반환받는 데에만 심혈을 기울인 것이 아니라 자국이 소장하고 있는, 불법 유입된 해외 문화재를 반환하는 데에도 노력하고 있다는 점이다. 이탈리아는 이란, 페루, 리비아, 파키스탄에 수백 점의 문화재를 반환했다.[310] 이러한 이탈리아의 쌍방향적 행보는 자신들은 불법 문화재를 소유하고 있으면서 자국 문화재에 대한 반환만을 바란다는 위선에 대한 비난을 피하고, 문화재 반환 문제의 도덕적 우위를 점하고자 하는 데 목적이 있다. 실제로 이탈리아의 최근 반환 협상들이 성공한 데에는 바로 이 '도덕적 우위'가 중요한 요소로 손꼽힌다. 과연 우리는 이 '도덕적 우위'를 갖고 있을까? 실제로 국립중앙박물관 측은 이 문제에 대해 "중앙아시아 유물을 위해 당장 급한 것은 문화재 반환이 아닌 현지에 남아 있는 유물의 현상 보존"이라는 답변으로 대응했다.[311] 이러한 태도는 영국이 파르테논 마블 반환을 거부하면서 주장하는 논리와 얼마나 차이가 있을까?

21세기, 문화재는 소유하는 것인가 공유하는 것인가

이처럼 문화재 반환을 둘러싼 논의는 현실과 이론, 모든 측면에서 쉽게 흑백을 가릴 수 없는 문제로, 관계국 간의 다양한 이해관계가 얽혀 있다. 따라서 문화재에 대한 기존의 소유 의식과 가치관에서 벗어나 새로운 관점에서 이 문제에 접근할 필요가 있다. 박물관학자 후퍼−그린힐 E. Hooper-Greenhill은 "박물관이 본질적 통합을 추구하는 것은 사물의 다양성을 가로막고, 현재 가능한 수많은 기회를 박탈한다"라고 주장한다.[312] 이는 박물관이 다양한 기능을 무시하고 연대기 순의 단선적 전시 방식으로 통합되는 것을 경계한 발언이라고 볼 수 있다. 특히 영국박물관과 같은 대형 박물관이 세계의 문화재를 한 곳에 모아 유럽 중심적 세계사를 구축하고, 문화재의 공유보다 소유한다는 것만으로 박물관의 존재 가치를 추구하는 기존 방식에 대한 비판이다. 나아가 문화재와 박물관의 관계를 재정립하여 미래 지향적인 새로운 박물관 형태를 지향해야 한다는 의미로 해석된다.

문화재와 사료의 디지털화로 인해 쟁점으로 떠오른 문화재의 진본성眞本性 문제는 이러한 박물관의 미래를 고민하는 계기가 될 것이다. 그리고 이러한 고민은 문화재 반환 갈등 해결을 위한 새로운 길을 제시해 줄 수 있다. 진본성은 소중한 가치이지만 그것이 문화재가 지닌 본질의 전부는 아닐 것이다. 문화재를 활용하는 방식에 대한 다양한 가능성과 문화재 자체가 담고 있는 문제의 역사성을 고려한다면, '문화재는 어디에 있어야 하는가'에 대한 문제에 다양한 가능성이 열릴 것으로 기대된다. 실제로 문화재의 순환 전시 방식과 같은, 소유권의 문제를 초월한 전시 방식이 반환의 대안으로 제시되고 있다.

앞서 1982년 멕시코의 마야 문화재가 절도라는 방식을 통해 프랑스에서 다시 멕시코로 돌아갔다는 이야기를 소개했다. 이와 비슷한 사례가 최근 우리나라에서도 벌어졌다. 2012년, 한국의 절도단이 일본 쓰시마섬의 사찰 관논지觀音寺에서 14세기 말 고려 시대의「금동관세음보살좌상」을 훔쳐 몰래 국내로 반입했다. 그리고 충남 서산의 부석사가 이 불상의 원소유자로 나서면서 불상은 도난품임에도 일본에 반환되지 못하고 소유권 분쟁에 휘말렸다. 5년의 법정 공방 끝에 2017년 1월 26일, 대전지방법원은 부석사가 정부를 상대로 제기한「금동관세음보살좌상」인도 청구 소송에서 불상을 부석사에 인도하라고 판결했다.[313] 이 결정에 대해 당연히 일본 관논지는 반발했다. 하지만 이미 한국으로 반출된 이상 그 방식이 아무리 불법이어도 한국 정부가 내어주지 않으면 일본은 돌려받을 수 없다.

프랑스 또한 멕시코 정부에 강력히 항의했지만, 프랑스의 약탈에 대한 멕시코의 부정적 국민감정과 여기에 호응한 멕시코 정부의 거부로 인해 끝내 돌려받지 못했다. 결국 프랑스는 소유권은 유지하되 멕시코에 대여한다는 형식으로 문제를 마무리 지었다. 아마 부석사 불상 사건에서도 우리 국민의 상당수 또한 절도된 것이라는 것은 둘째 치고 원래 우리나라 것이었다는 것, 일본이 약탈해 간 것이라는 사실을 근거로 불상의 반환 거부에 내심 동의했을 것이다. 다시 말해, 훔친 것이지만 원래 일본이 훔쳐 간 것이기 때문에 돌려줄 수도, 돌려줄 의무도 없다고 생각했을 것이다. 이 경우 프랑스와는 달리 오랜 기간 법적 절차를 걸쳐 부석사가 소유권을 합법적으로 인정받았으나, 결과는 동일하다. 과정이야 어찌 됐든 지금의 국제관계에서는 한번 물리적으로 소유하면, 그 소유자가 자발적으로 돌려주지 않는 이상 강제로 가져갈 수 없다. 설사 합법적 소유권이 일본에 있어도 한국 정부가 돌려주지 않으면 일본은 똑같이 절도라도 하지 않는 한 사실상 가져갈 방법이 없다. 만약 이러한 사건이 19세기나 20세기 초에 일어났다면 프랑스도 일본도 군대를 보내 무력으로 해결했을 것이다.

하지만 이러한 사례들이 문화재 반환 문제에 과연 도움이 될까? 우리는 지금까지 영국이 현재의 문화재 소유국이라는 것을 이용해 법적·이론적 한계에도 불구하고 문화재를 반환하지 않는 완강한 태도를 비판했다. 아무리 영국의 문화재 취득 방법이 불법적이어도, 그 근거가 어이없어도 타국의 영토 안에서 강제로 가져올 수 없기 때문에 원산국은 영국의 문화적 관용을 기대할 수밖에 없다. 이런 총체적 상황을 인식했다면 절도를 통해 문화재를 빼앗아 와서 돌려주지 않는 방식은 영국의 완고한 입장과 다를 바가 없음을 알 것이다. 이와 같은 도난 사례는 매우 드물지만, 이러한 방식이 고착 상태에 유일한 돌파구로 인식되는 것은 위험하다.

문화재가 돌아가야 할 곳으로 가야 한다는 데에는 동의하지만, 거기에는 21세기에 걸맞은 여러 대안이 있을 것이다. 이전 시대의 문화재를 소유한다는 개념은 지금의 문화재 문제를 해결하는 데 오히려 걸림돌이 된다. 우리는 이제 문화재의 출처와 역사를 중요시하는 것과 동시에, 그 훌륭한 문화유산의 가치를 어떻게 보호하고 공유할 것인지도 고민해야 한다. 단적인 예로, 우리가 이 논의를 시작하면서 가장 먼저 이야기했던 외규장각 도서의 반환 사례는 소유권과 관계없이 외규장각 도서를 가장 효과적으로 전시하고 연구하고 향유할 수 있는 대안을 보여 주었다. 물론 소유권을 되찾는다는 의미는 단순히 소유권의 문제가 아니라, 과거사를 정리하고 식민 지배의 기억을 치유한다는 중요한 의미 또한 가진다. 하지만 접점이 없는 논의 속에서 한 가지 방식만을 고집한다면 원산국이 문화재를 연구하고 향유할 수 있는 기회는 더욱 멀어질 것이다.

『그들은 왜 문화재를 돌려주지 않는가』를 갈무리하면서 몇 가지 아쉬운 점을 고백하고자 한다. 문화재에 대한 영국의 인식을 폭넓게 고찰하기 위해서는 21세기에 일어난 영국의 문화재 반환 문제도 살펴볼 필요가 있다. 원산국이 향후 영국과 같은 시장국의 문화재 반환 거부에 신속하게 대처하고 한발 앞선 대응책을 모색하기 위해서는 보다 최신의 다양한 사료가 갖춰져야 하기 때문이다. 실제로 반환 요청에 대응하는 영국 외무부 자료와 같은 최신의 정부 문서는 빠르게 변하고 있는 국제 정세를 파악하는 데 주요 근거 자료가 될 수 있다. 따라서 이를 위해서는 수많은 반환 사례를 다양한 틀로 분류하고, 문화재에 관한 반환 당사자의 입장·정치적 성격·해당 문화재의 역사적 가치·반환 방식·이후의 관리 체계와 평가 등 방대한 자료가 확보되어야 한다. 하지만 그 자료를 확보하는 데 한계가 있다. 국가정보보호법에 따라 국가 간 반환 교섭에 관한 최신 기록은 열람이 불가능하기 때문이다. 현시점과 20~30년 가까운 시간적 격차가 있는 자료들이 안고 있는 시의성의 문제는 이 책이 차후 보강해야 할 부분이다. 따라서 반환을 위한 보다 구체적이고 미래지향적인 논거를 마련하는 것은 향후의 과제로 남겨야 할 것 같다.

또 한 가지 아쉬운 점은 더 다양한 원산국과 시장국의 역사를 보여 주지 못했다는 점이다. 물론 이 한 권의 책에 모든 국가의 사례를 분석하는 것은 불가능하지만, 이 주제에 관심이 있는 독자분들이라면 이 책에서 다룬 사례만으로는 부족하다고 여기실지 모르겠다. 이 또한 연구자인 나의 향후 과제가 될 것이다.

나의 연구는 영국의 문화재 약탈 역사를 고고학자들의 영웅적 모험 서사로 보는 기존의 서구 중심적 역사관에서 탈피하여, 19세기식 제국주의 이데올로기를 해체하는 작업에 중점을 두고 있다. 위와 같은 작업을 통해 기존의 탈역사적이었던 법적·이론적 접근법의 한계를 제시하고, 문화재 문제에서 역사성이 얼마나 중요한지 강조함으로써 원산국이 약탈 문화재를 돌려받을 수 있도록 시장국에 설득력 있는 근거를 제시하고자 노력했다. 이는 궁극적으로 문화국제주의의 탈역사적 주장에 기반을 둔 시장국의 난공불락에 가까운 법적 논리를 반박하고, 이에 대항할 수 있는 견고한 논리를 구축하는 데에 그 목적이 있었다.

나는 문화국제주의보다 문화민족주의 입장에 더 가깝고, 원산국의 문화재 환수 노력에 공감한다. 그러나 문화민족주의를 표방하는 원산국 또한 객관적 사실이나 문화재 보존을 위한 현실적 인식 없이 무조건적인 반환만을 반복적으로 요청하는 방식은 수정해야 한다. 내부의 민족주의적 감정이나 외부의 동정론과 같은 기존의 도덕적 우월성에만 기대지 말고, 영국과 같은 시장국의 반환 거부 논리를 구체적 사례와 함께 논리적으로 반박하는 작업이 병행되어야만 정당한 문화재 소유권을 주장할 수 있을 것이다.

　마지막으로 우리에게 보다 가까운 문제인 박물관 이야기로 맺음말을 대신하고자 한다. 오늘날 박물관 관람은 현대인의 대표적인 문화 활동이자 배움의 장으로서 확고한 위치를 가지게 되었다. 때문에 전 세계의 문화유산을 한곳에서 볼 수 있는 넓고 쾌적한 영국박물관은 분명 가 볼만한 가치가 있는 곳이며, 보고 느끼고 배울 점도 많은 공간이다. 하지만 이제 우리는 박물관의 유명 전시품을 실제로 본다는 즐거움을 넘어 그 전시품들이 어디서·어떻게·왜 왔는지, 박물관이 유물 전시를 통해 보여 주고자 하는 것은 무엇인지, 그리고 이 모든 것을 통해 우리는 궁극적으로 박물관에서 무엇을 배우고 느껴야 하는지 생각해 보았으면 한다. 이 책이 그러한 생각에 조금이라도 도움이 되기를 조심스럽게 기대해 본다.

서론 우리는 왜 문화재를 돌려받아야 한다고 생각할까

1   "프랑스, 아프리카 약탈문화재 반환 추진 속도," 「연합뉴스」, 2018년 11월 24일자

2   http://www.ipsos-mori.com/polls/2002/parthenon.shtml: 샤론 왁스먼 지음,
    오승환 옮김, 『약탈, 그 역사와 진실』, 까치, 2009년, 334쪽

3   "The British Museum," *BBC News*, 8 December, 2003: "The Art World's
    Shame: Why Britain Must Give Its Colonial Booty Back," *The Guardian*, 4
    November, 2014

4   Richard Pankhurst, "The Case for Ethiopia," *Museum*, No. 149(1986), pp.
    59~60

5   Holger Hoock, *Empires of the Imagination: Politics, War, and the Arts in the
    British World, 1750~1850*, Profile, 2010, p. xvi

6   Jeanette Greenfield, *The Return of Cultural Treasures*, Cambridge: Cambridge
    University Press, 2007

7   Ana F. Vrdoljak, *International Law, Museums and the Return of Cultural
    Objects*, Cambridge: Cambridge University Press, 2006

8   Irini A. Stamatoudi, *Cultural Property Law and Restitution: A Commentary to
    International Conventions and European Union Law*, Cheltenham: Edward
    Elgar, 2011

9   Patty Gerstenblith, Art, *Cultural Heritage, and the Law*, Durham, NC: Carolina
    Academic Press, 2008

10 Barbara T. Hoffman, ed., *Art and Cultural Heritage: Law, Policy, and Practice*,
    Cambridge: Cambridge University Press, 2006

11 Margaret M. Miles, *Art as Plunder: The Ancient Origins of Debate about
    Cultural Property*, New York: Cambridge University Press, 2008

12 John Henry Merryman, ed., *Imperialism, Art and Restitution*, Cambridge:
    Cambridge University Press, 2006; John Henry Merryman, "Two Ways of
    Thinking about Cultural Property," *The American Journal of International Law*,
    Vol. 80, No. 4 (1986), pp. 831~853: "Thinking about the Elgin Marbles,"

Michigan Law Review, Vol. 83, No. 8 (1985), pp. 1881~1923

13   James Cuno, *Who Owns Antiquity?: Museums and the Battle over Our Ancient Heritage*, Princeton: Princeton University Press, 2011

14   Mike Pearson and Michael Shanks, *Theatre/Archaeology*, New York: Routledge, 2001, p. 11

15   Donald M. Reid, *Whose Pharaoh? Archaeology, Museums, and Egyptian National Identity from Napoleon to the First World War*, CA: University of California Press, 2002

16   Margarita Diaz-Andreu, *A World History of Nineteenth-Century Archaeology*, Oxford: Oxford University Press, 2007

17   Maya Jasanoff, *Edge of Empire: Conquest and Collecting in the East 1750~1850*, London: Forth Estate, 2005

18   Holger Hoock, *Empires of the Imagination: Politics, War, and the Arts in the British World, 1750~1850*, London: Profile Books, 2010

19   "훈민정음 상주본 소장자, '1천억 받아도 주고 싶은 생각 없다'", 「연합뉴스」, 2018년 10월 29일자

20   Michael Greenhalgh, *The Survival of Roman Antiquities in the Middle Ages*, London: Duckworth, 1989

제1부 문화재 약탈의 역사

21   브루스 G. 트리거 지음, 성춘택 옮김, 「브루스 트리거의 고고학사」, 사회평론, 2010년, 61쪽

22   패트릭 기어리 지음, 유희수 옮김, 「거룩한 도둑질」, 길, 2010년, 87, 102쪽

23   Eilean Hooper-Greenhill, *Museums and the Shaping of Knowledge*, New York: Routledge, 1992, p. 30

24   르네상스 시대의 물질 유물에 대한 새로운 접근법과 이로 인한 과거의 발견 에 대해서는 다음의 논문을 참고하시오, Paula Findlen, "Possessing the Past: The Material World of the Italian Renaissance", *The American Historical Review*, Vol, 103 (1998), pp, 83~114

25   Peter Burke, *Tradition and Innovation in Renaissance Italy: A Sociological Approach*, London: Fontana/Collins, 1972, p. 209

26   찰스 나우어트 지음, 진원숙 옮김, 「휴머니즘과 르네상스 유럽문화」, 혜안, 2003년, 50쪽

27   Peter Burke, *The Renaissance Sense of the Past*, London: Edward Arnold, 1969, p. 26

28   '호기심에 방'에 대한 더 자세한 내용은 다음의 책을 참고하시오, O. Impey and A. MacGregor, eds., *The Origins of Museums: The Cabinet of Curiosities in Sixteenth and Seventeenth Century Europe*, Oxford: Clarendon Press, 1985

29   Carol Duncan, *Civilizing Rituals: Inside Public Art Museums*, London: Routledge, 1995, p. 63

30   발데사르 카스틸리오네 지음, 신승미 옮김, 「궁정론」, 북스토리, 2009년쪽, 120쪽, 127쪽

31 설혜심, 『그랜드 투어』, 웅진지식하우스, 2013년, 187쪽

32 John Brewer, *The Pleasures of the Imagination: English Culture in the Eighteenth Century*, Chicago: The University of Chicago Press, 2000), p. xvi.

33 임마누엘 칸트 지음, 백종현 옮김, 『판단력 비판』, 아카넷, 2009년

34 설혜심, 『그랜드 투어』, 웅진지식하우스, 2013년, 190쪽

35 김창규, 『문화재보호법총론』, 동방문화사, 2011년, 4쪽

36 설혜심, 『지도 만드는 사람』, 길, 2007년, 43~45쪽

37 Findlen, "Possessing the Past," p. 113 ==〉 Paula Findlen, "Possessing the Past: The Material World of the Italian Renaissance", *The American Historical Review*, Oxford University Press, Vol. 103, No. 1 (1998), p. 113

38 Margaret E. Mayo, "Collecting Ancient Art: A Historical Perspective," in Kate Fits Gibbon, ed., *Who Owns the Past? Cultural Policy, Cultural Property, and the Law*, New Brunswick: Rutgers University Press, 2005, p. 138

39 Philip Ayres, *Classical Culture and the Idea of Rome in Eighteenth-Century England*, Cambridge: Cambridge University Press, 1997, pp. 49, 84

40 Philip Ayres, *Classical Culture and the Idea of Rome*, Cambridge-UniversityPress, 1997, pp. 84, 91

41 Philip Ayres, *Classical Culture and the Idea of Rome*, Cambridge-UniversityPress, 1997, p. 132

42 설혜심, 『그랜드 투어』, 웅진지식하우스, 2013년, 123쪽

43 설혜심, 『그랜드 투어』, 웅진지식하우스, 2013년, 203~211쪽

44 설혜심, 『그랜드 투어』, 웅진지식하우스, 2013년, 186쪽

45 설혜심, 『그랜드 투어』, 웅진지식하우스, 2013년, 176~178쪽; 브루스 G. 트리거 지음, 성춘택 옮김, 『브루스 트리거의 고고학사』, 사회평론, 2010년, 72쪽

46 John Brewer, *The Pleasures of the Imagination: English Culture in the Eighteenth Century*, Chicago: The University of Chicago Press, 2000, p. 258

47 Stanley A. Hawkins, "Sir Hans Sloane(1660~1735): His Life and Legacy," *Ulster Medical Journal*, Vol. 79, Issue 1 (2010), pp. 25~29; Barbara M. Benedict, "Collecting Trouble: Sir Hans Sloane's Literary Reputation in Eighteenth-Century Britain," *Eighteenth-Century Life*, Vol. 36, Issue 2 (2012), pp. 111~131

48 로베르 솔레 지음, 이상빈 옮김, 『나폴레옹 이집트 원정기: 백과전서의 여행』, 아테네, 2013년, 40~44쪽

49 Maya Jasanoff, *Edge of Empire: Conquest and Collecting in the East 1750~1850*, London: Forth Estate, 2005, pp. 214~215

50 Michael Duffy, "World-Wide War and British Expansion, 1793~1815," in P. J. Marshall, ed., *Oxford History of the British Empire, Vol. II: The Eighteenth Century*, Oxford: Oxford University Press, 1998, p. 196

51 BL, ADD MS 46839 F, "Inventory of Egyptian Antiquities in the Possession of the French Authorities at Alexandria-,"

52 Archives Nationales, Paris, F17 1101, dossier 3T, Holger Hoock, *Empires of the Imagination: Politics, War, and the Arts in the British World, 1750~1850*,

London: Profile Books. 2010. p. 221에서 재인용

53 BL. ADD MS 30095. 284. Wilson Journal. 7 September. 1801: Holger Hoock. *Empires of the Imagination*. London: Profile Books. 2010. p. 221에서 재인용

54 레슬리 앳킨스, 로이 앳킨스 지음. 배철현 옮김. 『문자를 향한 열정』. 민음사. 2012 년. 57~58쪽

55 Maya R. Jasanoff. *Edge of Empire: lives, culture and conquest in the East 1750~1850*. Random House Inc. 2007. p. 220

56 Donald M. Reid. *Whose Pharaoh? Archaeology, Museums, and Egyptian National Identity from Napoleon to the First World War*. Berkeley: University of California Press. 2002. pp. 27~28

57 James S. Curl. *Egyptomania: The Egyptian Revival, A Recurring Theme in the History of Taste*. New York: Manchester University Press. 1994. Ch. 4

58 Maya R. Jasanoff. *Edge of Empire: lives, culture and conquest in the East 1750~1850*. Random House Inc. 2007. p. 221

59 Andrew L. McClellan. "The Musée du Louvre as Revolutionary Metaphor During the Terror." *The Art Bulletin*. Vol. 70. No. 2 (1988). p. 304: 박윤덕. 「프랑스 혁명과 루브르의 재탄생」. 『역사와 담론』. 제76집 (2013년). 284~285쪽에서 재인용

60 Carol Duncan. *Civilizing Rituals: Inside Public Art Museums*. London: Routledge. 1995. p. 60

61 Edward D. Clarke. *The Tomb of Alexander*. London. 1805. pp. 38~39: Maya R. Jasanoff. *Edge of Empire*. Random House Inc. 2007. p. 224에서 재인용

62 Marc Fehlmann. "As Greek as It Gets: British Attempts to Recreate the Parthenon." *Rethinking History*. Vol. 11. Issue 3 (2007). p. 355

63 Wendy Shaw. *Possessors and Possessed: Objects, Museums, and the Visualization of History in the Late Ottoman Empire 1846~1923*. Berkeley: University of California Press. 2002. pp. 46~50. 59

64 Margarita Diaz-Andreu. *A World History of Nineteenth-Century Archaeology*. Oxford: Oxford University Press. 2007. pp. 101~102

65 Jannette Greenfield. *The Return of Cultural Treasures*. Cambridge: Cambridge University Press. 2007. pp. 101~107

66 Patty Gerstenblith. *Art, Cultural Heritage, and the Law*. Durham. NC: Carolina Academic Press. 2008. p. 524

67 Marc Fehlmann. "As Greek as It Gets: British Attempts to Recreate the Parthenon." *Rethinking History*. Vol. 11. Issue 3 (2007). pp. 353~377 참고

68 Marc Fehlmann. "As Greek as It Gets: British Attempts to Recreate the Parthenon." *Rethinking History*. Vol. 11. Issue 3 (2007). p. 357

69 로버트 J. C. 영 지음. 김택현 옮김. 『포스트식민주의 또는 트리컨티넨탈리즘』. 박종철출판사. 2005년. 71쪽

70 로버트 J. C. 영 지음. 김택현 옮김. 『포스트식민주의 또는 트리컨티넨탈리즘』. 박종철출판사. 2005년. 71~72쪽

71 헬레니즘 문화와 19세기 영국의 관계에 대한 더 자세한 내용은 다음 논문을 참고 하시오. 이효석. 「헬레니즘, 유럽중심주의, 영국성-19세기 영국 사회와 고대

그리스 의 전유」, 『19세기 영어권 문학』 제13권 2호 (2009), 97~123쪽; Marc Fehlmann, "As Greek as It Gets: British Attempts to Recreate the Parthenon", *Rethinking History* , Vol. 11, Issue 3 (2007), pp. 353~377

72 로버트 J. C. 영 지음, 김택현 옮김, 『포스트식민주의 또는 트리컨티넨탈리즘』, 박종철출판사, 2005년, 72쪽

73 에드워드 사이드 지음, 박홍규 옮김, 『오리엔탈리즘』, 교보문고, 1991년, 136쪽

74 에드워드 사이드 지음, 박홍규 옮김, 『오리엔탈리즘』, 교보문고, 1991년, 161~162쪽

75 Kaveh Yazdani, *India, Modernity, and the Great Divergence: Mysore and Gujarat (17th to 19th c.)*, Boston: Brill, 2017, pp. 286~287

76 Andrew Roberts, *Napoleon and Wellington*, London: Weidenfeld&Nicolson, 2010, ch. 1

77 H. V. Bowen, *The Business of Empire: The East India Company and Imperial Britain 1756~1833*, Cambridge: Cambridge University Press, 2006, pp. 44~47

78 Richard H. Davis, "Three Styles in Looting India," *History and Anthropology*, 6 (1994) 305; Maya Jasanoff, "Collectors of Empire: Objects, Conquests and Imperial Self-Fashioning", *Past &Present*, Vol. 184, Issue 1 (2004), p. 126

79 Hermionede Almeida and George H. Gilpin, *Indian Renaissance: British Romantic Art and the Prospect of India*, New York: Routledge, 2016, p. 35

80 Richard H. Davis, *The Lives of Indian Images*, Princeton: Princeton University Press, 1997, p. 143

81 Hermione De Almeida & George H. Gilpin, *Indian Renaissance*, Ashgate Pub Co, 2005, pp. 35~36

82 Kate Brittlebank, "Sakti and Barakat: The Power of Tipu's Tiger-An Examination of the Tiger Emblem of Tipu Sultan of Mysore," *Modern Asian Studies*, 29 (1995), pp. 258~259

83 John M. MacKenzie, *The Empire of Nature: Hunting, Conservation and British Imperialism*, Manchester: Manchester University Press, 1988

84 박형지, 설혜심, 『제국주의와 남성성』, 아카넷, 2004년, 33쪽

85 Andrew Griffiths, *The New Journalism, the New Imperialism and the Fiction of Empire, 1870~1900*, Basingstoke: Palgrave Macmillan, 2015, ch. 2

86 *Illustrated London News*, October 16, 1875, 50

87 "Conquest of Seringapatam," *Illustrated London News*, March 31, 1894, 14

88 Linda Colley, *Britons: Forging the Nation, 1707~1837*, New Haven: Yale University Press, 1992, pp. 321~324

89 Maya R. Jasanoff, *Edge of Empire: lives, culture and conquest in the East 1750~1850*, Random House Inc, 2007, p. 109

90 Holger Hoock, *Empires of the Imagination: Politics, War, and the Arts in the British World, 1750~1850*, Profile, 2010, p. 332

91 Jörg Fisch, "A Solitary Vindicator of the Hindus: The Life and Writings of General Charles Stuart (1757/58~1828)," *Journal of the Royal Asiatic Society of Great Britain and Ireland*, No. 1 (1985), pp. 35~57

92 영제국의 문화유산 보존 운동에 관한 더 자세한 내용은 다음 책을 참고하시오. Astrid Swenson and Peter Mandler, eds., *From Plunder to Preservation: Britain and the Heritage of Empire, 1800~1940*, New York: Oxford University Press, 2013

93 http://www.indianmuseumkolkata.org/history.php(마지막 접속일. 2017.1.3.)

94 Tapati Guha-Thakurta, 'The Museumised Relic: Archaeology and the First Museum of Colonial India,' *Indian Economic and Social History Review*, Vol. 31 (1997), pp. 23~25(21~52); Holger Hoock, *Empires of the Imagination: Politics, War, and the Arts in the British World, 1750~1850*, Profile, 2010, p. 333에서 재인용

95 St. John Simpson, "From Persepolis to Babylon and Nineveh: The Rediscovery of the Ancient Near East," in Kim Sloan, ed., *Enlightenment: Discovering the World in the Eighteenth Century*, London: British Museum, 2004, pp. 192~201

96 Holger Hoock, "The British State and the Anglo-French Wars over Antiquities, 1798~1858," *The Historical Journal*, Vol. 50 (2007), p. 65

97 Holger Hoock, *Empires of the Imagination: Politics, War, and the Arts in the British World, 1750~1850*, Profile, 2010, p. 253

98 BL. Add. MS 38941, p. 36, Layard to Henry Ross (begun on 3 Dec. 1848). Hoock, "The British State and the Anglo-French Wars over Antiquities, 1798~1858," p. 66에서 재인용

99 BL. Add. MS 40637, fos. 28~29, Layard to Canning, 15 December, 1845. Hoock, "The British State and The Anglo-French Wars over Antiquities, 1798~1858," p. 66에서 재인용

100 Mogens T. Larsen, *The Conquest of Assyria: Excavations in an Antique Land, 1840~1860*, London: Routledge, 1996, p. 100

101 *Athenaeum*, 10 October, 1846, pp. 1046~1047; Mogens T. Larsen, *The Conquest of Assyria: Excavations in an Antique Land, 1840~1860*, London: Routledge, 1996, p. 102에서 재인용

102 BM. OP XXXIV, 12 March, 1846, OP XXXV, 21 August, 1846; Holger Hoock, *Empires of the Imagination: Politics, War, and the Arts in the British World, 1750~1850*, Profile, 2010, p. 257에서 재인용

103 BL. Add. MS 38977, fo. 47, Canning to Layard, 7 September, 1846

104 Shawn Malley, *From Archaeology to Spectacle in Victorian Britain: The Case of Assyria, 1845~1854*, Farnham: Ashgate, 2012, pp. 35~36

105 Holger Hoock, *Empires of the Imagination: Politics, War, and the Arts in the British World, 1750~1850*, Profile, 2010, p. 240

106 Austen Henry Layard, *Nineveh and Its Remains*, Vol. 1, London: John Murry, 1849, 70

107 "Shipping the Great Bull," *The Illustrated London News*, July 27, 1850, 4

108 TNA. ADM 53/2710, HMS Jumna's logs, 18 March, 1848

109 "Bringing the Lion into the British Museum," *The Illustrated London News*, February 28, 1852

110 Austen Henry Layard, *Nineveh and Its Remains*, Vol. 1, London: John Murry,

1849. pp. 69~71

111 Mogens T. Larsen. *The Conquest of Assyria: Excavations in an Antique Land. 1840~1860.* London: Routledge. 1996. p. 102~103

112 Frederick N. Bohrer. "Assyria as Art: A Perspective on the Early Reception of Ancient Near Eastern Artefacts." *Culture & History.* Vol. 4 (1989). p. 20

113 Mogens T. Larsen. *The Conquest of Assyria: Excavations in an Antique Land. 1840~1860.* London: Routledge. 1996. pp. 293~305

114 정수일 엮음. 『실크로드 사전』. 창비. 2013년. 465쪽

115 피터 홉커크 지음. 김영종 옮김. 『실크로드의 악마들』. 사계절출판사. 2000년. 51~53쪽

116 피터 홉커크 지음. 정영목 옮김. 『그레이트 게임: 중앙아시아를 둘러싼 숨겨진 전쟁』. 사계절출판사. 2008년. 379쪽에서 재인용

117 Edward Ingram. "Great Britain's Great Game: An Introduction." *The International History Review.* Vol. 2. No. 2 (1980). p. 162

118 Evgeny Sergeev. *The Great Game 1856~1907: Russo-British Relations in Central and East Asia.* Baltimore: The Johns Hopkins University Press. 2013. pp. 109~104: 피터 홉커크 지음. 김영종 옮김. 『실크로드의 악마들』. 사계절출판사. 2000년. 58~59쪽

119 피터 홉커크 지음. 김영종 옮김. 『실크로드의 악마들』. 사계절출판사. 2000년. 60쪽

120 Valerie Hansen. *The Silk Road: A New History.* Oxford University Press. 2012. pp. 349~370

121 M. Aurel Stein. *Ruins of Desert Cathay: Personal Narrative of Explorations in Central Asia and Westernmost China. Vol. 2.* London: Macmillan and Co.. 1912. pp. XIII-XIV

122 "Assyrian Excavation Fund." *The Guardian.* May 31. 1854

123 "Assyrian Excavation Fund." *The Guardian.* May 31. 1854

124 Margarita Diaz-Andrue. *A World History of Nineteenth-Century Archaeology Nationalism. Colonialism. and the Past.* Oxford University Press. 2007. p. 153

125 Susan Whitfield. "Stein's Silk Road Legacy Revisited". *Asian Affairs.* Vol. 40. Issue 2 (2009). p. 230

126 M. Aurel Stein. *Ruins of Desert Cathay.* Cambridge University Press. 2014. p. 28

127 Susan Whitfield. *Aurel Stein on the Silk Road.* British Museum Press. 2004. pp. 67~68

128 Susan Whitfield. "Stein's Silk Road Legacy Revisited". *Asian Affairs: An American Review.* Vol 40. No 2. (2009). p. 231

129 아우렐 스타인이 왕도사를 설득한 더 자세한 과정은 그의 저서인 다음 자료들을 참고하시오. Aurel Stein, *On Ancient Central-Asian Tracks: Brief Narrative of Three Expeditions in Innermost Asia and North-Western China*, Taipei: Southern Materials Center, 1982, pp. 193~216; *Innermost Asia: Detailed Report of Explorations in Central Asia, Kan-Su and Eastern Iran Vol. 1*, Oxford: Clarendon Press, 1928, pp. 354~367; *Ruins of Desert Cathay*, pp. 20~31, 159~194

130 "Our London Correspondence." *The Manchester Guardian.* Nov. 25. 1925

131 "Explorations in Central Asia", *The Manchester Guardian*, Oct. 12, 1910

132 "The British Museum," *The Manchester Guardian*, 6 May, 1914

133 "The King's Tribute to the British Museum," *The Manchester Guardian*, 8 May, 1914

134 "Historical Discoveries in Central Asia," *The Manchester Guardian*, 24 February, 1910

135 M. Aurel Stein, *Serindia: Detailed Report of Explorations in Central Asia and Westernmost China Vol. 4*, London: Clarendon Press, 1921, pp. 791~830

136 "Explorer in China," *The Manchester Guardian*, 29 December, 1930; "Central Asiatic Expedition," *The Manchester Guardian*, 30 December, 1930

137 "China Expedition Abandoned," *The Manchester Guardian*, 25 May, 1931

138 "The Victoria Age," *The Manchester Guardian*, 19 June, 1937

139 박지향, 『제국주의: 신화와 현실』, 서울대학교출판문화원, 2000년, 173쪽

140 M. Aurel Stein, *Ruins of Desert Cathay*, Cambridge University Press, 2014, p. 159

141 M. Aurel Stein, *Ruins of Desert Cathay*, Cambridge University Press, 2014, pp. 28~29

142 Wang Jiqing, "Aurel Stein's Dealings with Wang Yuanlu and Chinese Officials in Dunhuang in 1907", in Helen Wang, ed., *Sir Aurel Stein, Colleagues and Collections*, London: The British Museum, 2012, (online publication only) pp. 3~4

143 M. Aurel Stein, *Ruins of Desert Cathay*, Cambridge University Press, 2014, p. 11

144 M. Aurel Stein, *On ancient Central-Asian Tracks*, South Asia Books, 2007, p. 209.

145 Karl E. Meyer and Shareen Blair Brysac, *Tournament of Shadow: The Great Game and the Race for Empire in Central Asia*, Washington, DC: Basic Books, 2006, p. 313

146 M. Aurel Stein, *Ruins of Desert Cathay*, Cambridge University Press, 2014, p. VII

147 Janet Owen, "Collecting Artefacts, Acquiring Empire", *Journal of History of Collections*, Vol. 18 (2006), pp. 9~15, 23

148 프랜시스 우드 지음, 박세욱 옮김, 『실크로드: 문명의 중심』, 연암서가, 2013년, 191쪽

149 "Assyrian Excavation Fund," *The Manchester Guardian*, 31 May, 1854

150 김수갑, 『문화국가론』, 충북대학교출판부, 2012년, 144~145쪽

151 Holger Hoock, *Empires of the Imagination: Politics, War, and the Arts in the British World, 1750~1850*, London: Profile Books, 2010, pp. 14~17

152 Maya Jasanoff, *Edge of Empire: Conquest and Collecting in the East 1750~1850*, London: Forth Estate, 2005, p. 213

153 Mogens T. Larsen, *The Conquest of Assyria: Excavations in an Antique Land, 1840~1860*, London: Routledge, 1996, p. 99

154 TNA, ADM 53/2710, HMS Jumna's logs, 18 March, 1848

155 샤론 왁스먼 지음, 오승환 옮김, 「약탈, 그 역사와 진실」, 까치, 2009년, 335쪽

156 William St. Clair, "Imperial Appropriations of The Parthenon," John Henry Merryman, ed., *Imperialism, Art and Restitution*, Cambridge and New York: Cambridge University Press, 2006, pp. 65~97

157 이집트의 정치적 상황에 대한 자세한 내용은 다음의 논문을 참고하시오. 송경근, 「현대 이집트의 건국자, 무함마드 알리에 대한 연구」, 「한국이슬람학 회」, 제11권, 2001년, 85~100쪽; 전수연, 「'이집트' 오페라 「아이다」 속의 제국주의들」, 「역사학보」, 제212집, 2011년, 309~334쪽

158 더 자세한 사항은 다음 책을 참고하시오. William St. Clair, *Lord Elgin and the Marbles*, Oxford and New York: Oxford University Press, 1983

159 김하나, 「완벽의 이산: 영국 대영박물관의 엘긴 마블 연구」, 한국예술종합학교, 2013년, 20~27쪽

160 William St. Clair, *Lord Elgin and the marbles*, New York: Oxford University Press, 1983, pp. 93~94; NMM, KEI/15/4, Elgin to Keith, 15 June and 9 September, 1801, 6 January, 1802; Holger Hoock, *Empires of Imagination*, Profile, 2010, p. 230에서 재인용

161 William St. Clair, *Lord Elgin and the marbles*, New York: Oxford University Press, 1983, p. 113

162 K. Hudson, *A Social History of Archeology: The British Experience*, London: Macmillan, 1981, pp. 38~40

163 Holger Hoock, *Empires of Imagination*, Profile, 2010, p. 227

164 Holger Hoock, *Empires of Imagination*, Profile, 2010, p. 228

165 TNA, ADM 1/4282, Sculpture or Tomb at Xanthus, Marble Tomb at Xanthus Drawn by Charles Fellows

166 Holger Hoock, *Empires of Imagination*, Profile, 2010, p. 245

167 TNA, ADM 1/4282, Foreign Office to J. Forshall, Secretary BM, 4 April, 1839

168 TNA, ADM 1/4282, J. Forshall, Secretary BM, to Lords Commissioners Admiralty, 10 April 1839, 9 March 1839, Edward Hawkins to Charles Wood, MP, 1 August, 1839

169 Holger Hoock, *Empires of Imagination*, Profile, 2010, p. 246

170 Sarah Searight, "The British Museum and the Xanthos Marbles," *History Today*, Vol. 29, (1979), pp. 155~162

171 BL, ADD MS 53724, fos 25v~26, Forshall to Fellows, 16 May, 1843; TNA, ADM 1/5530/no. 291, Holger Hoock, *Empires of Imagination*, Profile, 2010, p. 249에서 재인용

172 Carol Duncan, *Civilizing Rituals: Inside Public Art Museums*, London: Routledge, 1995, p. 25

173 Carol Duncan, *Civilizing Rituals: Inside Public Art Museums*, London: Routledge, 1995, pp. 1~6

174 Margarita Diaz-Andreu, *A World History of Nineteenth-Century Archaeology*, Oxford: Oxford University Press, 2007, pp. 82~86

175 이영석, 『영국 제국의 초상』, 푸른역사, 2009년, 207~235쪽

176 Holger Hoock, *Empires of Imagination*, Profile, 2010, p. 240

177 Captain E. de Verninac Saint-Maur, *Voyage de Luxor* (1835), Donald M. Reid, *Whose Pharaoh? Archaeology, Museums, and Egyptian National Identity from Napoleon to the First World War*, Berkeley: University of California Press, 2002, p. 1에서 재인용. 리드는 이 책의 시작에 이 인용문을 위치시킴으로써 자신의 책이 견지하는 고고학에 대한 시각을 분명하게 보여 주고 있다. 그는 이집트 고고학이 프랑스인들로부터 시작되어 본토의 학자들은 배재당한 채 이집트 고고학계가 100년 넘게 프랑스에 의해 지배되어 온 현실을 비판적으로 분석하고 있다.

178 Holger Hoock, *Empires of Imagination*, Profile, 2010, p. 240

179 Jonathan Scott, *The Pleasures of Antiquity: British Collectors of Greece and Rome*, New Haven: Yale University Press, 2003, p. 225에서 재인용

180 TNA, ADM 1/4282, Sculpture or Tomb at Xanthus, Marble Tomb at Xanthus Drawn by Charles Fellows

181 BL, MSS. Eur D815, file 2, 523~548

제2부 오늘날 세계는 문화재 약탈을 어떻게 바라보는가

182 Claire L. Lyons and John K. Papadopoulos, eds., *The Archaeology of Colonialism*, Los Angeles, CA: Getty Research Institute, 2002, p. 2

183 자세한 내용은 다음 책을 참조하시오. Margaret M. Miles, *Art as Plunder: The Ancient Origins of Debate about Cultural Property*, New York: Cambridge University Press, 2008

184 Wojciech Kowalski, "Types of Claims for Recovery of Lost Cultural Property," *Museum*, No. 228 (2005), pp. 86~87

185 Roger O'Keefe, *The Protection of Cultural Property in Armed Conflict*, New York: Cambridge University Press, 2006, p. 6

186 Patty Gerstenblith, Art, *Cultural Heritage, and the Law*, Durham, NC: Carolina Academic Press, 2008, p. 524

187 Wojciech Kowalski, "Types of Claims for Recovery of Lost Cultural Property," *Museum International*, Vol. 57, No. 4 (2005), pp. 88~89

188 아르투어 누스바움 지음, 김영석 옮김, 『국제법의 역사』, 한길사, 2013년

189 Richard Pankhurst, "The Case for Ethiopia," *Museum*, No. 149 (1986), p 58

190 Shyllon Floran, "Unraveling History: Return of African Cultural Objects Repatriated and Looted in Colonial Times," in J. A. Nafziger and A. M. Nicgorski, eds., *The Legacy of Conquest, Colonization and Commerce*, Boston: Martinus Nijhoff Publisher, 2010, pp. 159~168

191 게오르그 빌헬름 프리드리히 헤겔 지음, 권기철 옮김, 『역사철학강의』, 동서문화사, 2008년, 63~106쪽

192 Ana F. Vrdoljak, *International Law, Museums and the Return of Cultural Objects*, Cambridge: Cambridge University Press, 2006, pp. 47~49

193 Charles H. Alexandrowicz, *An Introduction to the History of the Law of Nations in the East Indies: 16th, 17th and 18th Centuries*, Oxford: Clarendeon Press,

1967. pp. 9. 235: 오시진. 「근대 국제법상 문명론에 대한 비판적 고찰」. 고려대학 교대학원. 박사 학위 논문. 2014년. 32쪽에서 재인용

194 Fabian O. Raimondo. *General Principles of Law in the Decisions of International Criminal Courts and Tribunals*. Leiden: Martinus Nijhoff Publishers. 2008. p. 17

195 오시진. 「국제법상 문명론의 현대적 함의-카메룬-나이지리아 간 영토분쟁 사건을 중심으로」. 「국제법학회논총」. 제60권. 2015년. 132쪽

196 Vrdoljak. *International Law. Museums and the Return of Cultural Objects*. p. 47

197 Gerrit W. Gong. *The Standard of "Civilization" in International Society*. Oxford: Clarendon Press. 1984. p. 3

198 정의진. 「자크 시라크의 문화정책과 케 브랑리Musée du quai Branly 박물관에 대한 논쟁-프랑스 내 비서구 문화유산에 대한 이해의 역사적 변화」. 「한국 프랑스학 논집」. 제76집. 2011년. 145~174쪽

199 Covenant of the League of Nations. Article 22

200 Covenant of the League of Nations. Article 22

201 Norman Bentwich. *The Mandate System*. London: Longmans. 1930. p. 43: Vrdoljak. *International Law. Museums and the Return of Cultural Objects*. p. 108에서 재인용

202 오시진. 「근대 국제법상 문명론에 대한 비판적 고찰」. 「국제법평론회」. 2015년. 180~181쪽

203 Treaty of Versailles 1919. Article 245~247: Treaty of Saint-Germain-en-Laye 1919. Article 191~196

204 The 1932 Resolution concerning the Protection of Historical Monuments and Works of Art. Third recital

205 Vrdoljak. *International Law. Museums and the Return of Cultural Objects*. pp. 108~118

206 Charles J. Kunzelman. "Some Trials. Tribulations. and Successes of Monuments. Fine Arts and Archives Teams in the European Theatre During WWII." *Military Affairs*. Vol. 52 (1988). pp. 56~60

207 박선희. 「문화재 원소유국country of origin 반환과 프랑스의 입장」. 「국제정치논총」. 제51집. 2011년. 227~230쪽: Douglas Cox. "Inalienable' Archives: Korean Royal Archives as French Property under International Law." *International Journal of Cultural Property*. Vol. 18 (2011). pp. 409~423

208 이근관. 「문화재의 기원국 반환의 최근 동향: 이탈리아 사례를 중심으로」. 「서울 국제법 연구」. 제15권. 2008년. 227쪽: 정규영. 「이집트 문화재의 반환 가능성에 대한 연구」. 「지중해 지역 연구」. 제9권. 2007년. 244쪽. 이 외에 서구 국가들의 더 많은 반환 사례는 다음의 논문을 참고하시오. Marie Cornu and Marc-Andre Renold. "New Developments in the Restitution of Cultural Property Alternative Means of Dispute Resolution." *International Journal of Cultural Property*. Vol. 17 (2010). pp. 1~31: Jeanette Greenfield. "The Return of Cultural Property." *Antiquity*. LX (1986). pp. 29~35

209 The Daily Express. 30 May. 1964. Barbara T. Hoffman. *Art and Cultural Heritage: Law. Policy. and Practice*. New York: Cambridge University Press.

2006. p. 138에서 재인용

210 제성호. 「문화재의 반환과 국제법」. 『법학 논문집』. 제29집. 2005년. 97쪽

211 제성호. 「문화재의 반환과 국제법」. 『법학 논문집』. 제29집. 2005년. 100쪽

212 Convention on the Means of Prohibiting and Preventing the Illicit Import. Export and Transfer of Ownership of Cultural Property 1970. Article 1

213 Convention on the Means of Prohibiting and Preventing the Illicit Import. Export and Transfer of Ownership of Cultural Property 1970. Article 7. (b)

214 Convention on the Means of Prohibiting and Preventing the Illicit Import. Export and Transfer of Ownership of Cultural Property 1970. Article 3

215 박선아. 「문화재 분쟁 해결을 위한 국제 소송에 관한 연구」. 한양대학교대학원. 박사 학위 논문. 2013년. 23쪽

216 이동기. 「문화재 환수 협약의 성립 경위와 현황-UNESCO협약과의 관계를 포함하여」. 『국제사법연구』. 제15호. 2009년. 171쪽

217 Irini A. Stamatoudi. *Cultural Property Law and Restitution: A Commentary to International Conventions and European Union Law*. Cheltenham: Edward Elgar. 2011. pp. 66~111

218 L. V. Prott. "UNESCO and UNIDROIT: A Partnership against Trafficking in Cultural Objects." 1996: http://www.unesco.org/new/en/culture/themes/illicit-trafficking-of-cultural-property/1995-unidroit-convention/(마지막 접속일 2016년 5월 28일); 박선아. 「문화재 분쟁 해결을 위한 국제 소송에 관한 연구」. 한양대학교. 2013년. 26쪽

219 http://www.unesco.org/eri/la/convention.asp?KO=13039&language=E(마지막 접속일 2016년 6월 28일)

220 http://www.unidroit.org/status-cp (마지막 접속일 2016년 6월 28일)

221 Lyndel V. Prott and P. J. O'Keefe. *Law and the Cultural Heritage*. Vol. 3. London: Butterworths. 1989. p. 812

222 김형만. 『문화재 반환과 국제법』. 삼우사. 2001년. 234쪽

223 Jeanette Greenfield. *The Return of Cultural Treasures*. Cambridge: Cambridge University Press. 2007. p. 133

224 TNA. FCO 13/1270. 'Return of Cultural Property: Sri Lanka.' 2. D. Wilson. BM to J. Macrae. FCO. 14 January. 1981

225 Richard Pankhurst. "Ethiopia. the Aksum Obelisk. and the Return of Africa's Cultural Heritage." *African Affairs*. Vol. 98. No. 391 (1999). p. 231

226 김경임. 『클레오파트라의 바늘』. 홍익출판사. 2009년 172~173쪽

227 TNA. FCO 13/849. paper no. 38. "The Benin Ivory Mask." 2 December. 1976

228 TNA. FCO 13/1579. 'Return of Cultural Property: Greece.' The Elgin Marbles and Greece. Background Note on The United Kingdom's Rights to The Elgin Marbles. paper no. 69(3 pages)

229 Greenfield. "The Return of Cultural Property." p. 29 ==〉 Jannette Greenfield. *The Return of Cultural Treasures*. Cambridge: Cambridge University Press. 2007. p. 29

230 Michael J. Reppas II. "Empty "international" Museums' Trophy Cases of Their

Looted Treasures and Return Stolen Property to the Countries of Origin and the Rightful Heirs of Those Wrongfully Dispossessed." *Denver Journal of International Law and Policy*. Vol. 36 (2007). p. 96

231 British Museum Act 1963, Section 3(4). "Objects vested in the Trustees as part of the collections of the Museum shall not be disposed of by them otherwise than under section 5 or 9 of this Act [or section 6 of the Museums and Galleries Act 1992]"

232 Jannette Greenfield. *The Return of Cultural Treasures*. Cambridge: Cambridge University Press. 2007. p. 105

233 TNA, FCO 13/7211. 'Requests for Return of Antiquities to Country of Origin.' paper no. 1, Frank Roderic O'Connor to Edward Heath, 15 January. 1974

234 TNA, FCO 13/7211. 'Requests for Return of Antiquities to Country of Origin.' paper no. 1, Frank Roderic O'Connor to Edward Heath, 15 January. 1974

235 TNA, FCO 13/7211. 'Requests for Return of Antiquities to Country of Origin.' paper no. 2, H. M. Evans, FCO to F. R. O'Connor, 4 February. 1974

236 TNA, FCO 13/7211. 'Requests for Return of Antiquities to Country of Origin.' The Cylinder of Cyrus the Great. M. F. Forrester, PM to F. R. O'Connor, 8 April. 1974

237 Hansard, British Museum Act 1963 (Amendment) Bill, Second Reading, HC Deb, c1175, 15 May 2009

238 Hansard, British Museum Act 1963 (Amendment) Bill, Second Reading, HC Deb, c1178, 15 May 2009

239 Ana Fiiipa Vrdoljak. *International Law, Museums and the Return of Cultural Objects*. American Journal of International Law. Vol. 102, No. 2 (2008). p. 95

240 Irini A. Stamatoudi, *Cultural Property Law and Restitution*. Edward Elgar, 2011, p. 207

241 Janet Ulph, "Dealing with UK Museum Collections: Law, Ethics and the Public/Private Divide." *International Journal of Cultural Property*. Vol. 22 (2015). p. 180.

242 Export Controls on Objects of Cultural Interest, Section 1

243 Export Controls on Objects of Cultural Interest, Section 10

244 Export Controls on Objects of Cultural Interest, Section 21

245 Reppas II. "Empty "international" Museums' Trophy Cases." p. 100

246 "New Look at Nazi Looted Art Law." *BBC News*. 29 July. 2005

247 David Feldman, *English Public Law*, Oxford and New York: Oxford University Press, 2004, p. 143

248 김형만, 『문화재 반환과 국제법』, 삼우사, 2001년, 299쪽

249 Reppas II. "Empty 'international' Museums' Trophy Cases of Their Looted Treasures and Return Stolen Proper to the Countries of Origin and the Rightful Heirs of Those Wrongfully Dispossessed". *Denver Journal of International Law and Policy*. Vol 36, No 1 (2008). pp. 99, 104

250 Holocaust (Return of Cultural Object) Act 2009, Section 2: Hansard, Holocaust (Return of Cultural Objects) Bill, Second Reading, HL Deb, c904,

10 July 2009

251 Holocaust (Return of Cultural Object) Act 2009. Section 4. Subsection (7)

252 Official Report. Commons. 26/6/09: col. 1043. Hansard. HL Deb. 10 July 2009. c904에서 재인용

253 Convention for the Protection of Cultural Property in the Event of Armed Conflict with Regulations for the Execution of the Convention 1954. Preamble

254 김형만. 「문화재 반환과 국제법」. 삼우사. 2001년. 75쪽

255 Convention on the Means of Prohibiting and Preventing the Illicit Import. Export and Transfer of Ownership of Cultural Property 1970. Preamble.

256 William St. Clair. Lord Elgin and the marbles. Oxford and New York: Oxford University Press. 1983. p. 88

257 Nicole Klug. "Protecting Antiquities and Saving the Universal Museum: A Necessary Compromise Between the Conflicting Ideologies of Cultural Property." Case Western Reserve Journal of International Law. Vol. 42. Issue 3 (2010). p. 723

258 John Henry Merryman. "The Free International Movement of Cultural Property." New York University Journal of International Law and Politics. Vol. 31 (1998). pp. 4~14

259 Merryman J. H. "The Free International Movement of Cultural Property". New York University Journal of International Law and Politics. Vol 31. No.1 (1998). pp. 4~14

260 John Henry Merryman. "Thinking about the Elgin Marbles." Michigan Law Review. Vol. 83 (1985). pp. 1881~1923

261 James Cuno. Who Owns Antiquity?: Museums and the Battle over Our Ancient Heritage (Princeton: Princeton University Press. 2011). p. 9; "Beyond Bamiyan: Will the World Be Ready Next Time?." in Hoffman. ed.. Art and Cultural Heritage. pp. 41~45

262 James Cuno. "Museums. Antiquities. Cultural Property. and the US Legal Framework for Making Acquisition." in Kate Fitz Gibbon. ed.. Who Owns the Past?: Cultural Policy, Cultural Property, and the Law. Piscataway: Rutgers University Press. 2005. p. 145

263 The Nigeria Daily Times. 23 September. 1971

264 Folarin Shyllon. "The Nigerian and African Experience on Looting Trafficking in Cultural Objects." in Hoffman. ed.. Art and Cultural Heritage. p. 139

265 Harrie M. Leyten. "African Museum Directors Want Protection of Their Cultural Heritage: Conference on Illicit Trade in Cultural Heritage. Amsterdam (October 22~24. 1997)." International Journal of Cultural Property. Vol. 7 (1998). p. 261

266 James Cuno. Who Owns Antiquity?. Princeton Univ Press. 2008. p. 9

267 샤론 왁스먼 지음. 오승환 옮김. 「약탈. 그 역사와 진실」. 까치. 2009년. 332쪽

268 Maya Jasanoff. Edge of Empire: Conquest and Collecting in the East 1750~1850. London: Forth Estate. 2005. p. 304

269 Donald M. Reid. Whose Pharaoh? Archaeology. Museums. and Egyptian

National Identity from Napoleon to the First World War. Berkeley: University of California Press. 2002. p. 295

270 TNA. FCO 13/1270. 'Return of Cultural Property: Sri Lanka.' Sri Lankan Claim: Comments by Royal Scottish Museum

271 TNA. FCO 13/7211. 'Requests for Return of Antiquities to Country of Origin.' paper no. 18. The Cylinder of Cyrus the Great. 5 April. 1974

272 TNA. FCO 13/7211. 'Requests for Return of Antiquities to Country of Origin.' paper no. 18. The Cylinder of Cyrus the Great. 5 April. 1974

273 TNA. FCO 13/1579. 'Return of Cultural Property: Greece.' paper no. 66. P. A. Digweed. FCO to D. Wilson. BM. 18 November. 1982

274 "UK Must Keep Elgin Marbles." *The Observer*. 19 December. 1982

275 TNA. FCO 13/1579. 'Return of Cultural Property: Greece.' paper no. 66. P. A. Digweed. FCO to D. Wilson. BM. 18 November. 1982

276 "UK Must Keep Elgin Marbles." *The Observer*. 19 December. 1982

277 리처드 J. 리드 지음. 이석호 옮김. 『현대 아프리카의 역사』. 삼천리. 2013년. 81쪽

278 존 아일리프 지음. 이한규·강인황 옮김. 『아프리카의 역사』. 이산. 2002년. 281~282쪽: 리처드 J. 리드 지음. 이석호 옮김. 『현대 아프리카의 역사』. 삼천리. 2013년. 82쪽

279 TNA. FCO 13/7211. paper no. (69): TNA. FCO 13/7211. paper no. (73)

280 TNA. FCO 13/7211. paper no. (73)

281 Kevin Robins. "Tradition and Translation: National Culture in Its Global Context." in David Boswell and Jessica Evans. eds.. *Representing the Nation: A Reader: Histories. Heritage. Museums*. London: Routledge. 1999. p. 16

282 Kevin Robins. "Tradition and Translation: National Culture in Its Global Context." in David Boswell and Jessica Evans. eds.. *Representing the Nation: A Reader: Histories. Heritage. Museums*. London: Routledge. 1999. p. 16

283 리처드 D. 앨틱 지음. 이미애 옮김. 『빅토리아 시대의 사람들과 사상』. 아카넷. 2011년. 282쪽

284 Richard Pankhurst. "The Case for Ethiopia." *Museum*. No. 149 (1986). p. 59

285 샤론 왁스먼 지음. 오승환 옮김. 『약탈, 그 역사와 진실』. 까치. 2009년. 274쪽

286 TNA. FCO 13/849. paper no. 38. "The Benin Ivory Mask." 2 December. 1976

287 "British Museum Sold Precious Bronzes." *The Guardian*. 28 March. 2002

288 "British Museum Sold Precious Bronzes." *The Guardian*. 28 March. 2002

289 Patty Gerstenblith. Art. *Cultural Heritage. and the Law*. Durham. NC: Carolina Academic Press. 2008. pp. 694~695

290 박선희. 「문화재 원소유국 반환과 프랑스의 입장」. 『국제정치논총』. 51권 4호 (2011년). 220쪽

291 이보아. 『루브르는 프랑스 박물관인가』. 민연. 2002년. 236~238쪽

292 Sébastien Louis Saulnier. *Notice sur le Voyage de M. Lelorrain en Egypte: Et Observations sur le Zodiaque Circulaire de Cenderah*. Paris: Chez L'auteur. 1822. pp. 12~13

293 "UK Must Keep Elgin Marbles." *The Observer*. 19 December. 1982

제3부 21세기 한국은 문화재 약탈을 어떻게 볼 것인가

294 Hansard. Part of New Clause 10. the House of Commons at 10:50 pm. 5 April 1984

295 Hansard. Part of New Clause 10. 5 April 1984

296 Robert Aldrich. "Colonial Museums in a Postcolonial Europe." *African and Black Diaspora: An International Journal*. Vol. 2 (2009). p. 138

297 Emily Duthie. "The British Museum: An Imperial Museum in a Post-Imperial World." *Public History Review*. Vol. 18 (2011). p. 18

298 Emily Duthie. "The British Museum: An Imperial Museum in a Post-Imperial World". *Public History Review*. Vol 19 (2011). p. 13

299 "Between France and Mexico. a Cultural Crisis." *The International Herald Tribune*. 31 August. 1982; John Henry Merryman. "Two Ways of Thinking about Cultural Property." *The American Journal of International Law*. Vol. 80. No. 4 (1986). p. 846에서 재인용

300 TNA. FCO 13/1268. 60. 'Meeting of Unesco Intergovernmental Committee (IGC) For The Return of Cultural Property. Paris 14~18 September 1981.' 28 August. 1981

301 시안 존스 지음. 이준정·한건수 옮김. 『민족주의와 고고학』. 사회평론. 2008년. 23쪽

302 패트릭 기어리 지음. 이종경 옮김. 『민족의 신화. 그 위험한 유산』. 지식의풍경. 2004년. 32~33쪽

303 패트릭 기어리 지음. 이종경 옮김. 『민족의 신화. 그 위험한 유산』. 지식의풍경. 2004년. 241쪽

304 패트릭 기어리 지음. 이종경 옮김. 『민족의 신화. 그 위험한 유산』. 지식의풍경. 2004년. 218~219쪽

305 시안 존스 지음. 이준정·한건수 옮김. 『민족주의와 고고학』. 사회평론. 2008년. 25쪽

306 국립중앙박물관. 『국립중앙박물관 소장 중앙아시아 종교 회화』. 국립중앙박물관. 2013년. 5쪽

307 "투루판 석굴이 용산에게 묻는다." 『한겨레 21』. 제648호. 2007년 2월 15일

308 혜문. 『빼앗긴 문화재를 말하다』. 금강초롱. 2015년. 272쪽

309 이근관. 「문화재의 기원국 반환의 최근 동향-이탈리아 사례를 중심으로」. 『서울 국제법 연구』. 제15권 제1호 (2008년). 227~233쪽

310 이근관. 「문화재의 기원국 반환의 최근 동향-이탈리아 사례를 중심으로」. 『서울 국제법 연구』. 제15권 제1호 (2008년). 234~240쪽

311 "투루판 석굴이 용산에게 묻는다." 『한겨레 21』. 제648호. 2007년 2월 15일

312 Eilean Hooper-Greenhill. *Museums and the Shaping of Knowledge*. New York: Routledge. 1992. p. 22

313 "'부석사로 돌려줘라' 판결난 관음상은 … 5년째 韓日 소유권 분쟁". 『연합뉴스』. 2017년 1월 26일

21   ⓒ Newsis

58   ⓒ Carsten Frenzl / flickr

95   ⓒ Hans Hillewaert / wikimedia commons

121   위 ⓒ Fowler&fowler / wikimedia commons

124   ⓒ Victoria and Albert Museum / wikimedia commons

144   ⓒ Poulpy / wikimedia commons

175   ⓒ Laika ac / wikimedia commons

188   ⓒ Thompson, The Grosvenor Studios / wikimedia commons

203   ⓒ Andrew Dunn / wikimedia commons

237   아래 ⓒ SiefkinDR / wikimedia commons

263   ⓒ Joyofmuseums / wikimedia commons

264   ⓒ Andreas Praefcke / wikimedia commons

273   ⓒ Prioryman / wikimedia commons

316   ⓒ Vania Teofilo / wikimedia commons

338   위 ⓒ Hiroki Ogawa / wikimedia commons

        아래 ⓒ Colegota / wikimedia commons

* 일부 저작권자가 불분명하거나 연락이 닿지 않은 경우에는 확인되는 대로 별도의
  허락을 받도록 하겠습니다.